普通高等教育通识类课程精品系列

大学生劳动教育与实践

主 编 高 亮
副主编 车学文 卢 伐 丁奕冰
　　　 李艳霞

北京理工大学出版社
BEIJING INSTITUTE OF TECHNOLOGY PRESS

内 容 简 介

本书以中共中央、国务院《关于全面加强新时代大中小学劳动教育的意见》为依据，以教育部《大中小学劳动教育指导纲要（试行）》为指导，从思想性、知识性、时代性和实践性出发，对应用型高校学生劳动教育理论与实践进行阐述。全书共分为上下两篇，上篇为劳动理论篇，主要讲述劳动与劳动教育、劳动精神、劳动素养、集体劳动四章的内容；下篇为劳动实践篇，主要讲述生活劳动实践、社会劳动实践、劳动助力乡村振兴及劳动与就业创业四章的内容。

本书理论简洁、内容丰富，贴近实际，既从理论上论证了劳动的重要意义，又拓宽了大学生劳动教育的实践路径，有助于提高大学生的劳动意识和劳动技能。可作为应用型高校劳动教育与职业素养相关课程的教材，也可作为广大高等教育工作者的参考资料。

版权专有　侵权必究

图书在版编目（CIP）数据

大学生劳动教育与实践 / 高亮主编. --北京：北京理工大学出版社，2024.2

ISBN 978-7-5763-3537-8

Ⅰ.①大…　Ⅱ.①高…　Ⅲ.①大学生-劳动教育　Ⅳ.①G40-015

中国国家版本馆 CIP 数据核字（2024）第 042578 号

责任编辑：李　薇		**文案编辑**：李　硕	
责任校对：刘亚男		**责任印制**：李志强	

出版发行 / 北京理工大学出版社有限责任公司	
社　　　址 / 北京市丰台区四合庄路 6 号	
邮　　　编 / 100070	
电　　　话 /（010）68914026（教材售后服务热线）	
（010）68944437（课件资源服务热线）	
网　　　址 / http://www.bitpress.com.cn	
版 印 次 / 2024 年 2 月第 1 版第 1 次印刷	
印　　　刷 / 涿州市新华印刷有限公司	
开　　　本 / 787 mm×1092 mm　1/16	
印　　　张 / 14.25	
字　　　数 / 335 千字	
定　　　价 / 42.80 元	

图书出现印装质量问题，请拨打售后服务热线，负责调换

前 言

习近平总书记在2018年全国教育大会上提出"培养德智体美劳全面发展的社会主义建设者和接班人",首次把劳动教育纳入党的教育方针。这是新时代党的教育方针的丰富与发展,更是新时代弘扬劳动精神、倡导劳动教育思想的集中体现。党的二十大报告提出,要"在全社会弘扬劳动精神、奋斗精神、奉献精神、创造精神、勤俭节约精神,培育时代新风新貌"。

2020年3月,中共中央、国务院印发《关于全面加强新时代大中小学劳动教育的意见》。2020年7月,教育部印发《大中小学劳动教育指导纲要(试行)》,强调要将劳动教育纳入人才培养全过程,丰富、拓展劳动教育实施途径,要独立开设劳动教育必修课。

本书以习近平新时代中国特色社会主义思想为指导,全面贯彻党的教育方针,落实全国教育大会精神,坚持培育和践行社会主义核心价值观。全书以理论与实践相结合的形式开展劳动教育,目的是使学生理解并形成马克思主义劳动观,牢固树立"劳动最光荣、劳动最崇高、劳动最伟大、劳动最美丽"的观念,通过学习各种典型案例,深刻体悟"劳动创造历史、劳动推动发展、劳动收获幸福"道理,最终具备走向职场所需要的基础劳动能力和职业素养。

本书主要具有以下特点:

1. 突出思想内涵

劳动与教育相结合的教育思想是马克思主义劳动观的重要组成部分。本书内容融入思政元素,使用劳模故事、劳动名人名言等,弘扬中国传统劳动文化,充分体现了劳动综合育人的功能,突出了劳动教育的思想内涵。

2. 彰显时代特色

本书编写时充分考虑科技发展和产业变革趋势,把握育人导向,遵循教育规律,将推进家庭劳动教育日常化、学校劳动教育规范化、社会劳动教育多样化的具体举措融入教材,充分展现了新时代教育工作的新视野。

3. 体系设计科学

本书分为劳动理论篇和劳动实践篇,注重理论与实践相结合。劳动理论篇侧重概念知识的讲述,劳动实践篇内容循序渐进,设计多层次、有梯度,符合学生的心理特征和认知养成规律。

4. 理论与实践相结合

本书既考虑了高校大学生已有的知识技能和生活经验，又考虑到与实习实训、社会实践、志愿者服务、大学生创新创业等的有机结合，实现了知识内容、典型案例、话题探讨、课后阅读的有机统一，做到了实用为主，可操作性强。

5. 坚持学生立场

本书坚持以学生为中心，始终站在学生立场来思考问题和组织内容，符合高校学生的认知特点和认知规律。

参与本书编写工作的都是在高校长期从事应用型人才培养研究，从事职业生涯规划、创新创业教育和共青团工作的老师，他们贴近学生，了解社会，有丰富的实践育人经验。本书由高亮担任主编，负责总体策划与定稿工作。各章节编写人员及分工如下：第一、二章由丁奕冰编写；第三、四章由李艳霞编写；第五、六章由车学文编写；第七、八章由卢伐编写。

本书的编写，是落实应用型人才培养改革的一次探索。由于编者经验不足，书中难免存在不足之处，希望专家学者、广大师生提出宝贵的意见和建议，以待我们再版时修订。

编　者

2023 年 12 月 7 日

目 录

上篇 劳动理论篇

第一章 劳动与劳动教育 (003)
第一节 劳 动 (005)
第二节 劳动价值观 (010)
第三节 劳动教育 (017)

第二章 劳动精神 (025)
第一节 劳动精神概述 (026)
第二节 劳模精神 (031)
第三节 工匠精神 (038)
第四节 大学生劳动精神的培育 (048)

第三章 劳动素养 (060)
第一节 劳动素养概述 (061)
第二节 劳动习惯 (069)
第三节 劳动品质 (074)

第四章 集体劳动 (082)
第一节 个体劳动与集体劳动 (085)
第二节 集体劳动与团队精神 (089)
第三节 团队精神的培养 (092)

下篇 劳动实践篇

第五章 生活劳动实践 (103)
第一节 校园生活劳动 (104)
第二节 家庭生活劳动 (113)
第三节 垃圾分类 (124)

第六章　社会劳动实践 （131）
第一节　社会志愿服务 （132）
第二节　社会实践 （138）
第三节　"三下乡"社会实践 （157）
第四节　社会调查 （165）
第五节　勤工助学 （171）

第七章　劳动助力乡村振兴 （183）
第一节　现代农业概述 （184）
第二节　科技服务助推现代农业 （189）
第三节　传统工艺促进乡村振兴 （194）

第八章　劳动与就业创业 （201）
第一节　劳动与职业发展 （202）
第二节　劳动与专业实践 （211）
第三节　劳动与创新创业 （214）

参考文献 （221）

上 篇

劳动理论篇

第一章

劳动与劳动教育

学习目标

1. 了解劳动的概念、分类，熟悉劳动的属性及作用。
2. 理解马克思主义劳动观的相关知识，熟悉新时代中国特色社会主义劳动价值观的内涵，明了大学生树立正确的劳动价值观的意义和途径。
3. 了解劳动教育的概念、内涵与外延，熟悉新时代劳动教育的特征；明了中华人民共和国成立以来劳动教育的历程及开展劳动教育的意义。

案例导读

致敬功勋模范｜宋彪：世界冠军执教，助"后浪"勇赶"技能潮"

4月26日，穿过一条贴有"敢于挑战自我，勇攀技术高峰"标语的走廊，记者走进位于江苏省常州技师学院的世界技能大赛（工业机械项目）中国集训基地。一台铣床前亮着一盏小黄灯，转手轮、量工件，双手密切配合，实训服上蹭满油污，一名2021级智能装备学院的学生正反复操练、挑灯"日"战。学院宣教处老师陈浩说："以前宋彪也像这样站在那儿，一练就是一天。"

"中国！中国！"2017年，年仅19岁的宋彪以最高分从68个成员国家和地区的1260多名参赛选手中脱颖而出，摘得第44届世界技能大赛工业机械装调项目金牌，成为首位获得该荣誉的中国选手。宋彪说："比赛中，我用4天的时间做出一台净水器，净化出来的水看起来很干净，当时我尝了尝，觉得水真甜。"

一举成名，一路"高光"，宋彪先后被授予"江苏大工匠""中国青年五四奖章"等荣誉称号。在百度"知道"问答频道，有网友提问："19岁荣获世界大赛冠军的技校生宋彪，如今怎样了？"下方置顶回复写道："他现在变成了一个高级技师，积极开展专业技术这项工作，而且也变成了一个非常优秀的教师，在培养更多优秀的人。"

2014年，宋彪中考失利，没有考上理想的高中。父亲勉励他："如果没拿好笔杆，就拿好工具吧。"于是，他下定决心要"掌握真正的技术"。那年9月，他来到江苏省常州技师学院，成为机械工程系模具制造专业的一名学生。

"宋彪或许不是最有天赋的，但是最能吃苦的。"宋彪的教练、学院机械系老师杭明峰说。在一年多的备赛时间里，宋彪完成8~10小时的训练任务后，每天还会自加2小时的训练量。即使是夏天，他也可以气定神凝地"泡在"40摄氏度高温的车间里。

"要努力做大国工匠，把在世界技能大赛上取得的历史性突破融入日常工作中，带动各行业职业技能水平实现历史性突破。"2018年，江苏省人社厅认定了宋彪的副高级专业技术职称、晋升高级技师的职业资格，宋彪成为全省最年轻的副高级专业技术职称获得者。

2019年，宋彪毕业后拒绝了各大企业伸来的高薪"橄榄枝"，选择留校任教。"我希望把自己学到的技能教给更多有梦想的年轻人，也希望更多有志青年能够凭借精湛的技能让人生出彩。"宋彪的这句话，并不是获得荣誉后的"冠冕之词"，而是他实实在在践行的未来规划。

"课前，我会先打个样，用时更快、精度更高。""拿技术说话"的"小宋老师"让学生们心服口服。"光自己会做不行，还要会教。"宋彪发现，当老师也是门"技术活"。他多次向恩师杭明峰请教，努力提升自己的教学技能。

在"小宋老师"的课堂上，"差不多就行"绝对不行。"一个零件达到75%的程度就已经算合格，但是不能就此止步，唯有达到95%以上甚至100%，才能延长机器使用寿命、提高效率。"学生们对"小宋老师"的"经典名言"倒背如流。除此之外，宋彪还设计出很多趣味性课程，比如制作七巧板等物件激发学生兴趣。在带班的两年时间里，宋彪所教的班级，专业成绩在全校名列前茅。

宋彪的学生谢村善告诉记者："宋老师对我们很严格，训练时加工工件的误差不得超过0.02毫米，他的标准高于参赛标准。"2020年，谢村善获得全国第一届职业技能大赛工业机械项目银牌。宋彪说："因为我是'大赛出身'，大赛不仅考验选手的专业能力，也考验意志力。我希望越来越多学生能够超越我。"

同样，谢村善也是因为中考失利而选择了技术之路。来到江苏省常州技师学院后，他在宋彪身上看到了未来的"另一种可能"。如今，比宋彪小3岁的他也成为该校智能装备学院的一名教师，和"偶像"做了同事。近年来，继宋彪之后，已有约10名本校学生留校任教，年轻教师队伍不断壮大。面对前来"取经"的更年轻的教师，宋彪提得最多的依旧是"工匠精神"，要让学生把"工匠精神"渗入每个产品、每道工序。

在学校的大力支持下，2021年9月，宋彪开启了新的学习历程，就读江苏理工学院机械设计制造及其自动化专业。"有太多东西要学，材料学、力学、热学，这些都是技术背后的原理。"宋彪的眼睛一如当年，闪烁着对技术的热爱和对知识的渴求。

脱产学习期间，宋彪仍会利用课余时间和节假日回到集训基地指导学生。从"圆梦"到"筑梦"，宋彪说："我不仅要继续提升自己的技能水平，还要努力带动年轻学子走上技能成才、技能报国之路。"

（资料来源：中国江苏网，2023-05-05）

阅读上文后，请思考以下问题：你认为劳动教育是什么？请结合以上材料，谈谈你对劳动教育与个人成长成才的理解。

第一节　劳　动

一、劳动的概念

什么是"劳动"？劳动是人类所特有的为满足自身的物质和精神需要，有目的地调整和控制人和自然界之间的物质变换过程的一种改变自然物的社会实践活动。

《中国大百科全书（哲学卷）》将劳动定义为："人类特有的基本的社会实践活动。人们使用一定工具有目的地改造自然物使之适合于人，并同时使人自身也得到改变的社会活动。"马克思在《资本论》一书中将劳动定义为："劳动首先是人和自然之间的过程，是人的自身的活动来引起、调整和控制人和自然之间的物质交换的过程。"恩格斯在《劳动在从猿到人转变过程中的作用》一文中指出，从一定意义上说，"劳动创造了人本身"。所谓劳动，是指人们运用一定的生产工具，作用于劳动对象，创造物质财富和精神财富的有目的的活动。

因此，劳动是人类社会存在和发展最基本的条件，是人类赖以生存和发展的基础，是人类有目的地能动地借助一定的生产工具作用于劳动对象的社会实践活动。可以说，劳动在人类形成过程中起决定性的作用。

劳动是人类的本质特征，社会上一切的物质财富与精神财富都源于劳动，可以说，没有劳动，就没有人类的生存和发展。

二、劳动的分类

按照不同的分类标准，我们可以把劳动分为以下几种类型：根据劳动所依靠的主要运动器官的不同，劳动可分为体力劳动、脑力劳动、生理性劳动；根据劳动对劳动主体的知识、经验和技能的要求，以及劳动主体所实际耗费的体力、脑力或体力与脑力的综合量，劳动可分为简单劳动和复杂劳动；根据商品生产的劳动二重性，劳动可分为具体劳动和抽象劳动；根据劳动者付出劳动的必要程度，可分为必要劳动和剩余劳动。

1. 体力劳动、脑力劳动、生理性劳动

体力劳动是指以人体肌肉与骨骼的劳动为主，以大脑和其他生理系统的劳动为辅的人类劳动。脑力劳动是指以大脑神经系统的劳动为主，以其他生理系统的劳动为辅的人类劳动。生理性劳动是指除了体力劳动和脑力劳动以外的其他形式的人类劳动。

一般的人类劳动由脑力劳动、体力劳动与生理性劳动按照不同的比例关系组合而成。通常意义上的脑力劳动是指那些脑力劳动占主要比例的复合劳动，体力劳动是指那些体力劳动占主要比例的复合劳动，生理性劳动是指那些生理性劳动占主要比例的复合劳动。在现实劳动中，既没有单纯的脑力劳动，也没有单纯的体力劳动。人类的任何一种活动都是体力劳动和脑力劳动共同的成果。一般性的体力劳动同样不能离开脑力与智力的活动。

2. 简单劳动和复杂劳动

简单劳动是在一定的社会条件下，不需要经过特别的专门训练，每个普通劳动者都能从事的劳动。复杂劳动是和简单劳动相对的，需要劳动者经过专门学习和训练，具有一定

的文化知识和技能才能从事的劳动。在同样的时间里，复杂劳动创造的价值量等于成倍的简单劳动创造的价值量。

简单劳动所产生的产品的剩余价值较低，而复杂劳动所产生的产品的剩余价值相对要高。形成商品价值的劳动以简单劳动为计量单位，复杂劳动等于多倍的简单劳动，复杂劳动的产品等于多量简单劳动的产品。复杂劳动背后因为有着教育等一系列的付出，才会在同样的时间里，比简单劳动创造更多的价值。这也是人类需要教育、需要高级技术的原因，学习的动力也在于此。

需要明确的是，复杂劳动与简单劳动的区分是相对的。在一定条件下的复杂劳动，在另外的条件下也许就是简单劳动。由于劳动存在复杂程度的不同，在相同时间内创造的价值也是不同的。

3. 具体劳动和抽象劳动

劳动具有两重性，即具体劳动和抽象劳动。具体劳动也称有用劳动，是人类特殊的、具体的劳动，它创造商品的使用价值，其性质和形式由生产的目的、操作方式，劳动创造商品的使用价值对象、手段和结果决定。抽象劳动是指撇开了劳动的具体形式的无差别的人类一般劳动，反映的是商品生产者之间的经济关系，是劳动的社会属性。抽象劳动形成商品的价值，它是商品经济下特有的历史范畴。

具体劳动和抽象劳动之间是对立统一的。统一性体现在它们是同一劳动过程中的两个方面，在时间、空间上是统一、不可分割的；对立性体现在它们是生产商品时劳动的两种不同属性，具体劳动是劳动的自然属性，抽象劳动是劳动的社会属性。

4. 必要劳动和剩余劳动

必要劳动是指劳动者为维持和再生产劳动力所必需的劳动，也就是劳动者为了维持自己和家庭的生活所必须付出的劳动。在必要劳动中所花费的时间，就是必要劳动时间。

剩余劳动指的是超过维持劳动力生产和再生产需要的劳动，即生产剩余产品所消耗的劳动，在私有制社会中即为剥削者所占有的劳动。剩余价值被资本家榨取，这就是剩余价值的来源。剩余劳动既是社会生产力发展的结果，又是社会继续发展的基础。在阶级社会里，剩余劳动和必要劳动具有对抗性，具体表现为阶级的对立，剥削阶级以不同的方式最大限度地榨取劳动者的剩余劳动。

三、劳动的属性

（一）人类专属性

从表面上看，劳动作为一种活动，是对自身生活有用的自然物质的占有，这好像与自然界的动物的活动没有什么区别，如蜘蛛通过织网来捕食猎物，蜜蜂通过建筑蜂房而储存蜂蜜，燕子通过衔草筑巢来繁殖后代。然而，动物的这些活动不能称之为劳动，因为它们是动物生存的本能活动。人的劳动和动物的本能活动最不同的地方在于，人的劳动是由自觉意识支配的、能动的和具有一定目的的活动。

（二）自觉意识和能动性

劳动的人类专属性就在于它的自觉意识和能动性。马克思在《资本论》一书中指出："蜘蛛的活动与织工的活动相似，蜜蜂建筑蜂房的本领使人间的许多建筑师感到惭愧。但

第一章 劳动与劳动教育

是，最蹩脚的建筑师从一开始就比最灵巧的蜜蜂高明的地方，是他在用蜂蜡建筑蜂房以前，已经在自己的头脑中把它建成了。"人类在劳动时不仅知道为什么去做，怎样去做，而且知道将会做成怎样，这就是人类劳动和动物本能活动之间的本质区别。劳动具有自觉意识和能动性，是有目的的活动。

（三）劳动的创造性

劳动具有自觉意识和能动性，是具有目的的活动，然而有自觉能动意识、有目的的活动，并不都是劳动。因为人是有意识和思想的，人的一切活动都受意识的支配，如旅游、跳舞、吃饭等，这些活动虽然也具有目的性，但不能称之为劳动。在人类活动中，只有那些能够创造出物质财富和精神财富的创造性活动，才能称之为劳动。而前面所说的那些消费性活动，则不能称之为劳动。

四、劳动的作用

劳动是人类社会存在和发展的基本前提，也是创造物质世界和人类历史的根本动力。从原始人进化成现代人，从茹毛饮血到信息化时代，是劳动者用自己的双手和智慧绘制了人类进步、社会发展的美好蓝图。

（一）劳动创造人类

劳动创造了人本身。劳动是人类适应自然和改造自然的独特方式。恩格斯在《劳动在从猿到人转变过程中的作用》一书中指出："首先是劳动，其次是语言和劳动一起，成为猿人发展的主要推动力，猿的脑髓逐渐变成了人的脑髓。"他认为，手的使用和语言思维的产生，都是在劳动生产的过程中形成和发展的，正是由于有了劳动，才使得人与动物区分开来。唯有劳动能使人生存和发展，能使人成为人。劳动是人类赖以生存、发展的决定性力量。

劳动创造智慧，智慧创造生产工具。人发明劳动工具，在劳动中创造并获取更多的价值。如果没有劳动，便没有发明与创造，那样人类社会将永远停留在原始、野蛮的古代社会，根本不会创造出灿烂辉煌的物质财富和精神财富。马克思在《共产党宣言》一书中指出："任何一个民族，如果停止了劳动，不用说一年，就是几个星期也要灭亡。"可以说，劳动不仅是人类生存的需要，也是安全的需要、爱的需要、发展的需要，是人最后自我实现的需要。

（二）劳动开发思维

人类的思维活动离不开实践活动，而智力的核心是思维能力。实践活动既有学习活动，又有创造活动，而劳动兼有学习与创造这两个功能。例如，大学生常常能在劳动实践过程中遇到原先在书本上、课堂上没学过的问题，这就会引起大脑思维，大学生就要对劳动的结果有所预想，就要设计达到目的的过程。当大学生克服了劳动中的困难，解决了劳动中的问题，取得了劳动中的成果，便会获得成功的喜悦，这将进一步激发他们的求知欲，提升学习兴趣，促进智力发展，从而进一步创新思维，推动新的发展。而这一过程在其他活动中是难以实现的。

（三）劳动培养了吃苦耐劳精神

劳动不仅是一种生活体验，也是锻炼我们动手能力、社会实践能力的重要途径，更是培养我们尊重劳动、勤俭节约、劳动光荣等价值观的重要方式。

（四）劳动培养责任意识

劳动是衡量一个人综合素质的最终形式，通过劳动教育，人的道德、知识、能力、素质可以得到全面、综合的提升和展示。劳动教育有助于提高学生独立自主的生活能力，有助于增强他们的公民意识和社会责任感。国内外的大量调查研究证明，凡是从小接受了劳动教育、养成了良好的劳动习惯的孩子，长大后更具有责任心，也更容易适应家庭生活、职场生活，成为一个功能健全的社会人，而不爱劳动的人恰恰相反，他们更可能成为生活与职场的失败者。

（五）劳动是个人和家庭幸福的源泉

幸福是个人由于理想的实现或接近而引起的一种内心满足。追求幸福是人们的普遍愿望。幸福不仅包括物质生活，也包括精神生活；幸福不仅在于享受，还在于劳动和创造。身处科学技术日新月异的社会，大学生必须具备多方面、多层次的劳动能力和勤奋工作的态度。不论将来从事什么工作，都需要有动手的技能，这与知识的掌握既有联系又有区别。如果我们在成长过程中珍惜动手的机会，有意识地培养、训练自己的动手能力来解决自己生活中的问题，久而久之，就会形成勤动手勤动脑的好习惯，在社会中便能很好地适应生活和工作。

> **课堂案例**

梦桃精神穿越时——记"三秦楷模"

岁月峥嵘，总有一种精神熠熠生辉；时光荏苒，总有一种信念生生不息。

党的好女儿赵梦桃离开我们已经57年了，咸阳纺织业也经历了翻天覆地的变化，而"高标准、严要求、行动快、工作实、抢困难、送方便"的梦桃精神一直激励着无数一线工作者砥砺前行。

赵梦桃是原西北国棉一厂细纱车间的一名普通工人，在进厂的11年里，她曾42次被评为劳动模范、三八红旗手，连续7年每月全面完成生产计划，并帮助13名工人成长为工厂和车间的先进生产者。她创造的一套先进的"巡回清洁检查操作法"在陕西省全面推广。

时代变迁，赵梦桃小组的精神接力依然不辍。这背后，是一代代组员长期的付出。

"进赵梦桃小组之前，总觉得能进小组很光荣；进入小组之后才知道，赵梦桃小组不仅意味着荣耀，更意味着要比别人吃更多的苦、受更多的累。"赵梦桃小组第11任组长刘小萍深有体会地说。2003年，为了满足市场需求，企业技改频繁，一批高、密、细、薄织物成为主要生产品种。赵梦桃小组试纺135高支纱时，现有的摇车方法落纱时造成的断头率达90%，白花增多，产量下降，小组的生产管理和生产计划受到很大影响。而用同样的摇车方法落45支纱时，断头率仅有5%。经过反复试验、分析、总结，赵梦桃小组创新性地推出"高支纱落纱方法"，使60支以上的高难品种落纱断头率由50%下降到10%。新操作法在60支以上的高难品种上推广后，大大提高了质量和效率，提高了产品的市场竞争力。

赵梦桃小组第9任组长徐保凤至今难忘她刚进厂时的情景。当时,她练技术很不适应,便觉得委屈、辛苦。周围35℃左右的潮湿热气、不绝于耳的机器轰鸣声,还有直钻耳鼻的飞絮,感受可想而知。她的手也被纱线划破了,钻心地疼。种种困难让徐保凤常常半夜躲在被子里哭。她曾经想过放弃,但小组"大家庭"般的温暖让她最终留了下来。

时光飞逝,光阴如梭。"赵梦桃小组"自命名以来,已经走过57个春秋,先后经历了13任新老组员的不懈征战。2019年1月,习近平总书记对赵梦桃小组亲切勉励:"希望大家继续以赵梦桃同志为榜样,在工作上勇于创新、甘于奉献、精益求精,争做新时代的最美奋斗者,把梦桃精神一代一代传下去。"

"习近平总书记给我们的亲切勉励,让我们感到格外振奋,这是对赵梦桃小组每一个组员最大的精神鼓舞。作为新时代的纺织青年、梦桃精神的传人,我们一定不负众望,将梦桃精神继续传承好、发扬好,在平凡的岗位上做出不平凡的业绩。"赵梦桃小组现任组长何菲坚定地表示。

(资料来源:陕西日报,2020-03-30,https://esb.sxdaily.com.cn/pc/content/202003/30/content_722735.html)

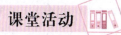

课堂活动

考察劳动的"前生后世"

一、活动目标

通过探究劳动创造历史的过程,收集劳动印记的历史证据,绘制劳动创造历史的路线图,发现劳动在人类历史进程中的作用,研究劳动智慧。

二、活动形式

分小组讨论,将收集到的资料以电子演示文稿、视频短片或图文海报的形式呈现,要求每个小组有一个汇报人说明小组的发现与感悟。

三、活动时间

建议30分钟。

四、考核等级及考核标准

现场由全班同学打分。考核标准如表1-1所示。

表1-1 考核标准

等级	考核标准	得分
1	汇报说明详略得当,小组感悟充实科学,有一定的学习意义	91~100
2	汇报说明较好,小组感悟得当	76~90
3	汇报说明一般,有小组讨论要点的展示	61~75
4	汇报说明缺乏主题,没有展现小组的讨论要点	1~59

第二节　劳动价值观

一、马克思主义劳动价值观

劳动是马克思思想体系中的核心观念，是马克思主义理论研究的基础。马克思把劳动比喻成整个社会为之旋转的太阳，劳动是人类生存的本质，人类的发展过程就是劳动的发展史。马克思主义劳动理论的诞生，是人类劳动学说史上的重要里程碑。它首次全面系统地阐述了劳动在人类发展史上的决定性作用，也揭示了人类社会发展的一般规律。

马克思主义对于劳动的论述，主要体现为劳动本质论、劳动价值论以及劳动解放论。

（一）劳动本质论

人的本质是什么，一直是困扰着哲学界的一个重要命题。马克思主义认为，劳动是人的本质，人的本质是一切社会关系的总和。

1. 劳动创造了人本身

马克思、恩格斯在达尔文"人是由类人猿演化而来的"这一思想基础上，阐明了在从猿到人的演变历程和人类社会的形成过程中劳动的重要作用。劳动使人学会独立行走，并且使人创造出语言。

2. 劳动创造了人类生活

马克思、恩格斯在《德意志意识形态》中明确指出，"全部人类历史的第一个前提无疑是有生命的个人的存在"，强调了生命个体的存在也是人类社会历史存在和发展的重要基础。

而论述中这"有生命的个人"之所以能够存在，最主要的就是因为他们能够通过自己的劳动不断创造出自身所需要的物质生产和生活资料。强调自然是人类通过劳动实现物质变换的"材料供应站"，劳动的过程就是人通过自身的劳动作用于自然的过程，是人的本质力量与自然之间的一种物质交换过程。

3. 劳动是一切价值的创造者

马克思认为，"劳动是一切价值的创造者。只有劳动才赋予已发现的自然产物以一种经济学意义上的价值"。恩格斯在《自然辩证法》中也有同样明确的表述，"它是一切人类生活的第一个基本条件，而且达到了这样的程度，以致我们在某种意义上不得不说：劳动创造了人本身。"劳动是人类创造物质财富和精神财富的活动。

4. 劳动的过程是自我实现的过程

人通过劳动"使自身在自然中蕴藏着的潜力发挥出来，并且使这种力的活动受他自己控制"。由此可见，人们可以在劳动过程中发挥自身力量、激发自身潜能，从而达到为自己服务的目的。也就是说，劳动"被看作自我实现，主体的物化，实在的自由活动"，"谋生"不再是劳动的主要目的，仅仅是一种外在的目的。比"谋生"更重要的是人在劳动过程中的自我认识、自我升华、自我创造和自我实现。在具体社会生活中，随着劳动形式的多样化和劳动过程的复杂化，人类通过劳动不断把体力和智慧注入劳动对象，提高自身劳动能力和劳动素质，培养一定的劳动品德，逐渐在劳动的过程中实现自身的全面发展。

5. 劳动是人类社会产生和发展的决定性因素

劳动是人们获得物质生活资料的基本实践活动，是人类社会历史的基础，是形成社会经济、政治和文化结构的必要前提。随着科学技术的不断提升，劳动工具逐渐改进和升级，劳动范围不断扩大，劳动内容也变得多样化和复杂化，在劳动过程中形成的人与人之间的社会关系也得到发展和完善，这些都为促进社会进步和发展创造新的机会、注入新的活力。

（二）劳动价值论

劳动价值论是马克思主义劳动观形成的成熟阶段，是马克思关于劳动创造商品价值及商品生产、交换遵循价值规律的理论，它详细阐述了商品经济的本质和运行规律。

1. 价值实体

价值实体是指商品中消耗的人类的抽象劳动。马克思在《资本论》里曾说过，把价值看作只是劳动时间的凝结，只是物化的劳动，这对于认识价值本身具有决定性的意义。也就是说，价值这个东西指的是抽象劳动。商品的二重性就是使用价值和价值，价值是商品的社会属性，使用价值是商品的自然属性。这里最重要的是马克思创立的劳动双重性理论，就是具体劳动和抽象劳动的理论。这是理解马克思主义经济学的重点，不懂得劳动双重性就根本不懂得马克思主义经济学。所以，我们必须对它进行深入的了解。从劳动双重性理论中，我们可以了解到，具体劳动创造使用价值，抽象劳动创造价值。只有理解劳动的双重性，才能懂得马克思主义的劳动价值论。

2. 价值量

价值量就是指价值的大小、价值多少的问题。商品价值的数量由社会必要劳动时间来计算。社会必要劳动时间是指在社会平均条件下，用社会中等的劳动强度生产一个使用价值所需要的劳动时间。社会必要劳动时间有宏观和微观双重含义：微观含义是指生产一个商品的社会必要劳动时间。宏观含义是指社会生产这种商品的总量时所需要的必要劳动时间。生产总量所需要的时间称为宏观上的社会必要时间。

3. 价值的形式

价值的形式就是指交换价值。交换价值是一个商品和另一个商品交换的比例。交换价值有四种形式：简单的价值形式、扩大的价值形式、一般的价值形式、货币的价值形式。货币是最高的价值形式，也是最完整的价值形式。用货币表现的商品价值称为价格，价格是商品价值的货币表现。价格就是一种交换价值，是一种最高形态的交换价值。所以，在马克思主义的经济学中，价值、交换价值、价格三个词是有严格界限的，不能混淆。

4. 价值的实质

价值的实质就是商品所能体现的人和人之间的经济关系。人和人的经济关系在商品经济、市场经济中就是商品和商品的关系，就是劳动和劳动的关系，也是物和物的关系。反过来说，物和物进行交换时所体现的就是人和人的关系。经济学表面上是研究商品和商品的关系，归根到底是研究人和人之间的关系，因为商品的背后是人。马克思主义的经济学既见物又见人，认识到了商品流动背后的人和人的关系、劳动者和劳动者的关系。而西方经济学都是见物不见人的，不讲人和人之间的关系、人和人之间的经济关系，只讲商品和商品的关系，即物和物的关系。马克思说经济关系是在物的掩盖下的人和人的关系，必须通过物看到人。真正的经济学应该是既见物又见人，只看见物不看见人，只看见商品、货币、资本而不看见人，这就会产生商品拜物教。

（三）劳动解放论

马克思对于劳动解放的关注和研究始于《1844年经济学哲学手稿》，在这部论著中，马克思以异化劳动（劳动异化）为起点，探索劳动解放、人的解放的途径。

劳动解放论是从劳动本质论和劳动价值论中得出的对科学社会主义的深刻表述，认为劳动的发展过程推动了人类史当中在自然和社会两方面的不断解放。劳动解放首先是人类智力的提高过程，是劳动工具的改进与经济形态的创新，而不是一种简单的政治行为或者政权的归属问题。其次，劳动者解放程度是衡量社会文明的尺度和标准，劳动者解放程度的前进或者倒退、保护或者破坏等，直接反映出社会的政治体系与制度模式的优劣。总之，劳动者解放是全人类的共同使命，一切社会制度都必须遵从并致力于劳动者的社会解放。

马克思的劳动解放思想对当代中国具有重要的指导意义。在社会主义市场经济下，我国劳动领域仍存在着种种问题：雇佣劳动、消费异化仍然存在，劳动者收入差距增大……对此，我们必须坚持以马克思劳动解放思想为指导，继续发展和完善社会主义制度，大力发展生产力，并逐步提高劳动和劳动者的地位，以促进劳动解放、人的解放在我国的早日实现。

二、新时代中国特色社会主义劳动价值观

在新时代，我们要加强培育学生的劳动精神，使学生树立正确的劳动价值观，这既是形成学生正确世界观、人生观和价值观的有效途径，也是培养有理想、有本领、有担当的社会主义建设者和接班人的客观要求，是学校实现立德树人根本任务的现实需要，对于加快推进教育现代化、建设教育强国具有重要意义。

新时代中国特色社会主义劳动价值观的内涵，主要体现为坚守劳动价值论、弘扬劳动精神、弘扬劳模精神以及弘扬工匠精神。

（一）坚守劳动价值论

劳动，作为人类社会一切物质财富和精神财富的源泉，是人类生存与发展的基础。人世间的一切幸福都需要靠辛勤的劳动来创造，想要全面建成小康社会，进而建成富强民主文明和谐的社会主义现代化国家，根本上也是要靠劳动、靠劳动者创造。劳动创造了中华民族，造就了中华民族的辉煌历史，也必将创造出中华民族的光明未来。

（二）宣扬劳动精神

人类是劳动创造的，社会是劳动创造的。劳动没有高低贵贱之分，任何一份职业都很光荣。一切劳动，无论是体力劳动还是脑力劳动，都值得尊重和鼓励；一切创造，无论是个人创造还是集体创造，也都值得尊重和鼓励。人间万事出艰辛，一勤天下无难事。要在全社会大力宏扬"劳动光荣、知识崇高、人才宝贵、创造伟大"的时代新风，促使全体社

会成员形成"崇尚劳动、热爱劳动、辛勤劳动、诚实劳动"的劳动精神。劳动模范、先进工作者和先进人物要身体力行，向全社会传播劳动精神和劳动观念。广大党员、干部要带头弘扬"勤俭、奋斗、创新、奉献"的劳动精神，牢固树立依靠劳动推动发展的理念，高度重视劳动、切实尊重劳动、鼓励创新创造，让"劳动光荣、创造伟大"成为铿锵的时代强音，使"劳动最光荣、劳动最崇高、劳动最伟大、劳动最美丽"的观念深入人心。

（三）推崇劳模精神

劳模精神是马克思主义劳动观的生动体现，是我国优秀传统劳动文化的时代结晶。习近平总书记同全国劳动模范代表座谈时强调，在我们党团结带领人民进行革命、建设、改革各个历史时期，劳动模范始终是我国工人阶级中一个闪光的群体，享有崇高声誉，备受人民尊敬。长期以来，广大劳模以高度的主人翁责任感、卓越的劳动创造、忘我的拼搏奉献，谱写出一曲曲可歌可泣的动人赞歌，为全国各族人民树立了光辉的学习榜样。长期以来，广大劳模以平凡的劳动创造了不平凡的业绩，铸就了"爱岗敬业、争创一流，艰苦奋斗、勇于创新，淡泊名利、甘于奉献"的劳模精神，丰富了民族精神和时代精神的内涵，是我们极为宝贵的精神财富。

伟大时代呼唤伟大精神，崇高事业需要榜样引领。劳模精神作为社会主义先进文化的重要组成部分，生动诠释了社会主义核心价值观，是激励全国各族人民团结奋斗、勇往直前的强大精神力量。

（四）弘扬工匠精神

工匠精神表现为精于工、匠于心、品于行，工匠精神的魂在于有一颗精益求精的匠心。大国工匠是职工队伍中的高技能人才，他们在长期的实践中积淀了刻苦钻研、精益求精、追求卓越、创造一流的职业素养。在中华民族数千年的历史长河中，工匠精神源远流长。"巧夺天工""独具匠心""技进乎道"等成语，体现的正是匠人们卓绝的技艺和精益求精的价值追求。工匠精神影响和带动着更多人崇尚劳动，爱岗敬业。社会各方要为劳动模范、大国工匠发挥作用搭建平台、提供舞台，为劳模、工匠传承技能、传承精神创造条件，培养更多劳动模范、大国工匠。

三、大学生如何树立正确的劳动价值观

（一）大学生树立正确的劳动价值观的意义

大学生是社会主义事业的建设者和接班人，肩负全面建设社会主义现代化国家的使命。培育大学生正确的劳动价值观，对大学生形成社会主义核心价值观，促进大学生全面和谐发展，实现学校立德树人的教育目标有着重要的价值。

1. 树立正确的价值观和事业观

马克思主义劳动价值观启示我们，劳动是人类生存和发展的决定性力量。新时代的学生要将日常生活与理想追求紧密结合起来，在劳动创造中实现远大理想和个人目标，自觉把人生追求融入国家富强、民族复兴的伟业，实现个人与集体、国家的融合发展，真正树立依靠辛勤劳动、诚实劳动、创造性劳动获取财富，实现人生价值的正确思想观念，从而为其走出校园后的人生之路奠定良好的事业发展基础。

2. 践行社会主义核心价值观

中华民族是勤于劳动、善于创造的民族。正是因为劳动创造，我们拥有了历史的辉煌；也正是因为劳动创造，我们拥有了今天的辉煌成就。尊重劳动，坚持爱岗敬业的工作态度和职业操守，是践行社会主义核心价值观的要求和具体体现。培育新时代学生的劳动精神，能够使学生真正理解人民创造历史、劳动开创未来，相信劳动是推动人类社会进步的根本力量，能够让学生真正认识到，正是因为中国人民的劳动创造，我们才拥有今天的幸福生活。通过弘扬劳动精神，使学生形成"扎扎实实干事，踏踏实实做人"的生活态度，培养积极主动的岗位意识、职业意识、进取精神和创新精神。

3. 感受时代精神力量

劳动既是勤劳诚实的奉献，也是凝聚真善美的力量。要引导新时代学生确立劳动最美丽的思想观念，使他们真正感受到劳动本身所激发出的人性光辉、品德光辉和精神光辉，体验到劳动者在劳动中所体现的精益求精、专注执着、无私奉献、创新创造的宝贵精神，体验到高标准、高品质的追求和敬业之美、创造之美的价值升华。通过弘扬劳动精神，我们要号召大学生向劳动模范看齐，感受劳模身上表现出的"爱岗敬业、争创一流，艰苦奋斗、勇于创新，淡泊名利、甘于奉献"的时代精神力量，从而激励自己积极投身于新时代中国特色社会主义伟大事业，奉献无悔青春。

（二）大学生树立正确劳动价值观的途径

1. 尊重劳动：常怀感恩之心

新中国的劳动者中既有劳动模范，又有先进典型，他们的事迹在历史发展的长河中留下了浓墨重彩的一笔，他们身上所体现的劳模精神和劳动精神始终熠熠生辉。

实现我国的奋斗目标，要靠劳动者的实干。无数奋斗者用实际行动证明，只有尊重劳动、尊重劳动的价值，才能让劳动者有更多的获得感和成就感，创造出更多的财富。实干兴邦，一个尊重实干、尊重劳动的国家，必然拥有充分的活力和强大的发展动力，从而在奋斗的道路上取得更多伟大的成就。

我国每一次重大任务的完成和重大斗争的胜利，无不凝聚着劳动者的心血与汗水。举世瞩目的红旗渠工程，是当年30万林州人民在极其险恶的环境下，通过10年苦战，在悬崖峭壁上，用双手一锤一铲开凿出来的。

正是每一位劳动者在各行各业的各岗位上尽心尽责、辛勤劳动，才让整个社会物质充裕、运转有序、人们共享幸福。劳动者在创造幸福的同时，也带给他人以幸福。我们应常怀感恩之心，尊重身边每一位劳动者，尊重每一份平凡普通的劳动。

2. 热爱劳动：人生幸福起点

劳动不仅是人类文明进步的源泉，还是打开幸福之门的钥匙，通过劳动，人类从森林走向陆地，从原始部落走向现代文明，从食不果腹走向丰衣足食。

"民生在勤，勤则不匮。"劳动是财富的源泉，也是幸福的源泉。"夙兴夜寐，洒扫庭内。"热爱劳动是中华民族的优秀传统，绵延至今。劳动能帮助我们完善内心、完成自我实现。劳动不仅为我们幸福的实现提供了物质条件，而且劳动的过程本身就是一种幸福体验。人们常说"劳动创造幸福"，这是因为人们付出了汗水，就会有回报，有了回报，就会产生幸福感。正是因为劳动，中国的综合国力才不断增强，人民生活水平才不断提高，

第一章 劳动与劳动教育

幸福指数才不断上升。

3. 践行劳动：奋斗的青春最美丽

诠释奋斗内涵，树立榜样标杆。劳动是推动人类社会发展的决定性力量，每个人的梦想照进现实，归根到底要靠辛勤劳动、诚实劳动、科学劳动。

《庄子·内篇·人间世》云："其作始也简，其将毕也必巨。"伟大祖国之所以能风雨无阻，关键就在于千千万万普通劳动者的负重前行。目前，中国经济结构正在不断优化升级，信息网络等新兴产业不断向前迈进，中高端供给侧结构性改革呼唤新动能的培育与发展……时与势的语境已然表明，现代维度下的劳动者，必然要有能力与素质的升级换挡。面对新形势、新困难、新挑战，每个劳动者都要焕发热情、释放潜能，在各自的岗位上踏实苦干、努力奉献。撸起袖子加油干，千千万万劳动者所凝聚起来的力量，必将掷地有声。

> **课堂案例**
>
> **全国五一劳动奖章获得者殷其龙：车轮滚滚载满一路温暖**
>
> 连续10余年义务参加"爱心送考"，为莘莘学子扬帆助考；因为一次次普通的送乘服务，与素昧平生的乘客结下深厚情谊；从业19年来，零违章、零投诉、零事故，安全行车超过100万千米，服务乘客超过20万人次……重庆市出租汽车有限公司（以下简称"重庆市租公司"）二分公司渝北班组长殷其龙，在平凡的出租车驾驶员岗位上，用一言一行生动诠释着"暖心奉献"，也因此先后荣获全国五一劳动奖章、全国十大最美出租车司机等称号。
>
> **"帮一把，是本分"**
>
> 2004年，从部队退伍回到重庆，殷其龙成为一名出租车驾驶员——这一干，就是整整19年。驾驶室虽然窄小，但他的暖心奉献，伴着滚滚车轮，被播撒到宽广的城市间，停留在每一个角落。
>
> 殷其龙说，出租车是一座城市的窗口，身为驾驶员就是要擦亮这扇窗，将温暖传递到每一位乘客的心里。
>
> 家住重庆市渝北区90多岁高龄的胡老师，说起殷其龙满脸洋溢着暖意。2019年的某天，胡老师搭乘殷其龙的出租车独自外出看病。见到老人孤身一人，殷其龙关切地与他攀谈起来。得知老人的儿女不在身边，平时都是自己去医院时，殷其龙马上说道："以后您只要外出，都给我打电话，我负责免费接送。"从此，这句承诺成为两人之间的纽带。连续几年来，胡老师一通电话，殷其龙的车总是提前等候在楼下；平常生活中，殷其龙时不时会前往探望，成了胡老师家中的常客。
>
> "能相识，是缘分；帮一把，是本分。"殷其龙说，身为一名服务者，乐于助人是铭刻于心的责任。
>
> **"以服务人民为幸福，以帮助他人为快乐"**
>
> 在殷其龙的从业生涯里，暖心奉献的故事还有很多，但他从不挂在嘴边。
>
> "很低调，从不张扬，一直默默无闻地做着。"重庆市出租车公司工会负责人回忆道。

有一次，几位来自贵州的游客将装有2万元现金的钱包和价值不菲的电脑、相机器材遗落在殷其龙的车上。发现后，他立即将物品上交运管局，并等候失主前来领取。当天，一场活动正在运管局举行，现场有记者了解到事件后进行了采访。直到报道出来后，公司才知晓殷其龙的善举。

在他的工作服上，"雷锋的士"的字样格外醒目。"'雷锋精神'弘扬的是'全心全意为人民服务'的奉献精神。"殷其龙说，安全将乘客送达目的地是职责所在，"以服务人民为最大幸福，以帮助他人为最大快乐"更是自己追求的目标。

"从'和谐车队'到'爱心公益车队'，从'爱心车队'到'雷锋的士'，尽管称谓不断在变，但他参与其中的热情，从未改变，也一直是所有驾驶员学习的模范。"该负责人称赞道，无论是在抗洪峰的一线，还是在公司组织的爱心公益活动现场，都能见到殷其龙忙碌不停的身影。

"心中有暖意，眼中有光芒"

如今，殷其龙从一名出租车驾驶员成长为班组长，每天驾驶出租车迎来送往的同时，还协助公司管理42辆车100多名驾驶员，他也将"暖心奉献"的真谛传递给团队。

工作之余，他最爱做的一件事就是与班组的驾驶员们聊天，倾听他们的心声、困惑。也最爱给他们说一句话："面对每一位乘客，要心中有暖意，眼中有光芒。"

前段时间，殷其龙调研、思考、拟定"出租车作为公共交通之一，如何更大提高运行效率服务社会大众"的案题，积极为中国工会第十八次全国代表大会做准备。能够当选人大代表，他坦言既感到荣幸与自豪，也意识到肩上的责任更重。

"一方面扎根基层，在岗位上尽心尽责，当好职工的'传声筒'，做好职工声音的收集人；另一方面推动出租车行业健康发展，拓展城市服务能力，提升人民生活幸福感。"在殷其龙道出的心愿里，"奉献"是始终不变的主题。

资料来源：（学习强国，2023-10-13，https://www.xuexi.cn/lgpage/detail/index.html?id=16102191355249204353&item_ id=16102191355249204353）

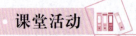

课堂活动

让青春在劳动中闪光

一、活动目标

通过活动帮助学生深刻体会劳动创造美好生活，认识劳动不分贵贱，养成热爱劳动的好习惯。

二、活动时间

建议60分钟。

三、活动准备

教师将学生按照4~6人一组来进行划分，并要求各活动小组分别准备以下资料。

(1) 关于劳动的诗词，不少于5首。

(2) 关于领袖人物的劳动故事，不低于3个。

(3) 以普通人物为主角定制的《劳动最光荣》视频不低于2个。

四、活动流程

1. 教师安排准备诗词的小组分享诗词，讲述诗词背后劳动与生活、劳动与社会的关系。

2. 教师安排准备领袖人物劳动的小组讲述劳动故事。

3. 教师安排准备视频的小组演示《劳动最光荣》视频。

4. 教师要求各小组按照"劳动的基本内涵→树立正确的劳动观→劳动的青春最出彩"的顺序展开探究和讨论，并要求每组分工合作提交一篇1 000字左右的感想。

5. 每组推选一名代表分享小组撰写的感想。

6. 教师分析、归纳和总结，引导学生树立"劳动最光荣、劳动最崇高、劳动最伟大、劳动最美丽"的观念，并根据各小组在活动中的表现赋分，分值范围为1~100分。

第三节　劳动教育

2020年3月，中共中央、国务院印发《关于全面加强新时代大中小学劳动教育的意见》，强调"劳动教育是中国特色社会主义教育制度的重要内容"，要"把劳动教育纳入人才培养的全程，贯通大中小学各学段，贯穿家庭、学校、社会各方面，与德育、智育、体育、美育相融合"，从而"实现知行合一，促进学生形成正确的世界观、人生观、价值观"。显然，高等院校实施劳动教育已成为人才培养中不可或缺的一环。

一、劳动教育的概念

国内外的研究学者对劳动教育的含义有不同的理解，总的来说有以下几种：

第一是德育说，将劳动教育定义为德育的一部分，侧重热爱劳动和劳动人民的情感、对正确劳动观念和劳动态度的培养，把劳动习惯和技能的教育看作日常生活培养的结果。更强调劳动教育的德育属性，不突出劳动教育的智育价值。

第二是智育说，即强调更多的是劳动教育的智育属性，将劳动教育的主要价值定位为传播现代生产基本知识和技能，提高社会劳动生产的智力水平。

第三是全面发展学说，强调劳动教育是融德育、智育、美育为一体的综合性教育。

随着经济社会的不断发展，劳动教育的含义更倾向于劳动全面发展学说，即劳动教育是国民教育体系中与德育、智育、体育、美育并举的专门一部分。苏联教育实践家和教育理论家苏霍姆林斯基在《帕夫雷什中学》中指出，"劳动教育是对年轻一代参加社会生产的实际训练，同时也是德育、智育和美育的重要因素"，其劳动教育的理想追求是"使每一个人早在少年时期和青年早期就能领悟到劳动能使他的自然天赋更全面、更明显地发挥出来，劳动会带给他精神创造的幸福"。我国教育家陶行知把劳动教育视为"在劳力上劳心"的实践活动。他在《教学做合一下之教科书》一文中指出："中国教育之通病是教用脑的人不用手，不教用手的人用脑，所以一无所能。""劳动教育的目的，在谋手脑相长，以增进自立之能力、获得事物之真知及了解劳动者之甘苦。"

当代学者陈勇军认为，"劳动教育的本质含义是指通过参加劳动实践活动所进行的一种有目的、有计划、有组织地培养受教育者多种素质的教育活动，是融德育、智育、体育、美育为一体的全面提高学生素质的综合性教育"。由此可见，劳动教育就是以劳动为中介而进行的旨在培养劳动者良好劳动价值观的教育，是以提升劳动素养的方式促进劳动者全面发展的教育活动。

二、劳动教育的内涵与外延

劳动教育自古有之，与教育的产生几乎同步。东西方古代的劳动教育是面向大众、面向生产实践的教育，带有明显的体力劳动倾向，存在于普通教育之中，没有独立形态。学校里独立的劳动教育是近代以后的产物。不同时期、不同国家的劳动教育及其思想有所差异，但基本内涵大体一致。

在内涵上，劳动教育由劳动、教育两个元素构成，是一种通过参与获得发展，融德育、智育、体育、美育为一体的综合性育人活动，它以提升学生劳动素养的方式促进学生全面发展；在外延上，劳动教育的范畴涉及劳动价值观的形成、劳动技能的传授、劳动态度的培养、劳动情感的培育、劳动习惯的养成等方面，劳动教育的类型涉及学校劳动教育、家庭劳动教育、社会劳动教育，劳动教育的形态涉及课堂教学、专业实践、社会活动、家庭生活、生产实践等。

由于劳动价值观是劳动素养的核心内涵，劳动认知又对劳动价值观的形成具有重大影响，因而，结合内涵和外延表述的劳动教育，也可以界定为：以促进学生形成劳动价值观（树立正确的劳动观点、培养积极的劳动态度、热爱劳动和劳动人民等）、养成良好劳动素养（形成劳动习惯，有一定的劳动知识与技能，有能力开展创造性劳动等）为目的的，具有独立品质、多种类型及形态的教育活动。

三、新时代劳动教育的特征

高校劳动教育是高等教育人才培养体系的重要组成部分，是顺应新时代劳动发展趋势对大学生进行系统的劳动思想教育、劳动技能培育与劳动实践锻炼，全面提高大学生劳动素养的过程。其目的是引导新时代大学生在劳动创造中追求幸福感、获得创新灵感，培养具有社会责任感、创新精神和实践能力的高级专门人才。社会在发展，教育在进步，在新时代，劳动教育必然会在与社会的互动中保持时代性，呈现出自己的鲜明特色。

1. 劳动教育理念的科学化

观念是行为的先导，理论是行动的指南。劳动教育必须成为与德育、智育、体育、美育并行的教育。要科学地认识劳动教育的价值，并准确地贯彻实行，不能使其"在学校中被弱化，在家庭中被软化，在社会中被淡化"。劳动教育需要价值化而不能工具化，要从培养学生良好的劳动价值观和促进学生全面发展的角度出发，设计规划劳动教育，而不能使其满足于简单的劳动技能、劳动知识的教育。

2. 劳动教育特质的时代化

劳动在不同的时代具有不同的特质。在农业文明时代，生产劳动主要以经验或技术的方式进行。在工业文明时代，生产劳动以技术加科学的方式进行，强调制造。而在信息时代，科技制胜，生产劳动演变成以科学技术的方式进行，人才成为第一资源，创新成为发展的第一动力，劳动更在于"智造"而非"制造"。因而，劳动教育需要适应时代发展特点，引导学生尚进尚新，从校园走向社会、认识社会，以"有本领"的面貌实现自己的时代担当。

3. 劳动教育形式的多样化

劳动教育的实施要求大学做好科学规划，做好教学设计，依据不同的教育目标，采取不同的教育形式。要统筹安排好学校、社会和家庭劳动教育的形式与关系，在具体形式上，要适应时代特点，在传统体力劳动的基础上更加重视创造性的非体力劳动形式，如科学技术的发明创造、公益活动、志愿服务，以及其他非物质劳动形式，如数字劳动、体育劳动等。

四、中华人民共和国成立以来劳动教育的历程

中华人民共和国成立以来，劳动教育经历了以下三个时期。

（一）劳动教育的奠基与曲折发展时期

中华人民共和国成立初期，我国各领域建设百废待兴，为适应国家的发展需要，这一时期我国的主要任务是建设适应社会主义建设的新教育。为此，中国共产党对马克思主义的教劳结合思想做了创造性实践和发展，并把这一原理作为党的教育方针。

毛泽东继承和发展了早期无产阶级领导人马克思、恩格斯关于教育与生产劳动相结合的观点，借鉴苏联的教育经验和教育模式，力图摸索出一条符合新中国实际情况的劳动教育之路。1949年12月，第一次全国教育工作会议提出了教育要"为人民服务，首先为工农兵服务，为当前的革命斗争与建设服务"。1957年，毛泽东在《关于正确处理人民内部矛盾的问题》中谈到，通过教育，要让受教育者在德育、智育、体育几方面都得到发展，成为有社会主义觉悟的、有文化的劳动者。同时还规定，学校必须将生产劳动列为正式课程，并在中学和小学分别增加了劳动、手工劳动课和教学工厂实习课程，主张受教育者应边学习边劳动。1958年9月，《中共中央国务院关于教育工作的指示》指出："党的教育工作方针，是教育与生产劳动相结合"。

在此期间，以毛泽东为核心的党中央高度重视劳动教育问题，其外显性表现为强调教育与生产劳动相结合，注重劳动的生产性和实用性，注重培养学生的动手能力和实践能力。但是在"文化大革命"期间，教育与生产劳动相结合被误解为要在生产劳动过程中改造人们的思想，忽视了教育的发展规律。总体而言，毛泽东提出的一系列关于劳动教育的方针是符合当时国情的，教育与生产劳动相结合的教育方针，明确了新中国培养人才的方向，明确了劳动教育的发展方向，更重要的是有助于我国培养一大批素质较高的社会主义社会劳动后备军。

（二）劳动教育的探索革新时期

1981年，党的十一届六中全会通过的《中国共产党、中央委员会关于建国以来党的

若干历史问题的决议》对我国的教育目的有了新的表述，要"坚持德智体全面发展、又红又专、知识分子与工人农民相结合、脑力劳动与体力劳动相结合的教育方针"。1986年，时任国家教育委员会副主任彭珮云明确提出："把德育作为德、智、体、美、劳五育全面发展的一个有机组成部分，使五育互相配合、互相渗透"，形成了"五育全面发展"的教育思想。1993年中央发布的《中国教育改革和发展纲要》重申了："教育必须为社会主义现代化服务，必须与生产劳动相结合，培养德、智、体全面发展的建设者和接班人"的方针。1999年，《中共中央国务院关于深化教育改革全面推进素质教育的决定》，强调要加强"劳动技术教育和社会实践"，使学生接触自然、了解社会，培养热爱劳动的习惯和艰苦奋斗的精神，强调使诸方面教育相互渗透、协调发展，促进学生的全面发展和健康成长。"教育与生产劳动、社会实践相结合"成为新时期的教育方针。

2001年6月，教育部印发《基础教育课程改革纲要（试行）》，规定从小学至高中设置综合实践活动，并将其作为必修课，其中包括劳动与技术教育等。在21世纪新一轮课改中，义务教育阶段的劳动技术教育不再作为单独的课程开设，而归并到综合实践中，对劳动教育做了宽泛的理解。2010年，《国家中长期教育改革和发展规划纲要（2010—2020年）》进一步强调了坚持教育与生产劳动、社会实践相结合，加强劳动教育，培养学生热爱劳动人民的情感，对教育与生产劳动相结合的方针进行了更加深化的阐述，并融入了新时期教育改革的思想。

（三）劳动教育的创新发展时期

党的十八大以来，习近平总书记立足于新时代的历史方位，着眼于新时代全面育人的基本要求，在继承和发展马克思主义劳动观以及劳动教育理论的基础上，逐步形成新时代中国特色社会主义的劳动新思想、新观点、新论断。在2013年同全国劳动模范代表座谈、2015年"五一"国际劳动节的讲话中，习近平总书记多次强调了劳动本身的价值和力量，提出实现"两个一百年"奋斗目标要靠辛勤劳动、诚实劳动和创造性劳动，要坚持走辛勤劳动、实干兴邦的现实路径，要把"创造伟大"作为重要的发展动力，以劳动托起"中国梦"。在2018年全国教育大会上，习近平总书记把"劳育"纳入人的全面发展教育体系，并号召全社会都要尊重劳动、尊重劳动者，弘扬劳模精神和工匠精神，在劳动中创造美好生活。

2020年3月，中共中央、国务院颁布了《关于全面加强新时代大中小学劳动教育的意见》，这是新中国成立以来，国家层面首次对大中小学劳动教育进行顶层设计和系统部署。文件指出，要以习近平新时代中国特色社会主义思想为指导，全面贯彻党的教育方针，把劳动教育纳入人才培养全过程，贯通大中小学各学段，贯穿家庭、学校、社会各方面，与德育、智育、体育、美育相融合，实现知行合一，促进学生形成正确的世界观、人生观、价值观。要全面构建体现时代特征的劳动教育体系，把握劳动教育基本内涵，明确劳动教育总体目标，牢固树立劳动最光荣、劳动最崇高、劳动最伟大、劳动最美丽的观念。健全劳动素养评价制度，把劳动素养评价结果作为衡量学生全面发展情况的重要内容。习近平总书记在2014年文艺工作座谈会上指出，"中华优秀传统文化中很多思想理念和道德规范，不论过去还是现在，都有其永不褪色的价值"。

自古以来，中华民族在五千年历史演进和劳动实践过程中呈现出的崇尚劳动、热爱劳动、勤劳勇敢、艰苦奋斗的宝贵精神品质，并没有过时，更不会消逝，它贯穿中华民族文化发展的始终，一直通过多样的途径与鲜活的事例展示劳动的价值和意义。

五、开展劳动教育的意义

培养什么人，是教育的首要问题。我国是中国共产党领导的社会主义国家，这就决定了我们的教育必须把培养社会主义建设者和接班人作为根本任务，培养一代又一代拥护中国共产党领导和我国社会主义制度，立志为中国特色社会主义事业奋斗终身的有用人才。

劳动教育关系到人的全面发展，关系到国家的未来，开展劳动教育是遵循马克思主义教育思想、建设高质量教育体系和高水平人才培养体系的必然要求；加强劳动教育是实现伟大复兴中国梦的主推力量，是践行社会主义核心价值观的必要选择，是立德树人的重要载体和途径，也是青年学生成长成才的现实需要，同时对于学校课程教学及人才培养具有重要意义，应当予以高度重视。

（一）劳动教育是遵循马克思主义教育思想的必然要求

对照人类社会的发展史，无论是人类自身发展和解放，还是获得物质财富都离不开劳动，幸福也需要通过劳动创造。重视劳动，强调教育与劳动相结合，是马克思主义重要的主张。马克思主义哲学认为，劳动推动社会历史进步，是人作为人之最本质、最显著的特征。因此，人民创造历史，劳动开创未来。劳动是推动人类社会进步的根本力量，是人民美好生活的源泉。构建德智体美劳全面培养的教育体系，加强劳动教育，是回归人之本质、回归学生自身的主体性教育方式，能够帮助学生在自主实践中发现自我，通过双手改变和创造自己的生活。

（二）劳动教育是立德树人的重要途径

立德树人既是教育的根本任务，也是检验教育成效的根本标准。把立德树人作为根本任务，目的在于培养德智体美劳全面发展的、合格的社会主义建设者和接班人，而劳动教育是高校实现立德树人目标的一个重要过程和载体。首先，劳动教育丰富了教育工作的内涵，使学生端正劳动态度并树立正确的劳动观念，能够培养学生对于劳动和劳动人民的思想感情，逐步养成热爱劳动、善于劳动及勤于劳动的素质。其次，劳动教育和道德教育紧密联系，劳动教育也是加强德育的过程。最后，道德教育与劳动教育相结合也是德育的一种方法。我国历来注重劳动教育的重要作用和实际意义，将劳动视为形成良好道德品质的重要途径，"德之根在心，人之本在劳"，二者结合就是立德树人的根本。

（三）劳动教育是促使青年成长成才的现实需要

劳动是推动人类社会进步的根本力量，是人民美好生活的源泉。劳动教育是劳动和教育的有机结合，一方面发挥了劳动的效用，通过利用和总结实践经验实现了理论和实践相结合、知行合一，人们得以在实践中学习、在学习中实践；加强劳动教育，能够发挥教育的育人效用，帮助学生在实践中加深对劳动生产知识和技术的认识与理解，提高了学生的劳动实践能力以及分析和解决问题的水平。作为培养人的社会活动，劳动教育在树德、增智、强体、育美中不断创新，促进学生身心的全面发展。只有加强劳动教育才能培养出一大批勤于劳动和善于劳动的人才，才符合新时代教育发展的根本要求，因而成为实现个人梦想和国家梦想的一个重要选择。

当前，实现中华民族伟大复兴的宏伟蓝图已经拟定，目标已经明确，部署已经启动，只要每一位公民积极投身于时代的大潮之中，通过劳动，就能创造美好未来，实现人生理想。

然而，我们也能够看到，随着社会物质生活的不断改善，某些经济条件比较富足的家庭却对子女的教育产生了严重的"包办主义思想"，少数家长甚至原本孩子应该做的事情都包办，使这些孩子一直过着饭来张口、衣来伸手的生活。中国青年报社社会调查中心联合问卷网曾对1 504名家长进行一项调查，结果显示，88.6%的受访家长表示，在孩子成长过程中自己有过度帮助的情况。

毫无疑问，贯彻落实党的教育方针，在高等院校开展多种形式的劳动教育，是当前社会现实的需要，更是年轻一代成为实现中华民族伟大复兴中国梦的社会主义事业建设者和接班人的需要。

▶ 课堂案例

全国劳动模范缪沅振：从农民工成长为选矿专家

"想干就有舞台、肯干不会吃亏、能干成就人生！"这是云南玉溪矿业有限公司磨选段工段长缪沅振19年来一直奉行的工作准则。缪沅振是云南铜业玉溪矿业有限公司选厂技术员、磨选段工段长、云南省浮选工技能比武大赛技术状元、全国优秀农民工、全国劳动模范。从刚进厂的技术小白到行业内的选矿状元，缪沅振用了19年。

矿厂中的"拼命三郎"

1983年，缪沅振出生在云南中部的哀牢山脚下。幼时艰苦的成长环境让缪沅振心中怀揣着梦想："我一定要走出大山，去远方奋斗。"2003年，玉溪矿业的一则招聘通知改变了缪沅振的命运，他从2 000余名应聘者中脱颖而出，成为企业的一名正式职工。一开始，完全陌生的工作流程让缪沅振措手不及："那么多的设备，我要从哪里着手？"面对领导下达的3个月适应期任务，缪沅振没有服输，他只说了一个字："好。"

"入职第一天，我就养成了随身携带小本子、随时向老师傅们请教的习惯，好记性不如烂笔头，就是靠一些笨的办法，多努力、多投入一些学习的时间。"数十本翻烂破损的本子上面记满了他日常遇到的难题、职工反映的问题。凭着这股"拼命三郎"的劲头，仅仅半年的时间，缪沅振就掌握了球磨岗位的基本知识，以及浮选、磁选、药剂添加等工艺及溢流型、格子型球磨机，自吸式、充气式浮选机等关键设备操作的知识。两年后，他就担任了磨选工段班组长。

肉眼分辨精矿品位

缪沅振担任班组长期间，有一次班间矿石性质发生改变，球磨机磨出的矿石粒度达不到要求，整个现场乱成一片。当时就有组员说："这点事儿都处理不好，你当班长，我们不服。"现场被"怼"，缪沅振决心再往一线沉，再到现场学。

不服输的缪沅振心里憋了一口气，他把每一个流程问题、每一个数据调整、每一个现象变化，都详细记录下来。回到宿舍，再逐个研究分析，遇到不懂的地方就找老师傅请教，和技术员探讨，硬是攻下了一个又一个技术难关。

记者走进缪沅振的作业现场看到，一天处理矿石近1.5万吨，450余台固定设备轰隆作响，年生产铜精矿含铜 19 000 余吨、铁精矿 40 余万吨。在国内同类型矿山中，这是一份拿得出手的成绩，可缪沅振不满足于此，以恒心坚守初心，用心、用情、用功朝着目标努力。

除了用本子记录问题之外，缪沅振还摸索出了自己的一套"笨办法"：认真看、仔细听、用手摸。长此以往，他甚至练就了仅凭肉眼就可分辨精矿品位的绝招。而通过日常细心的观察记录和调整判断，缪沅振又提出了浮选岗位"三辨""四调"和"稳当先"的操作方法，稳定提升了浮选经济技术指标，保证了92%的铜回收率。这套"缪沅振工作法"大大提高了工作效率。

"我的目标只有一个，就是要不断优化指标、降本增效。"2016年，缪沅振所在的班组选矿单位成本较考核低3.96元/吨，仅这一项就为企业节约成本1 200余万元。

带领团队技术攻关

"只会操作、只懂技术还不够，要走得更远，必须加强理论学习，真正成为知识型、技能型、创新型人才。"缪沅振说。2017年，他完成中南大学采矿工程专科学业，同年参加成人高考，被武汉理工大学采矿工程专业录取。2023年4月，他完成了本科学业。

2018年，以缪沅振的名字命名的创新工作室成立，工作室成立以来，缪沅振又带领团队攻关了四五项重大项目。"米底莫区域矿石选矿回收率技术攻关试验研究"攻关项目，将米底莫矿石回收率从62.1%提高到了79.43%。在现场大力应用"四新"技术，完成转载漏斗护板改造，提高护板使用寿命，完成球磨机钢球清理溜槽设计，提高清球效率。

"我热爱这份工作，虽然辛苦，但很快乐。"这是缪沅振时常挂在嘴边的一句话。19年来，缪沅振和他的团队攻下一个又一个技术难关，累计完成了20多项技改，获得了6项国家专利，通过他们技改产生的直接经济效益超过了3 000万元。此外，他积极推进"师带徒""一对一现场操作培训"模式，为企业培养技术技能人才探索方式方法。他带出了20多个徒弟，组建了一支由10名技术员、30名技师、13名骨干组成的高素质团队，他带领的班组先后涌现出了2名云南省"巾帼标兵"、3名云南省"选矿技术能手"。

（资料来源：工人日报，2023-05-18，https://baijiahao.baidu.com/s?id=1766278542094274346&wfr=spider&for=pc）

反思劳动教育

一、活动目标

引导学生深刻理解劳动教育的重要意义。

二、活动时间

建议 15 分钟。

三、活动准备

(1) 教师出示以下阅读材料，并提问：结合实际，谈谈造成以下现象的原因和对策。

来自北京教育科学研究院基础教育科学研究所的报告显示：美国小学生平均每天的劳动时间为 1.2 小时，韩国为 0.7 小时，法国为 0.6 小时，英国为 0.5 小时，而中国小学生平均每天的劳动时间只有 12 分钟。

针对这种现象，首都青少年劳动教育调研组赴北京市党政机关、教育机构、企事业单位、基层社区实地走访并发放千余份调查问卷，对首都青少年的劳动教育现状进行了摸底调查。据了解，只有不足三成的小学生会整理房间、打扫卫生，很多孩子根本不做或者不会做。调查结论认为，中国孩子现在自理能力缺失，对于劳动的意识也很淡薄。

对此，有些家长表示：不是孩子不爱劳动，而是孩子没有时间劳动，也不会劳动。

(2) 将全班学生分组，以 4~6 人为一个活动小组，通过小组内部讨论形成小组观点。

(3) 每个小组选出 1 名代表陈述本组观点。

(4) 教师进行归纳分析，引导学生深刻认识开展劳动教育的重要性。

劳动精神

> 学习目标

1. 了解劳动精神的概念、内涵及意义,熟悉新时代劳动精神的具体要求。
2. 了解劳模精神的含义与本质特征,熟悉新时代劳模精神的内涵,明了新时代劳模精神具体表现。
3. 了解新时代工匠精神的概念与内涵,熟悉新时代工匠精神倍受推崇的主要表现、新时代工匠精神的自我修炼,以及当代工匠的职业价值,掌握如何弘扬新时代工匠精神。
4. 了解大学生劳动精神的主要培养途径,熟悉创新劳动精神培育的实践与探索,明了大学生劳动精神培养的现实意义。

> 案例导读

全国道德模范王顺友:"马班邮路"上的山歌不再响起

2021年5月30日,一位邮递员永远离开了我们。初夏的凌晨,王顺友在凉山州木里藏族自治县(以下简称"木里县")的家中永远地闭上了眼睛。

5点40分和6点05分,王顺友的女儿王小英先后在朋友圈发出两条信息,第一条是"爸爸一路走好"。后面那条信息,王小英配发了一张王顺友身着邮政制服,蓝天白云下牵马走在邮路上的照片。清晨的木里县下起小雨,空气中传来草木和泥土的味道,就像那条王顺友牵着马走了30多年的"马班邮路"的味道。

"马班邮路长又长,山又高来路陡峭。情注邮路不畏险,爱洒人民永不悔。……"

王顺友的歌声曾拂过"马班邮路"上的每一道岭、每一棵树、每一块石头。只是,这歌声今后再不会响起了。

由于特殊的地理环境,过去的木里很多乡镇不通公路、不通电话,只有通过"马班邮路",党报党刊、政策文件才能尽快送到偏远的乡村,党的声音才能传到木里的每个角落,远方亲人的问候才能温暖家乡父老的心田。

1985年，走了一辈子"马班邮路"的父亲把手中的马缰绳交给王顺友，并对他说："父亲老了，走不动了，这个班今后就交给你。"那年，王顺友不到20岁。他继续走着父亲走过的路，一走就是30多年。王顺友每走一个班要14天，一个月要走两班。一年365天，他有300天走在邮路上。他这样描述自己的生活：冬天一身雪，夏天一身泥，饿了吞几口糌粑面，渴了喝几口山泉水或啃几口冰块，晚上蜷缩在山洞里、大树下或草丛中与马相伴而眠，如果下雨，就得裹着雨衣在泥水中躺一夜。

最苦的是心头的孤独，特别是到了晚上，大山里静得可怕，伸手不见五指，他能感觉到的只有风声、水声和不时的狼嚎声。

每当王顺友想打退堂鼓时，就会想起自己把邮件送到老乡手里时他们高兴的样子，想起把录取通知书送到学生家里的样子，想起自己在路上生病了乡亲们陪着走几天几夜的样子。"乡亲们需要我"这个念头，让王顺友继续坚持下来。

30多年来，他每年投递各类邮件近万件，没有延误过一个班期，没有丢失过一份邮件，投递准确率达100%。30多年来，他在雪域高原跋涉了26万千米，相当于21趟二万五千里长征、绕地球赤道6圈。30多年来，他为了一个简单而又崇高的使命，在大山深谷之中穷尽青春年华。30多年来，他以忠诚如铁、责任如山的可贵精神和执着不悔、坚定顽强的实际行动创造了中国乃至世界邮政史的纪录和传奇。

（资料来源：中国青年网，2021-05-31）

阅读上文后，请思考以下问题：什么是劳动精神？大学生在校期间应如何培养劳动精神？

第一节　劳动精神概述

一、劳动精神的概念

"精神"一是指人的意识、思维活动和一般心理状态，二是指人所表现出来的活力。劳动精神主要是指人们对于劳动的热爱态度及劳动者在劳动过程中体现出来的精神状态、精神面貌、精神品质。它是人们关于劳动的思想意识和心理状态的总括，是每位劳动者为创造美好生活而秉持的劳动态度、劳动理念及展现出的劳动精神风貌。

在不同的社会形态下，由于对劳动的理解不同，劳动精神也有差异。以马克思主义劳动理论为指导，在中国特色社会主义伟大实践的条件下，劳动者的劳动精神表现为"劳动光荣、劳动伟大"的劳动理念，"爱岗敬业、立创一流"的劳动态度，"淡泊名利、甘于奉献"的劳动品德，"艰苦奋斗、勇于创新"的劳动习惯。

二、劳动精神的内涵

对于劳动精神的科学内涵，可以从劳动和劳动者两个方面来理解。从劳动角度看，劳动精神是源头精神、诚实精神、创造精神、勤快精神和崇高精神；从劳动者角度看，劳动

第二章　劳动精神

精神体现了尊重劳动、发展劳动、热爱劳动等方面的精神风貌。劳动精神是人类为了自身的发展和社会的进步而拼搏奋斗的精神。

（一）马克思主义劳动价值论为新时代劳动精神注入新鲜血液

劳动价值论在马克思主义理论体系中处于基础地位，揭示了劳动的本质属性和劳动推动人类发展的重要作用。因此，马克思主义劳动价值论是劳动精神的理论源头。在中国社会主义革命、建设和改革实践中，中国共产党人以马克思主义劳动价值论为指导，结合中国发展的实际形成了中国化的马克思主义劳动思想。它继承和发展了马克思主义劳动价值论的精髓，对劳动及劳动者的地位和尊严给予了充分肯定，为新时代劳动精神的形成与发展注入了中国元素。

（二）中华民族5 000年奋斗是新时代劳动精神的历史源泉

劳动精神是维系中华民族生存和发展的精神纽带，孕育在中华民族创造历史的劳动实践之中，积淀于中华民族5 000年历史所孕育的中华优秀传统文化——党领导人民在革命、建设、改革中的革命文化，社会主义先进文化和中国特色社会主义伟大实践之中，反映了中华儿女崇尚劳动、尊重劳动的共同价值。

历史赋予新时代劳动精神必须承载的伟大而艰巨的时代使命，现实要求新时代劳动精神必须富有开创美好未来的创造活力。"实现我们的发展目标，不仅要在物质上强大起来，而且要在精神上强大起来。"工匠精神、劳模精神、"两弹一星"精神、红旗渠精神、塞罕坝精神、航天精神、右玉精神等劳动精神资源是践行社会主义核心价值观的生动体现，是中国特色社会主义文化的集中体现，是实现国家富强、民族振兴、人民幸福的更基本、更深沉、更持久的精神力量。

在中国社会主义革命、建设和改革中，广大劳动者奋勇拼搏、艰苦创业，这种强大精神力量是新时代劳动精神生成的实践基础。首先，革命斗争是劳动精神的现实基础。在土地革命时期、抗日战争时期、解放战争时期，广大劳动者通过把劳动实践与革命斗争相结合，形成了艰苦奋斗、不畏艰难、甘于奉献等革命斗争精神，构成了劳动精神的现实基础。其次，民族精神是劳动精神的核心要素。一代代劳动者用自己的辛勤劳动、诚实劳动和创造性劳动，为民族精神注入新能量，不断丰富着民族精神的内涵。劳动精神既体现了以爱国主义为核心的团结统一、爱好和平、勤劳勇敢、崇德尚礼、公而忘私的民族情怀，又体现了知行合一、自立自强的人生追求。最后，时代精神是劳动精神的重要内容。通过劳动者的创造性实践和不断探索，激发出蕴含自主性、首创性、先进性元素的劳动精神，不断为时代精神注入新能量，凸显并丰富时代精神的内涵。

（三）社会主义核心价值观是新时代劳动精神形成的价值导向

劳动精神是社会主义核心价值观的应有之义，既包含对劳动价值的判断，也包括对劳动的态度，生动诠释着社会主义核心价值观中蕴含的劳动内容。首先，劳动价值的回归与社会主义核心价值观的价值理念相吻合。中国梦的实现"根本上靠劳动，靠劳动者创造"。"富强、民主、文明、和谐"是社会主义核心价值观在国家层面的准则，与劳动精神的价值倡导高度一致。只有广大学生树立正确的劳动观念，积极参加劳动实践，才能确保"富强、民主、文明、和谐"的价值观念在中国大地落地生根。其次，劳动态度的培养与社会主义核心价值观的价值准则相契合。弘扬劳动精神有利于培养学生"爱岗敬业、争创一流、艰苦奋斗、勇于创新"的劳动态度，这与社会主义核心价值观在个人层面提倡的"爱国、敬业、诚信、友善"的价值准则高度契合。最后，劳动实践的锻炼与社会主义核心价值观的价值取向相融合。劳动实践中锻炼的岗位意识、职业精神、进取精神、拼搏精神、创新精神、家国情怀和奉献精神等，正是社会主义核心价值观的生动体现。

三、劳动精神的重要意义

劳动光荣、知识崇高、人才宝贵、创造伟大的时代新风构成新时代劳动精神的深刻内涵，它不仅折射出一个时代的人文精神，也反映出一个民族在一个时代的人生价值和道德取向。新时代劳动精神需在科学内涵的基础上，从尊重劳动、崇尚劳动、热爱劳动、辛勤劳动、诚实劳动和创造性劳动方面等深刻理解劳动精神的重要意义。

（一）尊重劳动

尊重劳动是劳动精神所蕴含的核心内容。尊重劳动，是对每个人的道德要求，是对劳动本身和劳动成果的认知。虽然在具体形式上，劳动分为脑力劳动和体力劳动、简单劳动和复杂劳动，但是在本质上，劳动创造了人本身，创造了物质和精神世界，凡是为社会进步做出贡献的劳动，凡是为社会进步做出贡献的劳动者，都是值得尊重的。党的十六大报告中强调四个尊重（尊重劳动、尊重知识、尊重人才、尊重创造）更体现着现代社会尊重劳动的必然要求和重要意义。

（二）崇尚劳动

崇尚劳动就是要把劳动看作人类的本质活动和创造财富的源泉。崇尚劳动，是劳动者应具备的尊崇和提倡劳动的态度，劳动是光荣和神圣的。首先，劳动是宪法所赋予的、不可剥夺的权利和义务。我国宪法明确规定："中华人民共和国公民有劳动的权利和义务。"公民通过劳动的权利和义务，为社会发展进步提供产品和服务，同时提升、发展自我。其次，劳动的成果是神圣的，劳动者通过劳动创造出促进人类社会进步的各种产品。人们通过劳动，体会着成功和梦想的能量，获得满足感、成就感和尊严感。劳动成为人类最美好、最崇高的存在。人们常说劳动创造美，那是因为劳动本身就是美的，没有劳动，衣、食、住、行都将成为泡影。只有尊重劳动并崇尚劳动，才能通过劳动创造出实实在在的价值。

（三）热爱劳动

劳动是财富的源泉，也是幸福的源泉。纵观中华人民共和国成立后的奋斗史，从"两弹一星"到"嫦娥"探月，从第一艘潜艇到"蛟龙"入海，从杂交水稻到基因组芯片，从第一代计算机"银河"到今天的互联网大数据，都是无数劳动者爱岗敬业、辛勤劳动的成果。

热爱劳动，不仅体现出对劳动成果的向往，更体现在遇到阻力、挫折时的坚持与热爱。劳动精神，是甘愿为社会的进步奉献一切、兢兢业业的崇高精神。正所谓"知之者不如好之者，好之者不如乐之者"，对待劳动，更应该保持积极的态度和足够的热情。通过

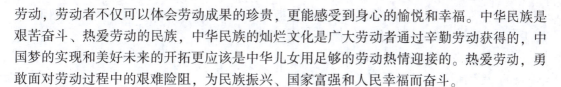

第二章 劳动精神

劳动，劳动者不仅可以体会劳动成果的珍贵，更能感受到身心的愉悦和幸福。中华民族是艰苦奋斗、热爱劳动的民族，中华民族的灿烂文化是广大劳动者通过辛勤劳动获得的，中国梦的实现和美好未来的开拓更应该是中华儿女用足够的劳动热情迎接的。热爱劳动，勇敢面对劳动过程中的艰难险阻，为民族振兴、国家富强和人民幸福而奋斗。

（四）辛勤劳动

辛勤劳动是劳动精神实践层面的重要组成部分。《左传》中写道："民生在勤，勤则不匮。"意思就是，百姓生活的根基在于辛勤劳作，只要辛勤劳作就不会缺少物资。《古文观止》中的《敬姜论劳逸》中有"民劳则思，思则善心生"的记录，由此可见，勤劳是中华民族的优良传统，是中华民族屹立于世界民族之林的重要法宝。现如今，我们也依靠勤劳，开创了中国快速发展的新篇章。"一勤天下无难事"，弘扬劳动精神，我们不仅要从认知层面肯定辛勤劳动，更要在实际生活工作中，践行辛勤劳动，反对一夜暴富和不劳而获等错误思想，用踏实肯干和聪明才智更好地践行辛勤劳动。

（五）诚实劳动

人世间的美好梦想，只有通过诚实劳动才能实现。诚实劳动是辛勤劳动的表现，也是创造性劳动的前提。诚实劳动，是劳动精神所蕴含的重要部分，是劳动价值的基本追求。我们崇尚劳动、尊重劳动，更要正确地付出劳动、从事劳动。以诚为先、以诚为重、以诚为美，才是劳动应有之义。诚实劳动不仅关乎劳动价值、关乎道德底线，更涉及人民的生命和生活。不讲诚信的劳动，不仅与优秀的传统文化相违背，与社会主义核心价值观相背离，更是危害社会的行为，甚至是违法犯罪的行为。

（六）创造性劳动

我们在倡导辛勤劳动、诚实劳动的同时，也强调创造性劳动。创造性劳动不仅需要辛勤、诚实，更强调创新，即通过技术、知识、思维革新，更好地实现自主劳动，提升劳动效率，创造更多财富。创造性劳动是争创一流、勇于创新的代名词。在新时代，随着科学技术的快速发展，弘扬劳动精神更加重视创造性劳动。

创造性劳动不仅需要继承优秀劳动成果，更需要在当今时代创造出更优秀的劳动果实，在脚踏实地的劳动中勇于创新，立足脚下，仰望世界。创造性劳动不仅可以创造出物质财富，还可以通过创新创造出幸福生活，这就需要劳动者不仅用汗水来辛勤劳动，更要不断提高素质，用自身智慧创造性地劳动。习近平总书记在2013年同全国劳动模范代表座谈时的讲话中指出："劳动创造了中华民族，造就了中华民族的辉煌历史，也必将创造出中华民族的光明未来。"

四、新时代劳动精神的具体要求

勤劳勇敢、爱岗敬业、诚实守信的实干精神，是劳动精神的深刻内涵；锐意进取、建功立业、甘于奉献的奋斗精神，是劳动精神的更高体现；精益求精、执着专注、追求卓越的创新精神，是劳动精神的专业要求。劳动精神是所有劳动者的财富、动力、追求，是鼓舞劳动者、激励劳动者、鞭策劳动者的核心源泉。

新时代劳动精神是为广大劳动群众在平凡岗位上创造不平凡业绩提供强大精神动力的

劳动态度、劳动习惯、劳动观念及其整体精神面貌，主要内容包括热爱劳动、开创未来、埋头苦干、默默奉献、坚定信心、保持干劲。其中：

（1）热爱劳动是劳动精神的首要内容。

（2）劳动精神就是"开创未来"的精神。

（3）埋头苦干的精神，在本质上也体现精益求精的工匠精神。

（4）默默奉献的劳动精神，体现广大劳动群众的崇高境界和伟大品格。

（5）劳动精神是广大劳动群众热爱劳动、开创未来、埋头苦干、默默奉献、坚定信心的劳动状态的集中体现，是"保持干劲"的精神。

我们处在一个攻坚克难、砥砺前行、创造奇迹的美好时代，既需要更多敢立潮头的"弄潮儿"挺身而出，更需要千千万万的劳动者埋头苦干。党的十八大以来，每逢"五一国际劳动节"，习近平总书记都会通过各种方式表达对广大劳动者的无比敬意，反复强调大力弘扬劳动精神，就是要激励广大劳动者在追梦圆梦的征途上努力奔跑，以辛勤劳动、诚实劳动、创造性劳动托举梦想、成就梦想，谱写一曲感天动地、气壮山河的奋斗赞歌。

▶ **课堂案例**

时代先锋："工人专家"的航天人生

"假如航天员不能安全返回、返回舱没有平稳着陆，载人航天就没有意义……"从技校毕业到如今成为"工人专家"，张自飞整整走了23年，其间有一半时间伴着中国的载人航天工程一起走过。

对张自飞来说，结缘"神舟号"系列飞船，是一次偶然的"激情相遇"。那是在2004年，企业的公告栏上贴出了一张神秘的"招贤榜"。有一种应用于国家重点工程项目上的电源变换器，西方发达国家进行技术封锁，断言"中国工人造不了"；而国内的专家们只能给出这种交换器的技术参数、外形尺寸和环境适应要求，正在国内苦寻高水平技师攻关。年轻的张自飞有一股"不服输"的冲劲，脑子"一根筋"，就相信一条——"没有中国工人干不了的活"。他撕下了"招贤榜"。认真端详产品要求时，心里为之一怔：这是一个比香烟盒还要小巧的"魔盒"，造价却近50万元，内部的复杂结构胜过一座小型的变电站。要实现五路的稳定输出电压，而其中一路为1 800伏高压，还要求工作时与其他设备互不干扰，同时要在零下55摄氏度低温到零上85摄氏度高温的恶劣环境下稳定工作。

此后一年多的时间里，张自飞每时每刻都沉迷在这个"魔盒"中，脑海里整天翻腾着300多个电阻、电容、电感的元器件和五六百个焊接点。2005年的秋天，完成了绘图设计、工艺流程到组织生产、检测检验的全过程，张自飞怀里揣着6个"魔盒"样品来到北京，交给专家们接受检测。检测显示各项技术指标达到项目要求时，一位老专家激动地走出来拍着他的肩膀说："你能做出这样一个电源变换器，真是太伟大了！你为中国的航天事业做出了不可替代的贡献！"这位来自甘肃天水华天电子集团七四九电子有限公司的高级技术工人，为实现航天着陆系统电子控制装置组件的"中国制造"走出了关键的一步。

第二章 劳动精神

张自飞说:"宇宙无止境,航天无终点,唯有永无止境地追求完美,才能让中国飞船在我们手中飞得更远,回来得更稳、更安全。"

(资料来源:中国共产党新闻网,2017-05-01,http://acftu.people.com.cn/n1/2017/0501/c67502-29246347.html)

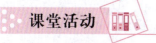

职业精神

一、活动目标

引导学生了解职业精神对社会发展的重要性。

二、活动时间

建议10分钟。

三、活动流程

1. 阅读以下材料,思考以下问题:司机、售票员缺失的职业精神都有什么?

职业精神的缺失

据《扬子晚报》报道,2003年1月30日晚,在扬州市区某处路边,有一对母女相拥而泣。周围行人纷纷询问时,母女俩道出了实情:她们来自泰兴农村,因女儿要去仪征上学而搭乘从泰兴至扬州的班车。因为晕车,母女俩禁不住在车内呕吐起来。司机、售票员见状,不仅对她们大声辱骂,还威胁着要将她们赶下车。在母女俩的请求和乘客们的支持下,司机才将她们带至车站。司机和售票员要求她们打扫车厢,母女俩想下车找工具,售票员却拿起女儿的书包擦呕吐物,随后打开车门,将书包扔出车外,母女俩只好下车,因不认识路,才在路上哭。

2. 将学生分成4~6人的活动小组,在小组内部讨论以上问题,形成小组观点。

3. 每个小组选出1名代表陈述本组观点。通过交流,将每一个需要研讨的问题都弄清楚。

4. 教师对各组观点进行分析、归纳、总结,给予点评并打分。

第二节 劳模精神

劳动模范简称"劳模",是时代的先锋、民族的楷模,他们身上承载和彰显的劳模精神一直发挥着引领作用,丰富和拓展了中国精神的内涵,助力中国从站起来、富起来到强起来,实现历史性飞跃。劳动模范是在我国社会主义建设事业中成绩卓著的劳动者,经职工民主评选、有关部门审核和政府审批后被授予的荣誉称号。劳动模范分为全国劳动模范与省、部委级劳动模范,有些市、县和大企业也评选劳动模范。中共中央、国务院授予的劳动模范为"全国劳动模范",是中国最高的荣誉称号。

一、劳模精神的含义

"劳动模范身上体现的'爱岗敬业、争创一流，艰苦奋斗、勇于创新，淡泊名利、甘于奉献'的劳模精神，是伟大时代精神的生动体现。"习近平总书记在 2016 年 4 月 26 日同知识分子、劳动模范、青年代表座谈时的关于劳模精神的表述，为我们科学理解和大力弘扬劳模精神提供了正确的方向和指导。

劳模精神是劳模之所以成为劳模，而在平凡岗位上做出不平凡业绩所坚持坚守坚定的基本信念、价值追求、人生境界及其展现出的整体精神风貌。其中，爱岗敬业是本分，争创一流是追求，艰苦奋斗是作风，勇于创新是使命，淡泊名利是境界，甘于奉献是修为。做一个守本分、有追求、讲作风、担使命、有境界、有修为的人，是每一位劳模的精神风范，更是每一位劳动者应该追求的目标。

长期以来，广大劳模以高度的主人翁责任感、卓越的劳动创造、忘我的拼搏奉献，谱写出一曲曲可歌可泣的动人赞歌，为全国各族人民树立了光辉的学习榜样。每个时期的劳模，都是时代的精神符号和力量化身。随着时代的发展，劳模被赋予越来越多的时代内涵和元素，但无论是生产者还是创业者，无论是比表现还是比贡献，无论是讲精神作用还是讲经济效益，劳模的核心价值都是始终不变的。

二、劳模精神的本质特征

（一）是工人阶级优秀品格的体现

工人阶级是我国的领导阶级，是我国先进生产力和生产关系的代表。是中国共产党最坚实可靠的阶级基础。劳动模范和先进工作者作为工人阶级和劳动群众的优秀代表，是祖国和人民的骄傲，是最美的劳动者，党和国家始终维护人民当家做主的地位，全心全意依靠工人阶级。

劳动模范是民族的精英、人民的楷模，作为我国工人阶级中最闪光的一个群体，他们身上凝聚的劳模精神始终体现着我国工人阶级的优秀品格。一方面，劳模精神体现了工人阶级的先进性。在中国共产党领导中国人民革命、建设和改革的各个历史时期，我国工人阶级都是勇挑重担、建功立业、开拓创新的时代先锋和行动楷模。他们在任何时代、在每一个关键时刻，都是辛勤劳动、诚实劳动、创造性劳动的有功者，都以高尚的职业道德、精湛的技艺和艰苦奋斗的精神，为实现国家和民族的伟大复兴做出了重大贡献。劳模精神作为劳动模范的核心要素和行动指南，是支撑时代前进的强大精神力量，充分体现了工人阶级的先进性，推动了工人阶级的成长进步。另一方面，劳模精神彰显了工人阶级强烈的主人翁责任感。劳动模范先进的思想和优秀的品质是时代的产物，他们所拥有的高度的主人翁责任感是自这个阶级出现就与生俱来的，是劳模精神的内在本质。正是他们自觉的、高度的主人翁责任感，使他们将国家的富强和民族的复兴作为自己的责任，以极大的热情投入到各项事业中，努力进取、勇于创新、艰苦奋斗、淡泊名利、无私奉献，将个人理想与国家理想、个人梦与中国梦融合在一起，为中华民族的伟大复兴奋斗终身。

（二）是伟大民族精神的传承

在第十三届全国人民代表大会第一次会议上，习近平总书记对中华民族的伟大民族精神进行了全新的诠释，强调了中国人民是具有伟大创造精神、伟大奋斗精神、伟大团结精神和伟大梦想精神的民族。这"四个伟大精神"精准而深刻地描绘出中国人独有的气质和禀赋，即富于创造、崇尚奋斗、团结一心、追求梦想。创新为我们创造奇迹，奋斗为我们提供机会，团结为我们提供力量，梦想为我们点燃希望，它们构成了推动中华民族创造辉煌历史、持续向前发展的精神支柱，而劳模精神正是对中华民族精神的继承和发扬。

一方面，劳模精神中强烈的主人翁意识和责任感、艰苦奋斗和勇于创新的品质特征，就是对中华民族伟大创造精神和伟大奋斗精神的直接展现。中国人民是具有伟大创造精神和伟大奋斗精神的人民，而作为人民群众杰出代表的劳动模范就更具有这种优秀的精神品质。他们心怀责任，以主人翁的态度对待工作，艰苦奋斗，勇于创新，这正是他们将伟大创造精神和伟大奋斗精神落到实际行动中的明证。

另一方面，劳动模范之所以拥有爱岗敬业、争创一流、淡泊名利、甘于奉献的精神，就是因为他们有伟大团结精神和伟大梦想精神。他们以高尚的职业道德和专业精神，为实现自己的梦想而不懈努力。同时，他们也始终坚持团结一致的原则，以集体的利益为重，这正是他们对伟大团结精神和伟大梦想精神的生动诠释。回顾中国改革开放40多年来取得的巨大成就，中国网、中国港、中国路、中国桥，这些都是怀揣伟大梦想的中国人民创造的。梦想是引领我们向前发展的动力，但发展的根本还是要各族人民团结一致、同心同德。有梦想、能团结才能形成守望相助的大家庭，才能铸牢中华民族的共同体意识。在新时代，我们更应该进一步弘扬和践行劳模精神，让每一个人都深入理解和实践团结与梦想。我们要在每个人的心里都种下团结与梦想的种子，让劳模精神在新的时代里焕发出更加璀璨的光芒。

（三）是改革创新的时代精神的凝结

时代精神是一个国家和民族在新的历史条件下形成和发展的思想观念、价值取向与精神风貌的总和，它是国家和社会发展的动力，也是民族团结和人民精神面貌的集中体现。时代精神不仅代表着国家的整体形象和发展方向，还反映了该民族的文化底蕴、思想品质和时代潮流。

在当今中国，时代精神的核心是改革创新。这一核心体现了我们国家在改革开放进程中不断探索、创新的精神追求。改革创新不仅是一种思想观念，更是一种实践行动。它通过对现有体制、机制的改革创新，推动国家各项事业的发展，使国家在激烈的国际竞争中立于不败之地。

改革创新的时代精神体现在国家发展的各个方面。在政治领域，我们坚持以人民为中心的发展思想，推进政治体制改革，建设社会主义法治国家；在经济领域，我们倡导创新驱动发展，加快经济结构调整，推动供给侧结构性改革；在文化领域，我们坚持传承与创新相结合，弘扬中华优秀传统文化，推动文化事业和文化产业的发展。

每个时期的劳模，都是时代的精神符号和力量化身。劳模精神是我们党领导工人阶级和广大劳动群众，在火热的中国革命和社会主义劳动生产实践中所孕育并弘扬的时代精神。它以自力更生、艰苦奋斗的劳动生产实践为基础，是对民族精神的继承和弘扬，也是工人阶级和广大劳动群众通过改革创新的生产劳动实践对时代精神内涵的深化。实践在不断发展，劳模精神也与时俱进，在"两个一百年"奋斗目标的历史交汇期，习近平总书记向劳动者发出了时代号召，"要增强创新意识、培养创新思维，展示锐意创新的勇气、敢为人先的锐气、蓬勃向上的朝气"，深刻阐明了劳模精神是以改革创新为核心的时代精神的生动体现。

三、新时代劳模精神的内涵

尽管每一个时代的劳模群体都呈现出多元的组合，以体现对不同劳动价值的肯定，但总的趋势，社会对劳动价值的评判，正在从"出大力，流大汗""苦干加巧干"向知识型、创造社会效益、经济效益的方向转变。

新时代劳模精神的内涵表现如下。

（一）劳模精神是工人阶级先进性的集中体现

在中国革命、建设、改革的各个历史时期，我国工人阶级都具有走在前列、勇挑重担的光荣传统。劳动模范作为工人阶级的优秀代表，是时代的引领者，在工作生活中发挥了先锋和排头兵作用，他们以辛勤劳动、诚实劳动和创造性劳动，持续推动着社会进步、国家发展和民族复兴。劳模精神作为劳动模范的思想内核、行动指南和精神灯塔，成为推动时代前进的强大精神动力，充分体现了工人阶级的先进性，彰显了工人阶级的伟大品格，推动了工人阶级的成长进步。

主人翁意识是劳模精神的内在本质，是正确认识和理解劳模精神的关键词。正是因为自觉的、强烈的主人翁意识，劳模才以车间为家、以厂为家、以企为家，才具有积极主动的岗位意识、职业意识、进取精神和创新精神，才能在本职工作中充分发挥积极性、主动性和创造性，才能够艰苦奋斗、淡泊名利、甘于奉献，自觉把人生理想、家庭幸福融入国家富强、民族复兴的伟业之中，最终建构起个人与集体、个人梦与中国梦、小家与国家民族融合统一的发展共同体和命运共同体。

（二）劳模精神是社会主义核心价值观的生动诠释

劳模精神的重要元素和构成因子，如岗位意识、职业精神、进取精神、拼搏精神、创新精神、家国情怀、奉献精神等，是对社会主义核心价值观的生动诠释和现实呈现。可以说，劳模精神是社会主义核心价值观的具象化、人格化和现实化。一方面，劳模是遵循社会主义核心价值观的典范，是社会主义核心价值观的模范践行者、生动传播者和最有说服力的检验者。另一方面，劳模精神能够成为全社会学习的典范，一个重要的原因就在于其主动自觉地遵循并践行社会主义核心价值观。

（三）劳模精神是时代精神的生动体现

劳模精神是引领时代新风的精神高地，生动体现了时代精神的精神实质、主要特征和重要内容。一方面，劳模精神具有鲜明的时代特征，是时代精神的生动体现。劳模精神作为一种文化精神，不是一成不变的，而是一种务实、创新、活泼、鲜活的存在，随着国家意识形态、经济社会形势和时代的变迁而不断演变和发展。另一方面，劳模精神推动了时代精神的发展，丰富了时代精神的内涵。劳模在创造性实践和不断探索中，激发了具有自主性、原创性和先进性元素的劳模精神，从而展现了社会进步的发展方向。劳模精神不断为时代精神注入新的活力，突出和丰富了时代精神的内涵。

（四）劳模精神是民族精神的重要组成部分

一方面，劳模精神是民族精神核心要素的集中体现。劳模精神不仅体现了以爱国主义为核心的团结统一、爱好和平、勤劳勇敢、崇德尚礼、公而忘私的民族情怀，又体现了知行合一、自立自强的人生追求。另一方面，劳模精神是民族精神创新发展的重要动力。劳模精神始终与时俱进，创新丰富了民族精神。一代又一代劳模，用他们的辛勤劳动、诚实劳动和创造性劳动，为民族精神注入新能量，不断丰富民族精神的内涵。

劳模精神继承和发扬了中华民族传统优秀劳动理念，树立和体现了艰苦奋斗、诚信劳动、创造性劳动的新理念，营造和弘扬了劳动光荣、技能宝贵、创造伟大的时代风尚，产生并传播了劳动者至上、劳动者平等、劳动者可敬，劳动最光荣、劳动最高尚、劳动最伟大、劳动最美丽的劳动观。正因为如此，劳动者才能通过自己的劳动获得满足感、幸福感和尊严感。他们在创造了丰富的物质财富的同时，也拥有了丰盈的精神世界。

劳模精神作为社会主义核心价值观的生动体现，更能够为人们所理解，更容易为人们所接受，更方便为人们所模仿，将对培育时代新人起到重要推动作用。通过强化教育引导、舆论宣传、文化熏陶、实践养成、制度保障，培养和造就具有劳模精神的时代新人，能够激发广大劳动者干事创业的积极性、主动性和创造性。

（五）劳模精神是文化自信的重要支撑

一方面，劳模精神是中国特色社会主义文化的重要组成部分，贯穿建设中国特色社会主义文化的全过程。劳模精神植根于中华民族劳动过程特别是中国特色社会主义伟大实践，充分继承并发展了中华优秀传统文化和社会主义先进文化。另一方面，弘扬和践行劳模精神，有助于坚定文化自信，推动社会主义文化繁荣兴盛。弘扬和践行劳模精神，有助于牢牢把握意识形态工作领导权，有助于培育和践行社会主义核心价值观，有助于加强思想道德建设，有助于促进中国特色社会主义文化繁荣发展。

（六）劳模精神为实现中华民族伟大复兴提供强大精神动力

一方面，劳模精神是实现伟大复兴中国梦的宝贵精神财富。在全社会弘扬和践行劳模精神，营造尊重劳动、尊重知识、尊重人才、尊重创造的社会氛围，涵养以辛勤劳动为荣、以好逸恶劳为耻的社会风气，培育积极健康、开放包容的社会心态，才能够让"劳动光荣、创造伟大"成为时代强音，让"辛勤劳动、诚实劳动、创造性劳动"成为普遍认同的价值遵循。另一方面，劳模精神是实现伟大复兴中国梦的强大精神动力。要实现伟大复兴中国梦，实现从制造大国向制造强国的华丽转身，建设知识型、技能型、创新型劳动者大军，必须要大力弘扬和践行劳模精神。如此，才能够真正为中国经济社会发展汇聚强大正能量，才能真正为实现中华民族伟大复兴中国梦添砖加瓦。

四、新时代劳模精神的具体表现

劳动模范是民族的精英、人民的楷模。长期以来，广大劳模以平凡的劳动创造了不平凡的业绩，铸就了"爱岗敬业、争创一流，艰苦奋斗、勇于创新，淡泊名利、甘于奉献"的劳模精神，是我们极为宝贵的精神财富。作为个体，劳动模范以"爱国、敬业、诚信、友善"为行为准则，是个人践行的典范；作为公民，他们把"自由、平等、公正、法治"

作为社会价值取向，是价值引领的旗帜；作为人民的一分子，他们以"富强、民主、文明、和谐"为奋斗目标，将"小我"融入国家发展的潮流，是价值实现的楷模。翻阅一代代劳模的事迹，在他们身上，对事业的"痴"、对工作的"狂"、对得失的"傻"交织在一起，这也正是我国发展中所需的定力、闯劲、韧劲，共同标志着中华民族一代又一代建设者们奋斗的底色。

2013年4月，习近平总书记在同全国劳动模范代表座谈时指出，"幸福不会从天而降，梦想不会自动成真。实现我们的奋斗目标，开创我们的美好未来，必须紧紧依靠人民、始终为了人民，必须依靠辛勤劳动、诚实劳动、创造性劳动"。劳动模范是"干出新时代"的排头兵，是践行"实干兴邦"的楷模。因此，激励广大劳动群众争做新时代的奋斗者，就是要让实干担当在新时代蔚然成风，让改革创新在新时代焕发活力，让精益求精在新时代落地生根。

劳模精神推动着新时代产业工人队伍建设。产业工人作为工人阶级中的主体力量，在支撑社会经济发展中发挥着不可或缺的作用。他们不仅是创造社会财富的中坚力量，也是推动创新驱动发展的骨干力量。在实施制造强国战略的过程中，产业工人更是不可或缺的有生力量。2017年4月，中共中央、国务院印发了《新时期产业工人队伍建设改革方案》，一项与亿万产业工人息息相关的重大改革拉开大幕。此后三年，一项项积极举措在工会组织陆续推出，产业工人队伍建设改革取得了实质性进展，劳动光荣、技能宝贵、创造伟大的时代风尚更加浓厚。在新时代，要继续充分发挥劳动模范和工匠人才的示范带动作用，培养更多劳动模范、大国工匠，努力打造一支有理想守信念、懂技术会创新、敢担当讲奉献的宏大的产业工人队伍，这支队伍将在建设知识型、技能型、创新型的德才兼备劳动者生力军的过程中发挥重要作用，推动我国实现从制造大国向制造强国的转变。

劳模精神引领着新时代劳动教育的价值取向。2018年9月，习近平总书记在全国教育大会上强调，"要在学生中弘扬劳动精神，教育引导学生崇尚劳动、尊重劳动，懂得劳动最光荣、劳动最崇高、劳动最伟大、劳动最美丽的道理，长大后能够辛勤劳动、诚实劳动、创造性劳动"。这既是对广大学生涵养深厚劳动情怀的谆谆嘱托，更是对未来劳动者用奋斗成就梦想的殷切期待，引领着新时代劳动教育的价值取向。劳动模范是这个时代劳动精神的典型象征，有助于引导广大青少年聆听劳模故事、体悟劳模精神，增进劳动认知、深植劳动情怀、锤炼劳动品质、养成劳动习惯，形成正确的劳动价值观，在磨炼意志和增长才干的实践中感受劳动的乐趣和收获，从而培育辛勤劳动、诚实劳动、创造性劳动的精神气质。

> **课堂案例**

立志改变家乡面貌的带头人

他远赴海南，潜心学习现代农业种植技术，20余年锲而不舍，刻苦钻研农业生产管理经验。为了改变家乡面貌，他回乡创业，带动乡亲致富，致力脱贫攻坚、精准帮扶。这就是河南省信阳市潢川县金塔红种植养殖专业合作社理事长，一名新时代优秀农民的代表——张新生。

1975年出生于潢川县付店镇新春村的张新生，是一名地地道道的农民。为了生活，年仅18岁的他外出打工，在海南三亚南繁育种基地给农业专家当学徒，挑了3年农家肥，打了3年植保药，几乎干过所有的农活。在海南打工的20多年时间，他不仅学会了诸多种养殖技术，还掌握了现代农业经营管理模式。从一个懵懂无知的青年，蜕变为一名具有先进知识水平的新型农民，成为远近闻名的农业种养殖"专家"。

让张新生痛心的是，家乡还是坚守着传统的农业生产方式。大多数青壮年劳力外出打工，留守的都是老人和儿童，"空心村"比比皆是，大量肥沃的土地被闲置、撂荒。

即使多年在外，故乡一直是张新生魂牵梦绕的家园。日夜思念着贫穷的家乡，张新生想用自己学到的农业知识和管理经验，彻底改变家乡的面貌。2010年，张新生放弃在海南优厚的待遇，返乡创业成立了潢川县金塔红种植养殖专业合作社。

10余年转瞬即逝，张新生的合作社得到了长足发展：从成立之初流转土地420亩（1亩≈667平方米）发展到2 700亩；各类农机设备从最初的10余台发展到60余台（套）；员工从当初的20余人发展到今天的50多人。合作社紧紧围绕"依靠科技、做强、做精，打造高效的生态农业"的经营理念，因地制宜，量力而行，在滚动中发展，在探索中壮大。截至2018年年底，合作社经营收入突破1 500万元，带动200户农民增收，吸纳100余名贫困人口就近务工。

2019年年初，张新生又流转1 500亩荒地建设一个集林果生产、生态观光、休闲体验、农业科普于一体的生态农业园区。园区建成后，可大幅增加农民就业岗位和提高农民收入，为实现农业强、农村美、农民富做出新的贡献。

这就是张新生，一个会管理、懂技术、爱学习、有经验的优秀农民，一个在产业发展、精准帮扶、促民致富等方面取得成绩的先进代表。

（资料来源：农民日报，2019-09-29，http://nmfsj.moa.gov.cn/rwcz/qgsjnm_25686/201909/t20190929_6329336.htm）

课堂活动

劳模人物访谈

一、活动目标

通过访谈，了解劳模的事迹和劳模精神，帮助自己提升劳动素养。

二、活动时间

建议90分钟。

三、活动准备

知识准备：联系3位不同行业的（全国、省、市、县）劳模，就他们的劳动事迹、工作岗位和工作感悟进行访谈。

教具准备：白纸、笔、录音笔。

四、活动流程

1. 教师将全班学生按照8~10人划分小组，并进行小组分工。
2. 确定3个不同行业的访谈对象，可以从小组成员的周围人能联系到的群体中确定，并准备好相应的访谈提纲。

3. 小组成员分工合作，对劳模进行访谈。

4. 组内运用头脑风暴法进行讨论，并总结该如何进一步提升个人劳动素养。

5. 每个小组选派一名代表进行分享，以便其他组学生能了解更多的劳模事迹，感悟劳模精神。

6. 教师进行分析、归纳、总结，并对每组代表在分享过程中的表现进行点评并赋分。

第三节　工匠精神

党的十八大以来，习近平总书记关于弘扬劳模精神和工匠精神的一系列重要论述，为我们进一步深化对工匠精神的认识提供了根本遵循。深刻认识工匠精神，了解工匠精神的重要理论与实践意义，对于大力弘扬工匠精神，建设一支重知识、善技能、创新型的产业大军，具有重大意义。

一、工匠精神的概念

（一）工匠的概念

工匠的出现几乎与人类的历史一样久远。中国古代社会已经出现关于"工匠"一词的相关记载。东汉文字学家许慎编著的《说文解字》中载："工，巧饰也"，即工匠具有精湛的技能技巧，以手工技艺维持着基本的生存需求。《辞海》指出："工，匠也。凡执艺事成器物以利用者，皆谓之工。"中国著名文学家杨树达在《积微居小学述林全编》中解释"工"："工，象曲尺之形，盖工即曲尺也。"即"工"为量度的曲尺。我国最早的手工艺专著《周礼·考工记》曰："国有六职，百工与居一焉……或审曲面执，以饬五材，以辨民器……谓之百工。"《考工典》中记录着："兴事造业之谓工。""工，百工也。以其精巧工于制器，故谓之工。"即"工"为兴建土木事业。《庄子》中记载道："夫残朴以为器，工匠之罪也。"《荀子·儒效》载："人积耨耕而为农夫，积斫削而为工匠，积反货而为商贾。"上述著作中均出现了"工匠"一词。因此，工匠也称"匠""工""百工"等。

由此可见，在中国汉语史上，"工"由最初的曲尺之意，逐步演化为工人、工艺和工业等更广泛的意思。正因工匠是"执艺事成器物以利用"的"兴事造业"之人，所以传统工匠专门指凭借自身的手工技艺制造器物的技术劳动者。随着手工工场的出现，大批手工劳动者涌现。在制造产品的过程中，传统工匠的技艺也得到了锤炼，精湛的手工技巧不仅以产品的形式表现出来，同时，产品制造的背后也蕴含了技艺者追求极致、细心严谨、潜心钻研等工匠品质，并逐步演绎为一种精神的力量，在这种精神的指引下造就了专业技能一流、职业素养高尚的巨匠，以纯真的匠心、精湛的匠艺打造至臻的匠品。这表明，传统工匠在注重物质本身的技术价值实现的基础上，还追求精神文化的价值，注重提升个人的修养水平，即"形而上者谓之道，形而下者谓之器"。

因此，从技术水平的高低来划分，传统工匠可以划分为三个层次：下层工匠，指普遍意义上的"百工"，即拥有技能的"工人"；中层工匠，指在各自领域内专门研究某一岗位技能的专业化人才，如"铁匠""机匠"等；上层工匠，指不仅追求技艺的出神入化，还注重个人精神文化素养水平的提高的人才，即"哲匠""匠师"等。工业革命推动了社会生产大变革，生产力不断发展，社会化大生产逐步取代了手工工场，随之工匠的内涵也发生了变化。工匠不再局限于传统手工业中的劳动者。现代工匠泛指各行各业中的工作者，不仅包括手工艺人，还包括技术人员、科技工作者、专业技术专家、工程师、设计师、管理人员等。

狭义上，工匠是指专门从事某种工作的手工劳动者；广义上，工匠是指在社会各个领域中以爱岗敬业为职业准则，从事不同行业、不同职业的社会工作者。广义上的工匠，即在各个领域中专注做事、热爱工作、精益求精、创新实干，并拥有一流技艺和高尚职业道德的工作者。工匠自古具有"尚巧"的创造性，为了谋生，工匠发挥自己的主观能动性，手创万物，服务于社会，推动着社会的发展与变革，即工匠是在劳动过程中，发挥自身的主观能动性创造新事物，同时服务于社会发展和变革的主体。

（二）工匠精神的概念

工匠精神是一种劳动精神，它是职业道德、职业能力、职业品质的体现，是从业者的一种职业价值取向和行为表现；它是一种在设计上追求独具匠心、质量上追求精益求精、技艺上追求尽善尽美、服务上追求用户至上的精神。

工匠精神不仅要具有高超的技艺和精湛的技能，还蕴涵着严谨细致、专注执着、精益求精、淡泊名利、敬业守信、勇于创新的工作态度，以及对职业的认同感、责任感、使命感、自豪感等可贵品质。它是一种对工作的热爱和对技艺的执着，是一种对质量的严格要求和对创新的持续追求。

工匠精神可以概括为"坚守执着、精益求精、专业专注、追求极致、一丝不苟、自律自省"，坚守执着是一个人的本分，精益求精是一个人的追求，专业专注是一个人的作风，追求极致是一个人的使命，一丝不苟是一个人的境界，自律自省是一个人的修为。

二、新时代工匠精神的内涵

2017年，中共中央、国务院印发了《新时期产业工人队伍建设改革方案》。该改革方案强调，产业工人是工人阶级中发挥支撑作用的主体力量，是创造社会财富的中坚力量，是创新驱动发展的骨干力量，是实施制造强国战略的有生力量。要按照政治上保证、制度上落实、素质上提高、权益上维护的总体思路，改革不适应产业工人队伍建设要求的体制机制，充分调动广大产业工人的积极性、主动性、创造性，为实现"两个一百年"奋斗目标、实现中华民族伟大复兴的中国梦更好地发挥产业工人队伍的主力军作用。

当前，我国正处在从工业大国向工业强国迈进的关键时期，培育和弘扬严谨认真、精益求精、追求完美的工匠精神，对于建设制造强国具有重要意义。而只有对新时代"工匠精神"的基本内涵达成共识，才能树匠心、育匠人，为推进中国制造的"品质革命"提供源源不断的动力。

新时代的中国工匠精神，既是对中国传统工匠精神的继承和发扬，又是对外国工匠精神的学习借鉴；既是为适应我国现代化强国建设需要而产生的，又是劳动精神在新时代的一种新实现形式，它与劳模精神、劳动精神构成一个完整的体系，成为激励广大劳动者实现中华民族伟大复兴中国梦的强大精神力量。

新时代的工匠精神包括爱岗敬业的职业精神、精益求精的品质精神、协作共进的团队精神、追求卓越的创新精神这四个方面的内容。其中，爱岗敬业的职业精神是根本，精益求精的品质精神是核心，协作共进的团队精神是要义，追求卓越的创新精神是灵魂。

1. 爱岗敬业的职业精神

爱岗敬业，是爱岗和敬业的合称，二者互为表里，相辅相成。爱岗是敬业的基础，而敬业是爱岗的升华，是工匠精神的力量源泉。爱岗敬业是中华民族的传统美德，是从业者基于对职业的崇敬和热爱而产生的一种全身心投入的认真、尽职的职业精神状态，是一种崇高的精神，"问渠那得清如许，为有源头活水来"，正是爱岗敬业精神激励着一代代工匠匠心筑梦。

2. 精益求精的品质精神

精益求精，是从业者对每件产品、每道工序都凝神聚力、追求极致的职业品质，是工匠精神最为人称赞之处。具备工匠精神的人对工艺品质有着不懈的追求，以严谨的态度规范地完成每一道工艺，以期达到尽善尽美的境界。

3. 协作共进的团队精神

如果说爱岗敬业的职业精神、精益求精的品质精神是传统的"工匠精神"中所具有的内涵，那么协作共进的团队精神主要体现于新时代的"工匠精神"之中。在当今时代，任何一项技术、任何一个工艺，都可能只是复杂技术链条上的一个环节，个体即使本领再大、智商再高也不可能完成所有的工序，这需要多部门、多环节团结协作共同完成。现代技术越来越复杂，开发难度也越来越大，单凭个人力量难以完成，因此需要发挥团队合作的力量，利用各方优势，以集体的力量来攻坚克难，实现技术目的。

4. 追求卓越的创新精神

创新是一个民族进步的灵魂，是一个国家兴旺发达的不竭动力。工匠们在传承传统品德的同时，也要追随时代的脚步，锐意创新，善于运用新理论、新技术、新工艺、新方法，将工作推上一个新的台阶。追求卓越的创新精神是新时代"工匠精神"的内涵之一，甚至是新时代"工匠精神"的灵魂。

三、新时代工匠精神倍受推崇的主要表现

（一）各级媒体大力宣扬

媒体是传播信息的媒介，是人用来传递信息与获取信息的工具、载体或技术手段。我们应该利用媒体手段来培养工匠精神，积极响应党的号召，宣传党和国家的政策，引导正确的舆论导向，在全社会弘扬主流思想价值观，优化传播环境，净化舆论氛围。

作为一种时代精神和推动社会进步的正能量，工匠精神应该得到广泛的推广。可以以媒体为宣传载体，成立专栏追踪报道工匠人才的优秀事迹，提高工匠精神的曝光率；在公告栏、宣传栏等张贴优秀工匠代表人物，电子屏播出其相关影视资料，使其成为大众所熟悉的网络热词；通过网络征文、微电影大赛等活动征集民间的优秀工匠，利用自媒体拍摄身边的技艺工作者。扩大工匠精神的传播途径，让工匠走进大众的视野，了解技艺工作者数年如一日、耐心钻研的职业精神。对于传统手工艺和即将消失的技艺，我们应该加大宣传力度，提高公众的认知程度，兴起全民保护的热潮，提高大众对工匠技艺的尊崇和对工匠的认可度。同时，针对违法乱纪、假冒伪劣等违背职业道德的行为，还应该发挥媒体的

监管作用，曝光其恶劣行径，使其接受舆论的谴责。

（二）提高制度措施保障

制度是人按照自己的本性和事物的客观规律建立起来的属人的存在，是调整人与社会关系的中介手段。制度对人的行为具有约束力，是解决社会矛盾与问题的有效途径。国家层面要发挥政府"看得见的手"的宏观调控与指导作用，制定积极的人才引进政策，完善用人制度。工匠精神并未因时间的推移而变得过时，反而在新的时代背景下，我们更需要坚持和发扬这种精神。工匠精神代表着专注、专业和精益求精的态度，这正是我们在新时代追求进步、推动发展所需要的力量。

（三）营造弘扬工匠精神的社会氛围

社会存在决定社会意识，"社会即学校，生活即教育。"良好的社会环境可以为大学生工匠精神的培育营造积极向上的社会氛围。十九大报告中指出："建设知识型、技能型、创新型劳动者大军，弘扬劳模精神和工匠精神，营造劳动光荣的社会风尚和精益求精的敬业风气。"因此，我们可以营造崇尚劳动光荣的氛围环境来弘扬工匠精神。

（四）物质奖励与精神奖励并行

首先，在物质奖励方面，国家应投入人力、财力和物力，加大对基础设施的建设，建设国家级、省级技术技能人才培训基地，为高级技能人才修建工作室、成立工作站提供物质支持；还可以提供更多国内外深造培训的机会，发挥高级技能人才的技术带头人作用，为制造业的转型升级发展培养更多技艺精湛的工匠。同时要注重赏罚分明，对于做出重大突出贡献的技术人员，应给予金钱等物质奖励，运用税收、股份、津贴等手段给予奖励，调动其工作的积极性；对于违背职业道德、破坏职业规则的人员，则应该严厉惩戒。

其次，在精神奖励方面，根据马斯洛需求理论，当人的物质需求得到满足以后，往往会追求更高层次的需求。例如，可以设立"鲁班奖""优秀工程师""企业首席技师"等荣誉来表彰践行工匠精神的工作者。从精神上鼓舞一线手工技艺工作者以更高的标准与规格要求自身，追求极致。当前我国的高级技能人才处于稀缺水平，所以，应该提高技艺技能要素在人才选拔制度中的占比，用人制度中更加注重人才的实践操作能力和创新能力，人才引进政策中以高技能、高技术人才为主。应该摆脱"唯学历"的误区，全面考察人才的综合能力素质，向实践型、创新型、技能型人才倾斜，缓解人才结构的供给矛盾，树立科学的人才观。以制度明确用人标准，以政策保障用人质量，为技能型人才能力的发挥提供空间，挖掘其内在的潜力，培育社会主义建设所需要的能工巧匠。提升大学生对职业前景的信心和对整个行业的憧憬之心，培育其脚踏实地、专注钻研、追求极致的工匠品质。只有在公平的市场环境中，我们才能造就职业素质一流的工匠，才能打造超一流的匠品，使"中国制造"走出国门，走向世界。

四、新时代工匠精神的自我修炼

新时代工匠精神的自我修炼是一个持续的寻求专业技能和知识提升的过程。它体现了新时代劳动者对专业技能的热爱，对精湛技艺的追求，以及对自身技艺持续改进和完善的执着。

（一）不断学习

践行工匠精神，必须不断学习。学习使人进步，学习使人前进，工匠精神是一种上进的精神，也是一种不屈不挠的奋斗精神，要想自己在职业上有所突破，就必须不断地接受新的知识和技术，不断地提升自己。在学习中前进，在前进中学习，让学习陪伴自己终身，让学习帮助自己前进。

（二）热爱工作

践行工匠精神，需要对工作有热情。具有工匠精神的一般是行业的领军者。作为职场人，必须热爱自己的工作。只有好好工作，才会促使自己进步；只有好好工作，才会帮助自己不断前进；只有喜欢自己的工作，才会用心在自己的职位上奋斗；只有热爱自己的工作，才会使自己真正成为这一领域的佼佼者。

（三）精益求精

践行工匠精神，必须精益求精。作为一个职场人，要想在职场上有所作为，对事对工作都必须要精益求精、追求完美。假如做不到精益求精，就无法在职场中做出成绩，也很难在职场上取得成功。

（四）满腔热情

践行工匠精神，必须对职业有满腔热情。热情是一种精神力量，没有对工作和事业的热情，就不会有奋斗的动力，因为没有追求，就无法取得成就。所以职场上的追求就是需要满腔热情，有了满腔的热情，才会为了工作去努力奋斗。

（五）严于律己

践行工匠精神，必须严于律己。一个严于律己的人，必然是一个能力很强的人，因为他能够自我管理、自我约束。在职场上，在生活中，总是会有很多的诱惑，能否抵挡住这些诱惑，全靠自身的自制力。这种自制力就是自律能力。假如不能自律，生活就会失去秩序，职场之路也会变得艰难。

（六）做好自己

践行工匠精神，必须做好自己。工匠，就是工作出色的匠人。工匠精神，体现了一种主人翁精神。一个优秀的工匠，为了自己的工作，会全力以赴；为了自己的工作，会严格要求自己。无论自己的能力怎么样，只要能够做到问心无愧，就是最好的状态，就是最佳的方式。因为自己只有在职场上，才能真正实现自我价值、彰显自己的能力。

（七）与时俱进

践行工匠精神，必须与时俱进。社会在变，人也在变，身在职场，要想不被职场淘汰，就必须学会与时俱进，在前进中成长，在前进中奋进，在前进中实现人生价值，在前进中壮大自我。一个不懂得与时俱进的职场人，只会成为一个随波逐流的人，终究会被职场淘汰。

五、当代工匠的职业价值

科技时代，"工匠"似乎离我们远去。但是，实现中华民族伟大复兴的中国梦，不仅需要大批科学技术专家，也需要千千万万的能工巧匠。更为重要的是，"工匠精神"作为一种优秀的职业道德文化，它的传承和发展契合了时代发展的需要，具有重要的时代价值与广泛的社会意义。

（一）手工技艺依然无法被取代

传统工匠主要依赖手工技艺进行器物的制作，其特点主要在两方面：一是速度慢、周期长、标准不规范、生产效率低；二是体现制作者的个性特征，能够按照需求进行个性化制作，每件作品都独一无二。正是上述两个方面的特点，决定了手工技艺在科技水平已经非常高的今天，依然无法被取代。所以，当代工匠中的手工艺人，既要得到传统工匠的"风骨"真传，又要在不断的学习中将现代某些相关科学技术有机融入传统手工技艺中，不断推陈出新、化腐成奇，可以说，他们是某些相关产业的人才支柱，对相关产业的发展起着举足轻重的作用。

（二）现代企业中的"三驾马车"之一

通常，我们将管理人员、科技人员、技能人员视为现代企业的"三驾马车"。现代企业中的技术人员较之传统工匠发生了很大的改变，虽然他们不能自主地决定产品的生产方式和技术规范，但他们对规范和标准的领会程度以及操控机器设备的能力依然决定着产品的质量。我们现在所熟知的高质量的"德国制造"，就得益于大批高素质的当代工匠。

（三）当代科技创新的最终实现者

人类第一次工业革命发生前，工匠的技艺水平往往代表着时代的科技水平。从石器时代、青铜时代、铁器时代到蒸汽时代，以工匠为主导的科技发现和技艺改良都对社会发展与变革产生了巨大影响。虽然第一次工业革命后，科学家作为一个群体迅速崛起，将人类社会带向了电气时代、信息时代。在这期间，工匠虽不再作为科技创新的主力军，但依然是所有科技创新的最终实现者。原因非常简单，越是尖端前沿的科技构想，越是需要杰出的工匠将其打造为实物。可以这样说，如果没有大批杰出工匠的创造性劳动，人类的一切奇思妙想都将是空中楼阁。

六、高等院校应以"工匠精神"引导大学生成长成才

在改革创新的今天，我国亟需大量高素质人才，高校作为实施高等教育的场所，应结合时代的需求重视大学生"工匠精神"的培育，以"工匠精神"引领学生全面发展和成长成才。

（一）以"工匠精神"引领大学生形成正确的价值观

我国正处在由制造大国向制造强国迈进的过渡阶段，需要更多的大学生参与到创业创新的行动中来。在创业创新的过程中，只有全体成员拥有高度的责任感和创新意识，发挥团队精神，才能顺利实现由制造到创新的转型。以"工匠精神"引领大学生形成正确的价值观，可以使大学生认识到弘扬"工匠精神"的目的是服务社会，创业创新既是追逐梦想的过程也是服务社会的过程。大学生弘扬"工匠精神"和服务社会的理念，在知行合一的过程中，能够感知社会责任的重大，积极地调和个人价值与社会价值之间的冲突，在发展变化的时代逐步树立起正确的价值观。

（二）以"工匠精神"引导大学生树立正确的就业观和创业观

中央电视台曾在2015年推出《大国工匠》纪录片，讲述了八位不同岗位劳动者在平凡岗位上执着追求，达到职业技能极致的故事。由此可见，大国"工匠精神"在职业观的

塑造中极为关键，它折射出从业人员的职业价值观与就业观。大国"工匠精神"对大学生就业也具有指导意义。大学生只有拥有过硬的业务能力与优良的职业素质，才能奠定职业发展的良好基础。

在"大众创业，万众创新"的口号响彻中华大地的今天，大学生创业绝不是一件容易的事情，尤其是在创业的初始阶段，"工匠精神"应该植根于每一位大学生创业者的内心。只有时刻秉持把产品和服务做精做强的理念，才能在创业中立于不败之地。

(三) 以"工匠精神"引导大学生形成求真务实的良好学风

在当今社会，"工匠精神"的价值日益凸显，它对于培养大学生求真务实的良好学风具有重要的启示和借鉴意义。首先，"工匠精神"强调的是专注和专业。这种精神奖励大学生们在学习过程中，要有专注的精神，深入研究，不断探索，对待学业要有精益求精的态度，有助于大学生形成独立自主、踏实务实的学习态度，化被动接受为主动学习，克服浮躁心态，脚踏实地、深入钻研，积极主动地思考问题。其次，"工匠精神"倡导的是精益求精、追求卓越，这有助于培养大学生严谨的作风和精益求精的品质，能够以追求完美的态度对待自己的学习和生活，并激发对专业的兴趣与热爱。最后，"工匠精神"体现的是一种恒久不息的努力精神。这种精神鼓励大学生在学习过程中，要有持之以恒的精神，只有不怕困难，不畏艰辛，始终保持对知识与技术的热爱和追求，才能形成一种坚韧不拔、锲而不舍的学风。

(四) 以"工匠精神"引导大学生形成精益求精、追求卓越的创新精神

"工匠精神"的深层次含义就是创新。精益求精、追求卓越，本身就包含了不断创新的精神。创新并不是盲目的想象和突发奇想，而是在不断的实践过程中反复打磨而产生的。学习"工匠精神"，可以使大学生在实践过程中逐渐形成创新思维模式，在生活中注重观察与思考，勇于质疑与批判，大胆地实践，最终化不可能为可能。正是"工匠精神"的这种敏锐创意、精雕细琢、不断求精的精神支撑，才使中国实现了由制造大国向创新大国的转变。因此，"工匠精神"应当贯穿于大学生成长成才的全过程。

七、弘扬新时代工匠精神

在当今的世界舞台上，发达国家凭借其卓越的产业工人和工匠精神在经济发展中独占鳌头。这些国家的成功，不仅源于他们的技术领先和创新能力，更源于他们对工匠精神的深度理解和高度重视。工匠精神在这些国家得到了全面的推广和实践，超越劳动者的职业准则，成为一种全民共识和价值追求。无论是政府还是企业，都将工匠精神视为自身的金色名片，积极推动和倡导这种精神，将其作为推动经济发展、提升国家竞争力的源动力。

工匠精神不仅是劳动者的职业准则，更是政府、企业的一张金色名片，是一个地方经济发展保持长盛不衰的不竭动力。工匠精神的发扬光大不可能一蹴而就，除了推动企业家追求卓越、生产者耐心坚守、深化职业教育改革和培育职业精神，还需要改善社会文化环境，用规则制度引导人们的行为，需要我们发挥自己的作用，身体力行地去实践工匠精神。无论我们身处何处，无论我们从事何种工作，我们都应该以工匠精神为指导，追求卓越、耐心坚守、不断创新和提高。只有这样，我们才能够真正发扬工匠精神，推动经济强国的地位不断巩固和提升。

（一）让工匠精神入脑入心

工匠精神，匠心为本。工匠精神的根本在于职业的坚守，各地都有坚持贯彻工匠精神的出色企业及优秀员工，他们在自己的领域精耕细作、造福社会。我们应大力将这些人的事迹推介出去，更多地向公众传递工匠精神、讲述工匠故事、表达工匠情怀，使工匠精神在各地蔚然成风，让工匠精神引领中国创造。这就要求宣传部门身先士卒，学习工匠的务实与敬业精神，培养和增强自身的看齐意识，脚踏实地践行工匠精神。要实在地"学"，要对照"做"，真正把工匠精神内化于心、外化于行；贯彻在宣扬传播的细微处，如切如磋、如琢如磨，孜孜不倦、久久为功，确保工匠精神真正在全社会弘扬开来、落地生根。

（二）将工匠精神作为规制

无论财富多么丰厚，都需要人来传承；无论精神多么崇高，都需要人来弘扬。为了发扬光大工匠精神，我们需要建立一套有效的激励机制，正确引导人们的行为，并充分发挥工匠人才的作用。

为了实现这一目标，我们需要采取一系列制度性措施。首先，培育学生精益求精的行为习惯，让他们在实践中不断追求卓越。其次，建立健全的工匠制度是当前的重中之重。这一制度应该贯穿于各个领域和环节，包括技术培训、职业标准、行业规范制定等。通过建立完善的工匠制度，我们可以为工匠精神的发扬光大提供有力的保障。除了制度性措施外，我们还需要注重形成良好的社会文化环境。这包括倡导精益求精、追求卓越的价值观念，以及树立尊重工匠、崇尚技能的氛围。只有在这样的社会环境中，人们才能自觉地发扬工匠精神，并将其融入自己的日常生活中。此外，市场准入、质量监管以及专利保护等方面也需要加强管理，确保精益求精者得到应有的回报，同时让违法违规者受到严厉的惩罚。

（三）把工匠精神外化于行

大凡敬业者，必把工作当作一种修行，定得住心、耐得住性，摒弃浮躁、务实求真，用责任感，拾工匠心，塑匠人魂。发扬光大工匠精神，是我们每一个人都应该有的文化自觉和价值追求。身为一般的从业者，理应做好本职工作，具有螺丝钉精神，在自己的工作岗位上兢兢业业；需要在价值理念和实践上，从社会和公众的需要出发，日复一日、年复一年地向专业的行家高手和能工巧匠靠拢，用工匠精神锻造出彩人生。

（四）使工匠精神推陈出新

当前，随着全面深化改革创新的不断推进，各行各业的从业者面临着新的问题和挑战。在这个背景下，发扬工匠精神显得尤为重要。工匠精神不仅是劳动者的职业准则，更是推动社会进步和经济发展的重要动力。

为了更好地发扬工匠精神，我们需要积极扩大其外延，主动丰富其内涵。这既是时代的需求，也是我们的职责所在，更是成长、成才的必由之路。大学生更应勇于开拓，奋发进取，大胆探索，博采众长，在工作理念、工作机制、工作载体和工作方法上寻求新的突破。只有这样，才能更好地适应时代的需求和发展，为实现中华民族伟大复兴的中国梦贡献自己的力量。

> 课堂案例

"大国工匠"乔素凯：细至毫厘 精心修复

核电站深处，铀235燃料芯块被装进核燃料棒里，264根燃料棒形成一个组件，157个这样的核燃料组件，最终被安装在一个直径3~4米的反应堆压力容器中，放置在水池里，核裂变反应就在这里进行……

放置核燃料的水池蔚蓝纯净，24小时循环过滤，且为了屏蔽核辐射，加了硼酸，但这也意味着，修复工作必须在水下完成，中广核集团核燃料修复师乔素凯及其团队是唯一能对缺陷核燃料组件进行水下修复的团队。

修复最难，步骤多且工序细。核燃料修复有400多道工序，其中不可逆转的200多道工序是关键点操作，稍有不慎，损失极大。仅打开管座这一步，就需要在水下拆除24颗螺钉。由于定位难度极高，目前的自动化水平无法达到这种精度，这个过程必须完全靠人的经验和手感。乔素凯在地面上通过水下摄像机查看情况，将一根4米的长杆，伸入到水下3米处，找到螺钉口，慢慢匀速地转动长杆，来完成螺钉的拧动。这是一个精确值为3.7毫米的操作，即使只差1毫米，螺钉都拧不进去，而一旦失败，这个组件就无法运行，会造成经济损失1000多万元。

在接下来的过程中，还要配合紧松适配器、拆装上管座、测量高度等不同功能的7种长杆，这要求操作者心细如发，因为核燃料棒包壳管的壁厚只有0.53毫米，必须保证在核燃料棒抽出的过程中完好无损。一旦不慎让破损燃料棒里的裂变气体释放，将会对人体造成极大伤害。因此，在换燃料棒时，乔素凯必须从头到脚全副武装，不能说话，室内不能通风，只要开始工作就至少连续8小时不休息。其间，乔素凯心无旁骛地跟零件"对话"，因为在他眼中，"核燃料组件是有生命的，要好好对待才行"。

即使工作了30年，为确保万无一失，乔素凯也会经常在培训基地的模拟换料水池里练习手感。多年的工作经验让乔素凯明白：做这份工作，必须得"胆小"，不能有半分差池。

有一次在大修装料前，乔素凯看到湛蓝的堆芯水池里好像有个白色的不明物，他无法确定具体是什么，于是决定打捞。准备工作就绪，但异物不见了，只得在水下一点点排查，用了15个小时，换了3班人手，才把这个白色不明物体打捞上来，最终大家发现是个小塑料片。

"还好有惊无险，但因为耽误了时间，损失近千万元。"尽管如此，乔素凯依旧认为是值得的，"核安全无小事，任何疑似的东西，我们都不能掉以轻心"。

平日里，乔素凯会将精力投入设备的研发当中。"之前检修设备及维修服务都得依靠外国专家，从上飞机开始以小时计价收费，一直到飞回国。买得起用不起，用得起也坏不起，整个技术产品就是被外国公司给垄断了。"于是，乔素凯就向公司提出，要走自主研发道路。"不能被外国的技术'卡脖子'，即使慢一点，这条路也一定要走通。"在公司的大力支持下，乔素凯带领团队开始着手研究，还专门组建了工作室。堆芯无线照相技术、水下电火花剪切工具、耐辐射水下摄像机等，日常维修用具都已经自主研发，水下异物打捞机器人、陆用状态检查机器人，更高难度的研发也已经有了模样……

目前，乔素凯已经主持参与研发30多个获得国家专利的项目。最令乔素凯骄傲的，是他及团队历经10年研发的核燃料组件水下整体修复设备，填补了国内空白，将全部的技术掌握在了中国人自己手中。

"我们的核电机组是越来越多了，我和我们国家的核电是一起成长的，从一无所有到国际领先，我感到特别自豪。"乔素凯说。

（资料来源：中工网，2023-05-08）

课堂活动

关于工匠精神培养的思考

一、活动目标

理解工匠精神是如何培养的，以及工匠养成的意义。

二、活动时间

建议15分钟。

三、活动流程

1. 教师出示以下阅读材料，并提问：你从李然身上学到了什么？

"三峡工匠"李然：痴心守护"大国重器"

万里长江，纳百川汇巨流，成为新时代世界内河运量最大的黄金水道，三峡枢纽控巴蜀引荆襄，扼守长江经济带发展的关键节点。一扇扇开合的巨大闸门，像世界看中国的窗口，成为政治敏感度高、安全风险度高、民生关联度高、社会关注度高的重点航段。保障通航安全畅通高效至关重要，可不论是万里长江第一坝的葛洲坝，还是世界第一坝的三峡大坝，每一扇闸门都是世界级"巨无霸"，要让它们俯首称臣，谈何容易？

李然16年如一日，"燃"在三峡，独辟蹊径，大胆革新，让三峡船闸停航检修时间从100多天压缩到50天，再到30多天，通航效率不断攀升；始终坚持在第一线开展科学研究，让三峡"天下第一门"提速再提速，用一项项凝聚着汗水和智慧的发明创造，每年为船方和社会节省数亿元。他用行动，用20多项通航关键技术、24项国家专利、3项行业标准，践行着入党誓言：自主创新科技报国，新时代共产党员就该越是艰险越向前。

"李然创新工作室"是湖北省总工会授牌的省级劳模创新工作室，既是创新成果的孵化器，也是人才培养的加速器。2016年成立以来，在李然的指导带领下，工作室累计申报发明专利21项，获得授权发明专利3项、实用新型专利8项，撰写论文86篇，提出合理化建议187条，均成功转化实践应用。在同事眼中，李然是破冰专家，是引航者；在业内人眼里，他是当之无愧的技术管理精英。船厢姿态调整工艺、下闸首排水工艺、升船机补排水工艺、漂浮物清除工艺……李然正带领他的团队开展着很多针对性的研究。每天，他在现场忙得脚不点地，因为守护好、运行好"大国重器"，早已成为他最坚定的执着与崇高的信念。

（资料来源：中国青年网，2020-05-09）

2. 教师将学生按照4~6人划分小组，通过小组内部讨论形成小组观点。

3. 每个小组选出一个代表陈述本组观点，其他小组可以对其进行提问，小组内其他成员也可以回答提出的问题；通过问题交流，将每个需要研讨的问题都弄清楚。
4. 教师进行分析、归纳、总结。
5. 教师根据各组在研讨过程中的表现，给予点评并赋分。

第四节　大学生劳动精神的培育

大学生是国家的未来和希望，肩负着实现中华民族伟大复兴的历史使命。在新时代，培养大学生的劳动精神显得尤为重要。劳动精神是每位劳动者在劳动过程中展现出的精神风貌、劳动态度和劳动理念，它不仅体现了劳动者对美好生活的追求，也体现了他们为创造美好生活而付出的努力和坚持。对于大学生来说，培育劳动精神不仅有助于提高综合素质，更有助于实现个人价值和社会价值的统一。

一、大学生劳动精神的主要培养途径

（一）提升大学生劳动精神的自主内化能力

自主内化能力是指大学生能够自觉地接受和消化劳动知识、技能和态度，并将其转化为自身的劳动行为和习惯。大学生在劳动过程中应该具有积极性和主动性，能够自觉地参与劳动实践，并在实践中不断提升自己的劳动技能和素质。

提升劳动精神的自主内化能力，需提高大学生劳动精神认知自觉性。新时代大学生要自尊自强，抓住新时代机遇，自觉内化、转化劳动精神相关理论思想，通过踏实的学习实践，扎实本领，学会自我教育、自我成长。

1. 大学生应多读劳动相关经典著作

"原汁原味"读经典著作，使其从理论知识上了解劳动、劳动精神，在知其然的基础上，又知其所以然。注重马克思主义经典著作的理论高度和思维深度，同时，强化习近平新时代中国特色社会主义思想关于劳动精神论述的学习，深入了解新时代劳动精神的时代特征，体会新时代劳动精神的继承与发展，从而不断深化对劳动精神的认识。

2. 大学生应高度重视中华优秀传统文化中的劳动精神

中华民族自古以来就拥有崇尚劳动的悠久文化，如"愚公移山""精卫填海""书山有路勤为径，学海无涯苦作舟"等经典故事和名言，不仅是中华民族上下五千年历史发展的基本保障，也是新时代屹立于世界民族之林的强大精神动力，优秀传统文化的传承，可帮助大学生纵向理解劳动精神内涵，帮助他们培养正确的劳动观念和劳动态度。同时也可以帮助大学生树立正确的价值观和人生观，提高自身素质和能力，为未来的职业发展和人生奋斗打下坚实的基础。

（二）提升大学生参与劳动实践的积极性

提升劳动精神的自主内化能力，需提升大学生参与劳动实践的积极性。参与劳动实践是大学生提升劳动精神的重要途径之一。通过参与劳动实践，大学生可以更好地了解社会和职业的需求和发展趋势，提高自己的实践能力和适应能力。同时，参与劳动实践还可以

帮助大学生树立正确的价值观和人生观，增强他们的社会责任感和使命感。

学生的劳动实践，不仅可以从基本的家务劳动和学校劳动中实现，还应自主地、有计划、有方法、有效率地结合所学知识，锻炼核心竞争力，积极投身新时代创新创业劳动，切实感受劳动带来的满足感和获得感，同时体会劳动人民的辛苦和不易，激发劳动热情和劳动创造力。作为新时代的大学生，应积极主动参与劳动，踏实做好本职工作，勇担重任，注重劳动实践的锻炼。一方面，积极主动参加简单劳动，培养基本的生活自理能力，通过简单的体力劳动锻炼身体、磨炼意志，在日常生活中形成勤于劳动的习惯。另一方面，积极主动参加复杂劳动，在所学专业领域积极参与实践劳动，不断夯实基础，练就过硬本领。通过简单劳动和复杂劳动的有机结合，主动接受挑战、把握机遇，增强大学生体质体魄，激发大学生创新灵感，感受劳动价值。

（三）坚定大学生的劳动理想信念

大学生需坚定劳动理想信念导向性，提升劳动精神的自主内化能力。坚定劳动理想信念是大学生劳动精神的核心特征之一。理想信念就是人的志向，清代郑板桥诗中"千磨万击还坚劲，任尔东西南北风"表达了竹子坚定的信念。劳动理想信念是指对劳动的意义、价值和作用等方面的信仰和追求，它是大学生在学习和生活中不断前行的动力和支撑。只有坚定劳动理想信念，大学生才能够更好地面对各种困难和挑战，保持积极向上的精神状态。

新时代的大学生应该做有理想、有本领、有担当的时代新人，敢于认清身上的重担，并勇于肩负新时代赋予的历史使命。坚定理想信念，坚守劳动精神，才能够指引大学生不断克服艰难险阻、勇攀高峰，体会劳动的光荣和伟大，争做民族伟大复兴的践行者。坚定的理想信念是中国共产党安身立命的根本，当代大学生应该在领悟劳动精神内涵的基础上，切实感悟劳动智慧，同时求真务实、奋发上进，做一名有理想的时代新人。并用崇高的理想激发自身的劳动主动性和创造性，鼓舞斗志、振奋精神，在认识和实践中体会劳动的伟大。

作为新时代的大学生，应树立个人理想，在奋斗中逐渐实现梦想、实现个人价值，为中华民族的伟大复兴做出自己的贡献，实现社会价值。当代大学生应明确人生目标，坚定理想。通过坚实的思想基础、劳动实践的锻炼，将崇高的理想作为人生的支撑点，对人生旅途中的艰难曲折做好充足的准备。通过辛勤劳动、诚实劳动、创造性劳动，不断焕发劳动激情，秉持劳动初心。

（四）家校合力助推大学生劳动教育

特别需要说明的是，当代大学生劳动精神培育需要全员、全方位、全过程进行。学校、家庭和社会应该发挥引导、规范、激励、教育及凝聚的作用，针对劳动精神培育目标，制订相应的教育计划和实践活动方案；通过多载体、多形式的培养合力，促使大学生争做劳动精神弘扬者和引领者，培养德智体美劳全面发展的社会主义建设者和接班人。在培养过程中，应该注重实践性和创新性。

学校可以组织学生参加实习实训、志愿服务、创新创业等活动，让学生在实践中感受劳动的意义和价值。同时，学校还可以开设创新创业课程，鼓励学生发挥创造力和创新能力，培养他们的创新意识和创业精神。

此外，家庭也应该注重孩子的劳动教育和培养。家长可以引导孩子参与家务劳动、社区服务等实践活动，让他们从小养成勤劳、诚实的良好习惯。同时，家长还可以与孩子一起制订劳动计划和目标，鼓励孩子在劳动中发挥自己的想象力和创造力。

二、创新劳动精神培育的实践与探索

针对目前劳动精神存在的一系列问题，国家、学校、社会、家庭、大学生自身应该采取相应的措施。处于新时代，要大力加强对大学生劳动精神的培育，激发大学生勤劳奋进的精神，使其不断增强自身的劳动观念，塑造劳动品德，培养劳动能力，使大学生以饱满的精神面貌投身于社会主义现代化建设，为中华民族伟大复兴中国梦的实现贡献出自己的力量。

（一）突出学校在大学生劳动精神培育中的主导功能

加强大学生劳动教育是实现中华民族伟大复兴的题中之义，是高校落实立德树人根本任务的客观需要。高校作为培育时代新人的重要机构，肩负着培养青年一代的职责使命。作为传播知识的重要场所和人才培育的摇篮，高校应当在培养大学生的劳动精神方面发挥更加积极的作用，为新时代中国特色社会主义社会事业培养更多的合格人才。

学校要发挥劳动精神培育的关键作用，明确劳动精神的培育主体，拓宽劳动精神的培育平台，丰富劳动精神的培育内容，创新劳动精神的培育形式。

1. 明确劳动精神培育主体

2019年11月26日，中共中央总书记、国家主席、中央军委主席、中央全面深化改革委员会主任习近平主持召开中央全面深化改革委员会第十一次会议。会议审议通过了《关于全面加强新时代大中小学劳动教育的意见》（以下简称《意见》）。

该《意见》明确指出其指导思想为："以习近平新时代中国特色社会主义思想为指导，全面贯彻党的教育方针，落实全国教育大会精神，坚持立德树人，坚持培育和践行社会主义核心价值观，把劳动教育纳入人才培养全过程，贯通大中小学各学段，贯穿家庭、学校、社会各方面，与德育、智育、体育、美育相融合，紧密结合经济社会发展变化和学生生活实际，积极探索具有中国特色的劳动教育模式，创新体制机制，注重教育实效，实现知行合一，促进学生形成正确的世界观、人生观、价值观。"并强调要"将劳动教育纳入中小学国家课程方案和职业院校、普通高等学校人才培养方案，形成具有综合性、实践性、开放性、针对性的劳动教育课程体系……高等学校也可安排劳动月，集中落实各学年劳动周要求。根据需要编写劳动实践指导手册，明确教学目标、活动设计、工具使用、考核评价、安全保护等劳动教育要求。"

基于此，高校首先要明确劳动教育的重要性。所有高校教育者，尤其是思政课教师、辅导员和班主任，都承担着大学生劳动教育的职责和使命，思政课教师应该在课堂上融入劳动教育的相关内容，可以通过讲解劳动的意义、价值和作用，引导学生树立正确的劳动观念和态度，培养学生的劳动精神和技能；辅导员和班主任则需要在学生的日常管理过程中注重对学生进行劳动教育，可以通过组织各种形式的劳动活动，让学生在实践中体验劳动的乐趣和意义，培养学生的劳动习惯和团队合作精神。

2. 拓宽劳动精神培育平台

拓宽劳动精神培育平台是高校加强大学生劳动教育的重要途径之一。通过多样化的教学方式和手段，学校可以为学生提供更多的实践机会和平台，更好地培养学生的劳动精神和技能。目前，高校的劳动教育平台相对较少，不能完全满足学生的需要。因此，高校应该通过多样化的教学方式和手段，拓宽劳动精神培育平台，以更好地培养大学生的劳动精神。

首先，高校可以一改传统的教学模式，围绕学生的实际特点开展差异化教学，依托网络等平台构建以学生为中心的劳动精神培育模式。例如，让学生参与社会志愿服务活动、参加校园环境卫生打扫等，可以利用"两微一端"等新媒体，通过音乐、视频、漫画等多种大学生喜闻乐见的方式传播劳动精神，特别是善于运用身边劳动模范的故事感染大学生，加深大学生对劳动和劳动精神的理解，并进一步主动弘扬劳动精神。

其次，高校要明确劳动教育所依托的课程，可以设置劳动教育必修课程和选修课程，还可以开设特色化的劳动课程，结合不同专业、学科的特点，设置专业化、特色化的劳动课程，使劳动精神自然地融入大学生的学习生活，使他们在潜移默化的过程中接受劳动教育，培养他们的劳动精神，最终影响他们的劳动行为，使他们在不自觉中主动弘扬劳动精神。

最后，高校还可以通过校企合作、校地合作等方式，为学生提供更多的实践机会和平台。这些合作可以让学生深入企业、社区等场所进行实践和学习，了解和体验不同的劳动方式和场景，从而更好地培养他们的劳动精神和技能。

3. 丰富劳动精神培育内容

高校要注重细节培养，从细节培育大学生的劳动精神。除了传统的课堂教学和实践活动外，高校还可以采取以下措施来丰富劳动精神培育的内容。

首先，高校各学院应加强劳动主题教育，弘扬劳动精神，开展劳动相关宣传与教育工作。可以通过组织劳动主题讲座、演讲比赛、征文比赛等形式进行，以加深学生对劳动的认识和理解，提高他们的劳动意识和技能。

其次，高校要根据大学生现阶段的特点开设劳动教育课程。每学年可以设置劳动周活动，给大学生创造劳动机会，让大学生有更多的劳动机会锻炼自己。劳动周的具体时间可由高校根据需要统一安排，既可以安排在每学期内，也可选择性地安排在寒暑假期间。建议多采取集体性劳动的方式，这样可以使大学生相互学习、相互鼓励，体会集体劳动的乐趣。劳动是美丽的，劳动的人更是美丽的。目前开设了劳动课程的高校往往以思政课的方式进行，而且劳动教育的内容往往比较陈旧，这样必然难以达到新时代培育大学生劳动精神的要求。针对劳动精神培育的重要性和必要性，有条件的高校可以设置专门的劳动课程，并将劳动教学纳入整个教学考核体系。这些课程可以包括劳动技能培训、劳动法律法规学习、劳动安全教育等方面，使劳动精神自然地融入大学生的学习生活，使他们在潜移默化的过程中接受劳动教育，培养崇高的劳动精神。

再次，高校还要改变传统课程设置的方法，将劳动课程设置为校内外活动结合的课程，将社会实践活动纳入劳动教育体系，通过组织学生参与社会服务、公益活动等方式，让学生在实践中体验和领悟劳动的价值和意义。这些活动可以包括志愿服务、环保活动、支教等，不仅可以培养学生的劳动技能和习惯，还可以通过劳动实践中的体验和感受，培养学生的劳动精神和价值观，激发他们参与劳动实践的积极性。高校大学生劳动精神的培育要根据当前大学生的实际特点、教育、教学开展情况和生理、心理发展需求进行，要使大学生真正明白劳动精神的特定内涵，理解劳动精神所包含的具体内容。

最后，高校还可以通过组织简单的体力劳动、教学社会实践、社会公益活动等方式，让学生在力所能及的劳动实践活动中掌握劳动的基本技能、体验参与劳动的过程、领悟劳动创造价值的深刻内涵。这些活动包括种植、养殖、手工制作等，不仅可以培养学生的动手能力和创新意识，还可以培养学生的团队合作精神和责任感，从而达到对大学生进行德、智、体、美、劳五育并举的目的。

4. 创新劳动精神培育形式

培育劳动精神的形式可以是多种多样的，除传统的课堂教学外，还应综合运用多种方式开展劳动精神的培育。高校在开展劳动教育时要不拘一格，围绕大学生的实际特点来开展差异化的教学。

首先，高校可以利用新媒体，通过多种形式，如音乐、视频、漫画等，宣传有关劳动和劳动模范的故事，提升大学生对劳动与劳动精神的理解程度，增强他们对劳动人民的亲切感，尤其是要利用好身边的真实案例，以情动人，影响和感染大学生。同时，高校可以邀请劳动模范到学校做讲座，讲述自己身上发生的真实案例，让大学生有更直观的感受。

其次，高校还可以加强校企合作，利用校外实践基地和教育基地对大学生开展劳动教育。通过与企业的合作，学生可以深入企业参与实践活动，了解和体验不同的劳动方式和场景，培养他们的劳动技能和职业素养。

最后，高校可以利用校内外的各类资源（如校内的学生会、学生社团等学生组织），借助他们的力量发展丰富多彩的校园活动，提高大学生的参与度；可以定期组织学生进行社会实践和志愿服务活动，让他们亲身体验劳动的过程和价值，感受劳动带来的成就感和快乐。这些活动可以包括支教、环保活动、社区服务等，不仅可以培养学生的社会责任感和公共意识，还可以提高他们的组织能力和协调能力。

创新劳动精神培育形式是高校加强大学生劳动教育的重要途径之一。劳动形式的创新有利于大学生更积极地参与劳动。在新时代的今天，劳动教育的方式可以并且应该多样化，劳动精神的培育方式有待进一步创新，高校应该对这个问题引起重视，劳动教育不容忽视。

（二）重视社会在大学生劳动精神培育中的环境影响

社会在大学生劳动精神的培育过程中，应尽力发挥好必要的支持作用。社会虽说不是大学生劳动精神培育的主体，但可以为大学生劳动精神的培育提供必要的条件支撑，如调动各方面的社会资源，为大学生参与劳动实践提供场所。例如，利用政府部门的力量，协调高校、企业、公司、工厂、家庭、农场之间的合作，调动各方互动的积极性，为大学生提供更多实践场所和机会。通过这种方式，这些机构可以与高校建立紧密的合作关系，而高校也可以为这些机构输送大量优秀的人才，实现共赢。

1. 为学校组织劳动实践提供场所

社会可以为大学生劳动精神的培育提供外力支持，如为学校组织劳动实践活动提供场所。高校如果仅仅依靠校内力量，难以对大学生劳动精神进行全方位培育，因此需要借助社会的力量进行综合培育，以达到实践育人、协同育人的目的。社会各界应该支持学校组织学生参加各种生产实践活动，包含一些新时代出现的诸如修复文物、垃圾分类处理等类型的劳动。这些活动不仅可以让学生亲身体验劳动的艰辛和不易，从而更加珍惜他人的劳动成果，同时也能让学生在面对工作中的困难时更加勇敢和自信。这种体验对于大学生来说非常宝贵，也是他们成长为具有责任感和担当的人才所必需的。此外，社会可以为劳动精神的培育提供必要的场所和支持。例如，可以协调企业和机构为学校提供实习机会和实训基地，让学生在实际工作中锻炼自己的技能和能力。同时，社会也可以鼓励和支持学校开展各种实践教学活动，例如实验课程、实践活动、志愿服务等，以培养学生的实践能力和创新精神。

2. 为大学生劳动实践提供技术支持

社会除了能为大学生劳动精神的培育提供必要的场所，还可以提供一定的技术支持，尤其是一些高新企业，可以为大学生体验现代高科技提供服务。例如，对于学习智能制造、人工智能等专业的学生，他们需要不断跟进最新的技术进展和趋势，如果能够获得社会上相关企业的技术支持和培训，他们可以了解到最新的科技发展趋势，有机会接触前沿的发明，这更有利于激发他们的想象力和创造力。这种实践经验对学生的成长和发展具有非常重要的作用。

此外，社会提供的技术支持还可以帮助大学生更好地将理论知识与实践相结合。在科技发展的今天，每天都有一些新奇事物出现。如果大学生能够从这些实践活动中找到灵感，这无疑比他们天天钻在实验室里埋头做实验有趣得多。通过参与实际项目的实践操作，学生可以更深入地理解所学的知识，并提高自己的实践能力。这种经验对于学生未来的职业发展也是非常有益的。

通过社会提供技术支持，高校可以拓展更多的实践方式和培养途径，更好地培养和锻炼学生的劳动能力。同时，学生也可以通过社会实践获得更多的经验和机会，提升自己的综合素质和能力水平。这对于他们的未来职业发展和个人成长都具有重要的意义。

3. 鼓励大学生参加志愿服务活动

社会的向前推进，离不开每个人的奉献，社会上的一些福利组织为大学生开展无偿劳动做出了很好的表率。例如，学校的共青团积极组织大学生参加一些公益性质的劳动，社会的福利组织主动为大学生搭建相关的劳动实践活动平台，带领大学生深入福利院、敬老院、孤儿院、残疾人活动中心等场所参加志愿服务活动，开展一系列公益劳动。多参加这些活动能够更好地培养大学生的奉献意识，让大学生体会劳动的快乐。这种快乐是发自内心的，是不同于其他的，正如俗话说："赠人玫瑰，手留余香，"通过为社会做出贡献，大学生不仅提升了自己的能力和素质，还能够在劳动中获得快乐和成就感。

（三）发挥家庭在大学生劳动精神培育中的熏陶作用

家庭是孕育孩子的土壤，父母是孩子的第一任老师，对孩子的劳动精神培育具有深远的影响。家庭不仅在孩子劳动精神的培育中起到重要的作用，也是孩子学习生活技能的重要场所。

家庭环境是影响孩子成长的重要因素之一。家庭是培养大学生劳动精神的重要场地，必须重视营造优美的家庭环境、良好的家庭氛围，充分发挥家庭环境对大学生劳动精神培育的熏陶作用。例如，作为家庭成员，每个人都要养成自觉打扫卫生的良好习惯，不能将保洁的任务固定地落到某个家庭成员的身上；一家人都要主动清洁卫生，将物品摆放整齐，注意美化、绿化、亮化家庭环境，让家庭环境常看常新。营造干净、舒适的家庭环境不仅有利于家人的生活，还有利于家人之间互相体贴与尊重，使一家人都能保持心情舒畅、身心健康。

中共中央、国务院发布的《关于全面加强新时代大中小学劳动教育的意见》（以下简称《意见》）中指出，家长们要"注重抓住衣、食、住、行等日常生活中的劳动实践机会，鼓励孩子自觉参与、自己动手，随时随地、坚持不懈地进行劳动，掌握洗衣做饭等必要的家务劳动技能，每年有针对性地学会1~2项生活技能"；鼓励学生参与生活技能展示活动，"学生参加家务劳动和掌握生活技能的情况要按年度记入学生综合素质档案。鼓励孩子利用节假日参加各种社会劳动。家庭要树立崇尚劳动的良好家风，家长要通过日常生活的言传身教、潜移默化，让孩子养成从小爱劳动的好习惯"。该《意见》为家庭如何对孩子进行劳动教育指明了方向，积极引导家长带领孩子参与家务劳动和各种社会劳动，帮助孩子建立正确的劳动观和价值观，为孩子的成长助力。

（四）大学生要在劳动精神培育中发挥好自育作用

内因是基础，外因是条件，外因要通过内因才能起作用。要想培育大学生的劳动精神，必须发挥大学生的自我培育作用。大学生要树立正确的劳动观，养成良好的劳动习惯，培养热爱劳动和热爱劳动人民的思想情感。同时，还要具备遵守劳动纪律、爱护劳动工具和尊重劳动成果的优良品德。大学生要树立科学的劳动理念，秉持正确的劳动态度，培育优良的劳动品德，养成良好的劳动习惯，塑造高尚的劳动情怀。

大学生的自我培育是培育劳动精神的关键。只有通过综合自身进行自育，才能达到更好的培育效果。同时，社会和学校也应该提供必要的支持和帮助，为大学生实现自我培育创造更好的条件和平台。

1. 树立科学的劳动理念

劳动理念就是对劳动的认识和看法，是培育大学生劳动精神的重要前提。正确的劳动理念可以帮助大学生树立正确的价值观，增强他们的责任感和奉献精神。

在依托高校优质劳动教育资源的基础上，教师的合理引导对大学生形成良好的劳动精神至关重要。教师可以通过课堂教学、实践教学、校园文化等多种方式，引导大学生树立正确的劳动观念，培养他们的劳动技能和劳动精神。

大学生劳动精神的自我培育首先要从劳动观念入手，大学生必须树立正确的劳动教育理念。劳动精神培育的关键之处是要让学生树立尊重劳动、热爱劳动、积极参与劳动的劳动意识。意识具有能动的反作用，对于人的行动具有一定的指导作用。理念具有先导性和前瞻性，只有树立了正确的劳动理念，才能指导大学生实施正确的劳动行为，实现自我培育的目标。同时，社会、学校和家庭也应该共同努力，为大学生提供良好的劳动教育环境和资源，帮助他们树立正确的价值观和人生观。

2. 秉持正确的劳动态度

劳动态度是劳动者对劳动的认知和评价，以及由此产生的行为倾向。作为未来的劳动者，端正劳动态度对大学生的发展和成长至关重要。

首先，大学生要明确劳动的意义和价值。劳动不仅是创造物质财富的手段，也是实现

第二章 劳动精神

个人价值和社会进步的重要途径。无论从事哪个行业，每个劳动者都在以自己的方式为社会的进步做出贡献。职位没有高低贵贱之分，平凡的岗位上也能创造辉煌。大学生要摒弃对某些职业的偏见和歧视，以平等的态度对待每个行业和职位。

其次，大学生要秉持正确的劳动态度参与劳动。劳动不仅是谋生的手段，更是锻炼自己、提高自己的机会。大学生要在劳动中发现快乐，挖掘劳动背后隐藏的价值，探寻劳动的奥秘，揭开劳动的神秘面纱。只有真正理解劳动的意义和价值，才能在劳动中找到满足感和成就感。

此外，大学生在未进入社会前，要端正自己作为未来劳动者的态度：将来有一天自己走向工作岗位时，无论从事的是哪一份职业，都要自觉按照社会所要求的职业道德准则来规范自己在日常工作和生活中的行为。正确的劳动态度可以使大学生在未来的职业生涯中更容易收获成功。态度决定一切，正确的劳动态度能够使大学生在实际劳动过程中不至于偏离方向。

3. 培育优良的劳动品德

劳动品德是指热爱劳动的优秀品德。它是大学生综合素养的重要组成部分。良好的劳动品德对于大学生的成长和发展具有重要意义，有助于他们更好地融入社会，发挥自身的优势，实现自我价值。大学生良好劳动品德的养成有助于给他人留下良好的印象，有助于更好地参与劳动，能为今后的幸福生活创造美好条件。品德的力量是无穷的，一旦大学生形成了优良的劳动品德，就能引导其正确的劳动行为，从而积极从事劳动。品德要经过长期的劳动实践才能塑造。劳动品德一旦形成，将具有稳定性的特征，它能够反映一个人的整体道德素质，影响人的后续发展。因此，要注重大学生劳动品德的培育，使大学生在劳动的过程中有意识地提升自身德行，完善自身的素质。

4. 养成良好的劳动习惯

劳动习惯是指一个人长期劳动形成的一种身体的本能。劳动习惯具有相对的稳定性。俗语说，"习惯成自然"，良好的劳动习惯能够使大学生在日常生活中将劳动看作一种自然的行为，而不是被动发生的行为。习惯的力量是无穷的，优秀的劳动习惯对于一个人的学业、事业和人生都至关重要。

在成就优良的学业和辉煌的事业方面，拥有良好的学习和工作、生活习惯是必不可少的。那些取得成功的人，往往具备了这些优秀的习惯。良好的劳动习惯不仅有助于培养吃苦耐劳的劳动精神，还能为个人的成长和成才提供重要的帮助。一个人要想获得成功，不仅需要有远大的理想、伟大的志向、丰富的知识和扎实的技能，更重要的是，还要有脚踏实地、吃苦耐劳的劳动精神。良好的劳动习惯教育对一个人的成长和成才具有不可忽视的重要作用，因此，大学生要注重自身良好劳动习惯的培养，让良好的劳动习惯贯穿自己生活的始终，让这些习惯成为自己未来成长和成才的坚实基础。

5. 塑造高尚的劳动情怀

劳动情怀是指对劳动的特殊情感，它是建立在劳动认知基础上，经过长期的社会实践而形成的。它代表着人们对劳动的热爱、尊重和推崇。劳动是人类特有的活动，是人类区分于其他动物的显著标志。因此，培养大学生的劳动情怀，对于他们的成长和发展具有重要意义。

高校可以通过多种方式来培育大学生的劳动情怀。一方面，可以通过让大学生参与勤工助学、校园绿化、图书整理等活动，让大学生亲身体验劳动的乐趣和意义。这些活动不仅可以增强大学生的实际操作能力，还可以让他们感受到通过劳动获得的成就感和满足感。另一方面，可以设置助教、助管、助研、助理等岗位，让大学生参与其中，强化对他们的劳动教育。这些岗位不仅可以锻炼大学生的实际工作能力，还可以让他们感受到自己的价值和重要性，激发他们的责任意识和奉献精神，强化对大学生劳动情怀的培育，以实现"立德树人"的根本任务。

对于大学生自身来说，要主动培养自身的劳动情怀，培养自身对劳动的特殊情感。劳动是人类特有的活动，是人类区分于其他动物的显著标志。人类有必要将劳动代代传承下去，形成热爱劳动的情怀。这种情怀一旦形成，就将具有持久的生命力，会指引着人们不断前进，依靠双手创造更加美好的明天。

三、大学生劳动精神培养的现实意义

劳动精神的培养有利于大学生的综合素质提升，对培养正确的人生观、世界观、价值观具有重要作用，是学生健康成长的内在需要，是实现教育目标的主要路径，是学生成才进入社会的必要准备，是感恩意识培养的重要方式。

（一）劳动精神培养是学生健康成长的内在需要

通过劳动，人类改变了世界，并创造了美好生活。然而，现在有部分大学生，因为长期生活在安逸和舒适的环境中，对用双手创造价值并不重视，认为所获得的一切都是理所当然的。因此，在高等教育中进行劳动精神的培养，可以帮助学生养成吃苦耐劳、乐于创造、理解他人、自我管理的良好品格，这对学生健康成长具有积极的影响。

（二）劳动精神培养是实现教育目标的主要路径

高等教育的培养目标是培养适应区域经济发展需要和满足行业发展需求，掌握专业知识、方法和技能，有良好的综合素质和较强的创新创业能力，适应相关行业需要，能够从事对应专业及职业岗位的高素质技术技能型专门人才。在这种背景下，高等教育不仅仅应注重对知识的传授，更应关注能力的培养。其中，劳动精神的培养是实现这一目标的关键途径。通过参与劳动实践，学生可以锻炼自己的动手能力，从而提高自身的实践能力。

（三）劳动精神培养是学生成才进入社会的必要准备

随着人工智能设备和技术在日常生活和工作中的广泛应用，传统劳动教育受到了一定的冲击。然而，我们应该认识到，虽然人工智能科技水平较高，但就人类而言，人工智能取代不了人类劳动形成的创造性。在教育中加强对大学生劳动精神的培养，是新时代对高等教育提出的新的要求和使命。高校应激发人的潜力并将个人能力发挥到最大，促进学生在步入社会前具备科学的劳动观念和熟练的技能。

（四）劳动精神培养是感恩意识培养的重要方式

对于大学生来说，学会劳动，也是培养感恩意识的重要途径。通过参与劳动，学生可以更深刻地理解劳动的价值和意义，感受到自己的成长和进步。同时，他们也可以通过自己的劳动来回报社会、学校和家庭的帮助和支持，以实际行动表达自己的感恩之情。

课堂案例

全国劳模、全国三八红旗手方美芳：34年坚守电力一线 用心用情守护"光明"

随着清脆的考试结束铃声响起，6月9日，2022年高考最后一门选修科目考试落下帷幕，看着寒窗十载的考生们兴奋地走出教室，方美芳与值守的"丹阳小芳"共产党员服务队如释重负。"为了顺利完成这次高考保电任务，我带领服务队对丹阳5家重点保电场所实施点对点现场24小时值守，考试期间，我们紧盯广播、监控等重要负荷情况，再次不辱使命，为高考保电工作万无一失贡献了电力人的力量。"方美芳朴实地说。

方美芳是国网江苏电力有限公司丹阳市供电分公司配电运检中心配电运检技术工作人员兼党支部副书记，"我从事的是电缆工作，是野外作业，野外工作男性多一点，作为女性，我选择这份工作主要源于内心喜欢。"

也正因为这种"喜欢"，方美芳在这一行，一干就是30多年。她至今记得1988年第一天到丹阳市供电局上班时的情景。"当时高压电气试验班班长俞泽华刚把我领到班组，同组的七八个老师傅一看就乐了，咋分了个女娃，吃得了这份苦头吗？"不服输的方美芳并没有被老师傅"挫了锐气"，反而攒起劲来，对老班长说："只要用心，做电工我不比男人差。"

话虽说出去了，但方美芳心里也没底："毕竟，我只是一个初中毕业生，碰到一些理论性很强的东西，我不知道从哪里下手，所以只有拼命去问，拼命去钻研，年复一年，学了整整三年才可以熟练操作。"

钢锯、老虎钳、美工刀、液压钳……这些沉甸甸的工具是方美芳每日出行的必备装备。在恶臭熏鼻、脏污淤积的电缆井下，方美芳从最基础的拧螺丝、接线干起，在日复一日的高压电缆施工、检修、抢修实践中，方美芳积累了丰富的操作经验，但经年累月的劳作，也让她的手指头常年缠着创可贴，这些手指上的伤口和老茧见证着她从一个"门外汉"逐渐变成行家里手。

电缆头制作是影响电缆绝缘性能和安全运行的关键工序，技术含量高、工艺复杂。"在手臂粗细的电缆线上精准制作电缆接头，光靠力气可不行，还要有技巧。"2006年起，爱琢磨的方美芳开始探索如何缩短制作电缆头的时间。白天，她细听默记器材的厂家、型号、参数、仪表、仪器操作的关键技术；晚上挑灯夜学，记录总结理论和作业技术要领，经过一次次改进，方美芳将电缆头制作时间从两三个小时缩短到一个小时左右。多年来，她参与了丹阳全市1 200余千米长电缆入地敷设，参与安装电缆头超过8 000个，完成40余座变电站和上千个客户配电房的安装投运。

创新源于匠心。2008年，方美芳主动请缨成立创新团队。14年来，方美芳带领同事开展"电缆抱箍及夹具研制""新型电缆放线架研制""高压电缆井优化"等攻关研究，获得国家实用新型专利33项，25项成果得到推广应用，产生经济效益数千万元。在她和团队的努力下，2010年他们被江苏省电力公司授牌"方美芳劳模创新工作室"，2014年被评为"江苏省示范性劳模创新工作室"，2018年被评为"江苏省十佳女劳模创新工作室"。她的工作室也先后培养出了"江苏省技术能手""江苏省五一创新能手""江苏省青年岗位能手"等一批技术专家。

2006年6月，方美芳加入了中国共产党。作为一名党员，她率先组建"丹阳小芳"共产党员服务队。"我们手里有一本照顾孤寡老人的特殊档案，老人们需要什么服务，有哪些困难，我们都会详细记录，上门关心，为他们送去亲情般的温暖。"方美芳笑着说。

抗灾抢险、重要保电、扶贫助困，服务队创立"工作室、服务台、联系点、连心岗"管理模式，设立应急抢修、项目攻坚、技术攻关、爱心公益服务平台，依托12个供电所建立服务联系点，依靠每一名队员成立"连心岗"，搭建立体化为民服务网络。"丹阳小芳"共产党员服务队成立以来，先后完成各类服务1 280项，帮助服务对象解决实际困难1 350项。

多年来，方美芳先后荣获全国劳模、全国三八红旗手、中国好人等称号。"作为基层一线党员，就是要践行入党时的诺言和初心，吃苦在前，享乐在后，在自己的工作岗位上继续奋斗，以实际行动迎接党的二十大胜利召开。"

（资料来源：学习强国，2022-07-12，https://www.xuexi.cn/lgpage/detail/index.html?id=3672493369269884998&item_id=3672493369269884998）

课堂活动

巧手赢美誉——特变电工田志永

一、活动目标

培养新时代劳动精神。

二、活动时间

建议10分钟。

三、活动流程

1. 阅读以下材料，并阐述：你从田志永身上学到了什么？

一个工人的技术报国梦

在世界变压器领域，德国的西门子是老牌领先者。2002年，田志永所在的沈阳变压器厂承担了引进直流换流变压器的重大任务。面对这个高精密工艺要求的庞然大物，装配班长田志永充满了好奇与探索的兴趣，然而他的请教却遭到西门子技术人员的断然拒绝，一句"你不要动！"让他明白了，外国人是不会把关键技术教给他的。

于是，他白天寸步不离看外国人装配，晚上拿着图纸对着实物"复读"，将变压器上80多根电缆和上千根控制线对照原理图进行艰苦繁杂的倒装推理验证。

就这样，他用半个月的时间，硬是啃下了这块硬骨头，最终全面掌握了这种当时世界上先进变压器的装配技术。此后，他参与了54种世界级重大产品的装配，其中24种为世界第一。

他技术高超，对超大型和大型变压器的上百个装配疑难问题的解决方案了然于胸，装配变压器一次合格率达到国际高水平。他善于创新，在工艺、流程和组装方法上，实现了

200多项创新，形成了"田氏优装法"。现在，在超大型和大型变压器产品上，田志永已成为国内外少有的了解全部产品所有装配工艺技术的"大拿"，而且还在不断地自我超越中。

（资料来源：中国青年报，2011-05-02）

2. 将学生分成4~6人的活动小组，通过小组内部讨论形成小组观点。

3. 每小组选出1名代表陈述本组观点，通过交流，将每一个需要研讨的问题都弄清楚。

4. 教师对各组观点进行分析、归纳、总结。

5. 教师根据各组在研讨过程中的表现给予点评并打分。

第三章

劳动素养

学习目标

1. 了解劳动素养的内涵及结构体系，熟悉大学生劳动素养现状及其培养途径。
2. 了解劳动习惯的含义，理解劳动习惯养成的重要性，培养自我管理的劳动习惯。
3. 了解劳动品质的四个方面，培养良好的劳动品质。

案例导读

世界杂交水稻之父——袁隆平

袁隆平，男，汉族，江西省九江市德安县人，1930年9月7日出生于北京。他用毕生的精力在解决吃饭问题——这个人类一直未能解决的大问题，他用智慧改造了大地，用心血造福了人类，他的名字、事业、精神光耀环宇。他是中国杂交水稻育种专家，中国研究与发展杂交水稻的开创者，被誉为"世界杂交水稻之父"。

袁隆平是杂交水稻研究领域的开创者和带头人，致力于杂交水稻技术的研究、应用与推广，发明"三系法"籼型杂交水稻，成功研究出"两系法"杂交水稻，创建了超级杂交稻技术体系，并在2006年提出并实施"种三产四丰产工程"，即运用超级杂交稻的技术成果，力争用三亩（1亩≈666.67平方米）地产出现有四亩地的粮食。该计划在中国推广6 000万亩，产出8 000万亩的粮食，等于增加了2 000万亩粮食耕地，可多养活3 000多万人。

袁隆平从事杂交水稻研究半个世纪了，他不畏艰难，甘于奉献，呕心沥血，使中国杂交水稻研究始终居于世界领先水平，为中国粮食安全、农业科学发展和世界粮食供给做出了杰出贡献。他被授予全国劳动模范，被评为全国道德模范，荣获国家最高科学技术奖和联合国教科文组织科学奖，2018年获得国家"改革先锋"荣誉称号。

杂交水稻不只是让中国数以千万计的人不再饿肚子，水稻的丰产也不只局限于中国，而是无远弗届，走向更远的国度和地方，让世界各地的人们也得益于高产的水稻，为数以亿计的人们提供最基本的粮食和能量。

他怀有的最好最大的梦想有两个：一是希望水稻比高粱还高，籽粒比花生还大，他和人们能坐在稻穗下乘凉；二是让杂交稻覆盖全球，能让全世界人吃饱饭。

（资料来源：新京报，2021-05-22，https://m.bjnews.com.cn/detail/162166578014553.html）

结合以上案例，谈谈你对劳动素养的理解以及我们应该如何提升劳动素养？

第一节　劳动素养概述

一、劳动素养的内涵

劳动素养的养成是大学生全面发展的关键。立足新时代，全面把握大学生劳动素养的内涵与特征是优化劳动教育的重要内容。劳动素养是指经过劳动或劳动教育等特殊形式的社会实践活动所形成的与劳动相关联的人的素养。劳动素养有广义和狭义之分。广义上的劳动素养专指劳动价值观，是对劳动的根本认识和基本看法；狭义上的劳动素养则专指劳动知识、劳动技能和劳动习惯等。此外，劳动素养还具有规范性特征。一般说某人具有"劳动素养"，实际是指某人在劳动价值观、劳动知识、劳动技能和劳动习惯等方面具有良好的修养。高校开展劳动教育的目的就是提升学生的劳动观念、劳动态度、劳动情感、劳动知识、劳动思维、劳动技能和劳动习惯等，推动大学生劳动素养的形成。劳动教育及其社会实践活动使大学生不仅爱劳动、会劳动，还要懂劳动，并能够结合自身所学的专业和今后的职业创造性地劳动，最终成为能够"流自己的汗、吃自己的饭"的有尊严、有教养的现代公民。

二、劳动素养结构体系

劳动素养结构主要包括劳动能力、劳动观念、劳动精神、劳动习惯和劳动品质四个维度。四者相辅相成，共同构筑了学生劳动素养结构体系。

（一）劳动素养体系之基础：劳动能力

劳动能力是学生劳动知识、劳动技能及劳动活动实践创新等多项内容的综合表现，主要包括劳动知识、劳动技能与劳动创新，是学生个体劳动观念、劳动精神及劳动习惯等人格品质形成的坚实基础。劳动能力素养的形成始于学生对劳动知识的学习与劳动技能的尝试。劳动知识是历史潮流中前人在劳动实践中认识客观世界、推动社会生产和发展自身的经验结果与传承积累，它包括理论知识和实践知识。劳动技能是指运用一定知识和经验顺利完成某种劳动任务的活动方式。在劳动教育过程中，学生需要系统学习劳动知识，包括劳动项目的起源、发展历程、社会作用及未来意义等内容。劳动技能素养是指学生在具体的劳动活动中所形成的稳定技术性能力等，主要表现为学生能独立或者合作完成简单的劳动项目并能熟练运用常见的劳动工具等，从日常劳动中学习基本的生活技能。劳动创新是指学生通过知识与技能的学习，在各类劳动实践活动中所形成的劳动创新思维，以及在以往劳动基础之上进行创造的能力。对传统劳动工具进行改造的想法、对如何优化劳动效率的思考等，都是青少年创新思维、创造能力的体现，也是未来人才所必备的竞争性能力。劳动知识的积累、劳动技能的掌握及劳动创新的培养，完善了学生知识结构体系，提升了劳动能力，为劳动品质与劳动习惯等素养的形成奠定了基础。

（二）劳动素养体系之重心：劳动观念

劳动观念是指学生在劳动活动中所形成的综合认知，是学生劳动意识、劳动思想和劳动态度的表达。意识源于人对大脑所接收信息的觉察。劳动意识是学生个体关于劳动信息的主观性想法的表达，如"学生自己的事情自己做"的想法，尊重他人劳动成果、安全劳动等意识。劳动意识是正确认识劳动创造价值的核心，并进一步影响学生的劳动态度与劳动行为。劳动思想是指学生要正确认识马克思主义劳动思想和新时代习近平总书记劳动观的具体内容，进而形成"劳动最光荣、劳动最伟大"的思想。劳动态度是学生对劳动活动系列内容的心理和行为倾向，常常外化为个体行为表现，如学生书桌整理、洗衣做饭等主动承担劳动的行为，是积极劳动态度的表现。

劳动观念是学生劳动素养体系的重心，是消除因家庭淡化劳动教育所形成的"啃老"现象的良药。劳动观念的培养能够使学生在动手实践、体力付出中形成"劳动平等"与"劳动最光荣"等思想观念；在规范自我劳动行为、学习劳模精神和体验劳动过程中，端正劳动态度；在社会公共劳动活动中，形成公共服务、劳动自立、自我实现等意识。劳动观念的培养是学生自我价值实现的隐形奠基石，折射出个体内涵式发展的光芒，为其全面发展提供保障。

（三）劳动素养体系之核心：劳动精神

劳动精神是指学生面对劳动所秉持的精神风貌和人格气质，是学生劳动素养的核心内容。一般意义上，劳动精神是指劳动者在劳动中展现的精神状态、精神面貌、精神品质。劳动精神是个体思想、意识、思维等心理认知的凝练与升华，指导与规范着个体外在劳动行为的表现。青少年是未来的社会主义接班人和中华优秀传统文化的传承人。劳动精神的培育必须立足于中华优秀传统文化，结合时代发展需要和青少年身心特征来核定其主要内容，为塑造合格的时代新人提供保障。新时代劳动教育要培养勤俭、奋斗、奉献等劳动精神。奋斗、奉献、勤俭是学生在日常生活、生产及服务性等劳动活动中所必备的精神内容，也是培育学生坚持不懈、持之以恒、勤俭节约等良好德行修养的重要因素。学生劳动精神素养主要包括劳动奋斗、劳动奉献、劳动勤俭等基本劳动精神风貌。劳动精神素养是新时代社会发展对未来人才品德的要求，也是当今青少年学生所要学习和达到的个人品德标准。同时，劳动精神也是指引学生劳动品质与劳动思想形成的核心力量，是促使学生在社会公益劳动、日常生活劳动及生产劳动等活动中学会自立自强、勤奋坚强、勇于克服困难、乐于奉献的动力源泉，对未来提升社会公益活动质量、形成社会劳动风尚及推动学生突破自我劳动认知限度具有促进作用。

（四）劳动素养体系之关键：劳动习惯和劳动品质

劳动习惯和劳动品质是随着学生成长而养成的人格品质，体现为日常的自觉化劳动行为与思考方式，是从个体内在思维、思想到外在行为表现的素养展现，也是学生劳动素养体系的关键内容。个体的行为习惯有积极与消极两个方面。积极的劳动习惯激发着学生的劳动热情，督促着学生规范劳动行为。劳动习惯和劳动品质主要包括劳动自主、劳动诚信、劳动责任。具体而言，劳动自主在于学生能够自觉主动、积极自愿地投入家务劳动、班级服务劳动等劳动活动，形成自觉能动的能力和主动劳动的习惯；劳动诚信是指学生养成尊重劳动事实、遵守劳动规范的行为品格；劳动责任是指学生要在各阶段发展过程中形成各类劳动实施责任感，具体表现为个人、学校、家庭及社会劳动责任等，以此来强化青少年对社会发展、国家发展的责任感。

选择、坚持良好的劳动习惯不但是学生养成劳动品质、形成劳动精神和劳动能力的关键，而且是自身实践能力发展的重要举措。正如俄国教育家康斯坦丁·德米特里耶维奇·乌申斯基所言："如果你能成功地选择劳动，并把自己的全部精神灌注到它里面去，那么幸福本身就会找到你。"学生良好劳动习惯和品质的形成，不仅是满足课程专业发展的需求，更是自身幸福感的来源，也是个人的社会价值得以实现的重要渠道。

▶ 课堂案例

"共和国勋章"获得者申纪兰：走遍天下 劳动最光荣

太行山上已是满眼浓绿，那位一辈子上山栽树的老人走了！

脱贫攻坚决战决胜时刻，那位一生为小康奔忙的老人走了！

2020年6月28日，第一届至第十三届全国人大代表、共和国勋章获得者、著名全国劳模申纪兰因病去世。无论时代如何变迁，她都坚守劳动信仰，以艰辛的劳动实现人生价值，在获得巨大荣誉的同时，得到全社会尊重。她在太行山上树起了一座丰碑，用一生的勤劳证明：劳动最光荣。

走过漫长的冬日和不平凡的春天，盛夏时的太行山满眼浓绿，大山深处的山西省平顺县西沟村，群山郁郁葱葱。就在这时，一辈子带着西沟人修地栽树的申纪兰老人走了！

平顺县刚刚实现脱贫摘帽，祖祖辈辈为贫穷所困的人民，正满怀信心，奔走在全面小康新起点上。就在这时，一生为山区致富而操劳的申纪兰老人走了！

申纪兰是唯一的第一届至第十三届全国人大代表，是共和国勋章获得者，是著名全国劳动模范。从20世纪50年代以来，她获得过许许多多荣誉，但是，在平顺、在西沟，申纪兰永远是那位高高大大、走路很快、大嗓门说话的申大姐、申大娘，永远是人们口中的"老申"，这些年也有越来越多的人亲切地叫她"申奶奶"。

申纪兰1929年出生在平顺龙溪镇一个小山村里，青年时嫁到西沟。她一生的奋斗和苦乐都没有离开过这片土地。她以劳动写就的不平凡人生一次次被人们传颂，引起人们的情感共鸣。

山上的树

今日西沟，满山是树。确切的数据是3万多亩宜林荒山，栽了26 700多亩树。申纪兰喜欢遥望那郁郁葱葱的森林、那绿油油的山。

"山是石头山，沟是石头沟，无土光石头，谁干也发愁。"申纪兰经常引用这句话介绍20世纪50年代的西沟。那时，西沟遭受过一次洪水，耕地被冲毁。留不住山上的树，就守不住沟里的地。西沟从那时开始绿化荒山，年轻的申纪兰摸爬滚打在西沟四周的山山岭岭上。

小花背是西沟村众多山梁中最陡峭的一座，申纪兰带着妇女在这里忙活一年，种下300多亩松树苗。第二年春天上山一看，树苗全部干枯，走一圈下来，只有一两棵成活。正当大家丧气的时候，村党支部书记李顺达对她们说，"能活一棵，就不愁一坡"。凭着这种韧劲，几十年来，申纪兰和几代西沟人在四周荒山上栽了阴坡栽阳坡，连箩筐大的一块平地也不放过。

2001年，为奖励保护和改善生态环境做出突出贡献而设立的第一届"母亲河奖"，颁给对发展林业有贡献的申纪兰，奖金2万元。这一年，西沟村打机井解决用水困难。申纪兰把钱全部拿出来，一分不剩。村干部说："咱西沟打井，还没有穷到要用劳模'卖奖章'的地步。"但是，申纪兰还是坚持把钱捐了出来。

后来，有一位年轻人问她，当年2万元相当于几个人一年工资呢，咋就那样舍得？申纪兰回答："西沟人谁没有上山种过树啊！是我代表西沟人去领的奖。我要是要了，黑夜就睡不安生了。"

申纪兰多年都住在20世纪70年代修建的平房里。2005年，邻家翻盖新居，两家共用一堵山墙，她也只好翻盖自家房子。村干部让她上山看看，哪棵树合适做檩条，就砍回来。他们说："你栽了一辈子树，用几棵应该。"

申纪兰坚定地回答："我不去瞧，也不许你们给我砍。群众盖房需要几棵，可以去砍；干部不能砍。干部一砍就乱了。那些树，都是李顺达带领我们栽的，老李看不见了，我看着呢。"

申纪兰对于这片山和林有着外人难以理解的感情。听到自己获得"共和国勋章"的消息，朝夕相处7年、在她身边工作的张娟第一次看见老人流泪。她们来到村里一处平台上，申纪兰指着远处的松林，喃喃地说："你瞧，那树长得多好。"

劳动光荣

申纪兰生长在"无土光石头，谁干也发愁"的太行山干石山区。千百年来，繁重的体力劳动是人们生存所需，也培养了山里人劳动的品质和习惯。申纪兰生长在一个崇尚劳动、尊重劳动的时代。她以山里人的艰辛劳动，在获得巨大荣誉的同时也得到了全社会尊重。她勤劳的一生在新中国历史上写下了独特的一笔，也在太行山上树起了一座永远的丰碑。

当年李顺达是西沟第一个走到北京的劳动模范。他自豪地说："走遍天下，劳动最光荣。"申纪兰深深地记着这句话。

劳动，是她一生的信仰。荣誉和地位从来没有改变她对土地的热爱，对劳动的信仰。在西沟村，她一直留着一块责任田。她说："自己不种地，哪能体会农民的苦！""劳模不是当下的，是做下的！""劳模劳模，不劳动还叫啥劳模！"她说："模范模范，就要吃苦在前！"

有人评价申纪兰是一个"没有被荣誉宠坏的人"。她把荣誉当成责任，许多年她都在说自己有一种"背不动的责任"。2018年获得"改革先锋"称号，她惊奇地说："没有想到改革开放还给我发奖。"2019年被授予"共和国勋章"，她惊讶地说："咱可干了个甚（方言，意为什么）呀！"

这些年来，各级党委和政府对申纪兰的表彰奖励，有不少是物质上的，申纪兰毫无例外都捐给了集体。2001年7月1日，她被中组部表彰为全国优秀共产党员，她把5 000

元奖金一分不少交给了集体；2009年，她当选全国道德模范，有关部门给她5万元补助，她也捐给了村里。获得"共和国勋章"之后，上级给了她一些生活补贴，病危时她留下遗言：那些钱全部交党费！

申纪兰以一生辛劳证明：走遍天下，劳动最光荣！从20世纪六七十年代就和申纪兰认识，几十年来多次采访和报道她的人民日报老记者段存章，听到老人去世的消息，感慨地说：申纪兰栽了一辈子树，她本人也像太行山上的松柏，人们会永远记住她！

（资料来源：经济日报，2020-07，http://www.ce.cn/xwzx/gnsz/gdxw/202007/04/t20200704_35254336.shtml）

三、大学生劳动素养现状

高等学校学生的劳动素养是指在掌握扎实专业知识的同时，具有积极主动的劳动意识、良好的热爱劳动和尊重他人劳动成果的心态，不仅能够积极开展学习、生活、工作中的脑力与体力实践活动，而且能够根据条件变化创造性地开展劳动。当前高等学校学生反映的劳动素养现状有以下几方面。

（一）劳动认知不足

认知是态度和行为的基础，对劳动的积极认知，能够指导大学生热爱劳动、尊重劳动、投身劳动，反之，大学生就可能对劳动持消极和抗拒态度。然而，由于社会环境、成长经历和应试教育等因素的长期影响，当前大学生对劳动的理解往往过于简单和片面。劳动包含体力劳动和脑力劳动，但不少大学生对劳动简单化理解，片面地将体力劳动等同于劳动的全部，因此对劳动持消极和抵触情绪；也有部分学生轻视体力劳动，认为从事体力劳动低人一等，对体力劳动者缺乏应有的尊重；部分学生毕业后找不到满意的工作，宁愿在家"啃老"也不愿意到基层一线去；还有一些学生不能理解国家开展劳动教育的意义和价值，对劳动教育是"人生的第一教育""劳动教育是立德树人的重要载体"认识不到位，觉得当下开展劳动教育多此一举。这种对劳动认知的不足可能会对大学生的未来发展产生负面影响。缺乏对劳动的正确理解和尊重，可能导致他们在未来的职业生涯中缺乏适应能力和合作精神。

（二）劳动态度消极

对劳动教育认知的不足，导致了部分学生劳动意识淡薄，劳动态度不够端正。如有学生认为经济社会发展了就无须发扬艰苦奋斗精神，甚至认为辛勤劳动是愚蠢行为，因而依赖父母积累的物质财富和社会资本，不思进取，逐渐养成了逃避劳动的心理，形成了好逸恶劳的思想和懒散消极的习惯，成为"啃老族"；少数学生劳动取向功利化，参加志愿服务及社会实践活动不以认识社会和提升能力为目的，而是关注能否在综合测评中"加分"，是否有助于"评优评先"，一旦认为达不到应有的回报，便选择逃避。日常生活中对劳动的消极态度，影响着大学生对劳动以及劳动人民的情感，并进一步影响到大学生的就业观，表现为就业时眼高手低，追求不切实际的薪酬待遇，随意毁约，频繁跳槽。

（三）劳动能力弱化

娴熟的劳动能力需要在长期的学习及动手实践中培养和练就。由于劳动观念淡薄、劳动价值模糊、劳动实践不足，当前大学生普遍动手能力较差，缺乏基本的劳动技能，更有甚者，连自己的日常生活都不能自理。如有的学生不会做饭烧菜，甚至不会整理房间和清洗衣物，以至于新生开学常有父母帮忙挂蚊帐的现象，媒体中时有大学生寄脏衣服回家清洗的报道。部分学生不会使用劳动工具，扫把不会拿，拖把不会用，把劳动工具当玩具，劳动技能几乎为零。一些毕业生眼高手低，不能很好地胜任工作岗位，且不愿意向有经验的先辈学习。以前的农村大学生对农活还有所了解，并能做一些简单的农活，但如今一些农村学生也不仅劳动技能大幅下滑，而且也有点"五谷不分"，更谈不上对自己出生的故土有感情。

（四）劳动品质欠佳

社会主义的劳动教育最重要的目的是培养学生的劳动价值观，使学生知道劳动的价值，欣赏劳动的过程，尊重劳动的果实。然而受劳动认知不足和劳动态度消极的影响，不少大学生没有养成良好的劳动品质，且劳动情怀比较缺失。例如，有的学生崇尚安逸享乐，渴望不劳而获，梦想一夜暴富；有的学生劳动意志脆弱，不能够吃苦耐劳，在劳动面前容易产生退缩心理；也有学生缺乏艰苦奋斗精神，生活不够节俭，铺张浪费，攀比享乐；还有学生以自我为中心，不善于团队协作。部分学生在学校宁愿把大量时间花在娱乐消遣上，也不愿意打扫宿舍卫生，导致寝室脏乱不堪。还有一部分学生缺乏劳动意识和劳动自觉，不仅不愿意亲自动手劳动，还难以理解劳动过程的辛勤，不爱惜、不尊重别人的劳动成果，随手丢垃圾、随地吐痰等现象时有发生。

四、大学生劳动素养培养途径

劳动是人类社会发展进步永恒的主题，劳动素养是一个合格高等学校毕业生必备的基础素养。劳动素养会左右学生对未来职业、岗位和人生道路的选择，影响他们人生价值的实现，进而在一定程度上影响国家和社会的未来。高等学校学生提升劳动素养要从以下几个方面着手。

（一）加强马克思主义劳动理论的学习

学生要自觉利用课堂和课余时间学习马克思主义劳动理论，深刻理解和领会"劳动创造人""劳动促进人的全面发展"等观点，努力提高参加劳动实践、接受劳动锻炼的自觉性和主动性。同时，还应积极学习新时代劳动教育的内涵和意义，领悟习近平总书记给劳动教育赋予的时代思想意蕴。习近平总书记在2018年五一国际劳动节前夕给中国劳动关系学院劳模本科班的同志们回信，站在坚持和发展新时代中国特色社会主义的战略高度，勉励全国劳动模范们要"珍惜荣誉、努力学习""用你们的干劲、闯劲、钻劲鼓舞更多的人，激励广大劳动群众争做新时代的奋斗者"，强调"社会主义是干出来的，新时代也是干出来的"，重申"劳动最光荣、劳动最崇高、劳动最伟大、劳动最美丽"，号召"全社会都应该尊敬劳动模范、弘扬劳模精神，让诚实劳动、勤勉工作蔚然成风"。

（二）加强自我劳动教育，锻造劳动精神

学生要学会提升自己的个人修养，时刻保持主动学习的精神。学生只有坚持主动学

习，才能尽可能地获得知识、培养自我、提升自我，要有意识地进行自我反省、自我判断、自我学习和自我教育。在接受劳动教育时，学生要充分认识劳动素养对自身的作用，从而在劳动实践中强化自己对劳动素养的认识，增强培养劳动素养的意识，除了从学校教育、家庭教育等途径获得对劳动素养的了解，还可以通过自我服务和自我充实的方式来认识劳动素养，加强自我劳动教育。具体包括以下四个方面：第一，要自觉主动地学习，把在学校获得的劳动知识进行自我消化；第二，在学校要主动认真地学习劳动教育课，遇到不懂的问题积极思考和提问，尽自己最大的努力做到自主学习、自我管理、自主思考和自主行动，培养正确的劳动观念；第三，可以利用同伴关系，一起学习、讨论劳动知识和参与劳动，可以在集体学习的过程中表现自己，充分体验集体荣誉感，感悟劳动带给自身的力量；第四，不断了解国家荣誉称号获得者、劳动模范、改革先锋等人物的故事和精神，不断弘扬和践行劳动精神、劳模精神、工匠精神，这是提高自身的劳动素养水平的基础。

（三）加强劳动实践锻炼，提升劳动能力

劳动是一个实践的过程，因此提升劳动素养需要课堂学习与课外实践的有机统一，如果不能把课堂学习与课外实践有机结合起来，学生对劳动的认同感和敬畏心就不可能真正形成。因此，学生要加强实践体验，通过开展多种形式的劳动实践，切实感悟劳动的获得感和成就感。学生要通过劳动实践，充分感受劳动的乐趣，享受劳动成果的喜悦，养成吃苦耐劳的品质及独立担当的品格，进而形成尊重劳动、热爱劳动的真挚情感。学生要在自己的生活实践中体会劳动素养提升与自身健康成长和全面发展的内在联系，积极参加校内外组织的劳动教育和劳动锻炼活动，并积极寻找劳动机会，在劳动的过程中训练劳动技能，形成热爱劳动的良好品德，锻炼吃苦耐劳的意志品质，全面提高自身的劳动素养。

> **课堂案例**

> **节日里那些可爱的人**
> **——记春节期间坚守岗位的劳动者**
>
> 　　新春佳节，在这个本该阖家团圆的节日里，有这样一群人，仍然坚守在岗位，用他们的付出，让这个春节温暖而祥和，让城市更美好。
>
> **快递小哥：步履不停 每天收发150多件快递**
>
> 　　大年初三下午，在福建省厦门市思明区万致文化创意中心的快递点，26岁的快递小哥陈锦平正在忙碌地打包快件。
>
> 　　陈锦平来自甘肃省平凉市静宁县，在厦门从事快递行业近3年。"我3年没回家过春节了。春节期间，大家置办年货，快递更多，我就自愿报名留下来，继续工作。"陈锦平说，忙完这阵子，也可以多赚点，年后再回家。
>
> 　　不到6点起床，7点准时出现在快递点，7：30开早会，然后陈锦平就开始步履不停地收发快递。他负责8个小区，一天收发150多件快递，往往要到晚上9点多才收工。
>
> 　　因为负责的片区老人居多，而老人中许多人不会用手机下单，陈锦平不时接到老人的电话，要求快递药品等物品。"在他们需要的时候，提供帮助，发挥自己的价值，这让我觉得工作很有成就感，也让我对工作更有责任感。"他说。

春节不回家，父母常常在晚上与陈锦平视频，叮嘱他要注意身体，要多吃点饭。工作之余，陈锦平还在准备自己人力资源管理的专升本考试。"新的一年，希望自己能够顺利通过考试，也希望家人健康平安。"

建筑工人：项目不停工"心在一起就是团圆"

塔吊林立、车辆如梭、机械轰鸣，穿着反光背心、戴安全帽的工人们在脚手架之间穿梭……春节期间，在厦门翔安机场航站区，项目建设依旧如火如荼。

早上7点，项目安全员黄田就开始带着同事仔细检查施工现场的各个角落。他和同事负责航站楼D、E指廊的安全监督工作，几趟走下来，每天的微信步数超过了2.5万步。

2000年出生的黄田选择春节期间坚守工地，他说父母很理解，还鼓励他好好工作，"心在一起就是团圆"。

在航站楼E指廊，E2区劳务队班组负责人黄扬生正带着工友铺设主体结构二层梁板模板。"我也挺想妻子和儿子的，但是没办法，工期在那里。"黄扬生说，"我老婆给我快递了腊肉香肠，现在视频也很方便。我们计划，暑假让她带着儿子来厦门玩，到时候一起去鼓浪屿、环岛路。"

黄扬生表示，留守加班，年味儿没少，还特别暖心：除夕夜建筑工地上有年夜饭，大年初一、初二还提供免费三餐。"我们也贴了春联，还挂起了红灯笼，很喜庆、很温暖。"

据介绍，为了安全高效地完成厦门翔安机场建设任务，春节期间，共有2 000余名项目管理人员和一线作业人员放弃与家人团聚的机会，选择坚守岗位。

环卫工人：披星戴月 守护城市的洁净与美丽

厦门思明区滨海工作站保洁员李友平已是第五年在春节坚守岗位。

2023年春节前夕，厦门连续下了几天的雨，其他海域漂来不少垃圾。大年初一，李友平和同事从早上五点半就开始清理海漂垃圾，一直忙到晚上快8点。

曾厝垵的文创街也是李友平特别关注的地方。

"节假日游客多，文创街上有不少小吃，地面很油腻。"他说，"早上我们要抓紧时间，在游客到来之前清洗干净。这样游客来了，整条街都很整洁舒心。"

"每每听到游客夸赞，厦门这座城市好干净、好美丽，我就更有干劲，特别有成就感。"李友平说，作为厦门人，能为厦门这座城市的洁净与美丽出一份力，自己感到非常自豪。

（资料来源：新华网，2023-01-26，http://fj.news.cn/xhskfj/2023-01/26/c_1129314164.htm）

课堂活动

角色扮演与互动讨论——"劳动中的我与素养"

一、活动目标

1. 帮助学生理解劳动素养的含义及其在日常生活和工作中的实际应用。

2. 培养学生的团队协作和沟通能力。
3. 引导学生反思自身劳动素养，明确提升方向。

二、活动时间

建议45分钟。

三、活动准备

1. 准备一些与劳动素养相关的案例材料。
2. 将学生分成若干小组，每组4~6人。
3. 为每位学生准备一张角色扮演卡片（卡片的正反两面分别写上不同的角色，如工人、教师、医生等）。

四、活动流程

1. 角色扮演：每位学生从角色扮演卡片中抽取一个角色，并尝试将自己置于该角色的劳动环境中。
2. 教师展示与劳动素养相关的案例材料，学生根据自己抽到的角色进行思考，并分享在实际工作中如何展现良好的劳动素养。小组内进行讨论，整理出本组的观点和见解。
3. 各小组选派一名代表向全班分享本组的观点和见解。教师和其他小组的学生可以提问或发表自己的看法，进行互动讨论。

五、活动总结

教师总结各小组的分享和讨论，强调劳动素养在实际工作中的重要性，引导学生反思自身在劳动中的表现，思考如何提升自己的劳动素养。

第二节　劳动习惯

一、劳动习惯的含义

劳动习惯是通过经常性劳动而得以巩固的自动劳动需要的行为方式。当个人积极主动地要求为自己劳动，更为他人和社会劳动时，劳动习惯就形成了。

大学阶段本是青年学生坚定理想信念、锤炼高尚品格、实现青春梦想的黄金期。然而，有些大学生精神状态慵懒懈怠、无所事事，或沉溺于虚拟世界寻求片刻满足而不可自拔，或"四体不勤，五谷不分"，不愿整理寝室卫生，不会清洗衣被，不想参加体力劳动，只想宅在寝室叫外卖、玩游戏、睡大觉。这些行为和现象对大学生劳动习惯的养成产生了负面影响。新时代大学生劳动情怀的培育应重视劳动习惯的养成，使自觉劳动成为一种自然的习惯行为。

二、劳动习惯养成的重要性

养成良好劳动习惯是开创良好生活方式的有效途径，勤奋劳动是创造美好生活的基本道理，引导大学生自觉养成劳动习惯，培养良好的以劳动为基础的生活方式，树立用劳动创造美好生活的人生观和劳动观，促进全面发展。

劳动习惯的养成非常重要，有了爱劳动的好习惯，劳动就是一个快乐的过程，在劳中可以享受到欢乐和幸福，有了事就会主动、高兴地去做；没有好的劳动习惯，劳动就变成了痛苦和负担，有了活儿能躲就躲，能少干就少干，在工作中就缺乏主动性，缺少热情。

劳动能力的培养也很重要，很多能力和观念都是在劳动中养成的，如动手能力、独立生活能力、自理能力、劳动观念等。劳动能力强的人遇到困难和问题能从容应对、从容处理；劳动能力不强的人，做事情就可能会缩手缩脚、无处下手、不敢下手，他们就像因为一块玻璃板而不再吃鲦鱼的鲅鱼。

鲅鱼喜欢吃鲦鱼，鲦鱼总是躲避鲅鱼。有位生物学家曾经用这两种鱼做了一个试验：用玻璃板把一个水池隔成两半，把一条鲅鱼和一条鲦鱼分别放在玻璃板的两侧。开始时，鲅鱼渴望吃到鲦鱼，飞快地向鲦鱼发起进攻，可每一次都撞在玻璃板上，被撞得晕头转向。撞了十几次之后，沮丧的鲅鱼失去了信心，不再向鲦鱼那边游去。更有趣的是，当实验者将玻璃板抽出来之后，鲅鱼也不再尝试去吃鲦鱼了，放弃了本来可以达到目的的努力。几天后，鲦鱼因为得到生物学家供给的鱼料依然自由自在地在水中畅游，而鲅鱼却翻起雪白的肚皮漂浮在水面上了。

在自然界中，每个物种都存在着天敌，在这一次实验中，原本属于食物链上层的生物鲅鱼放弃了对下一层生物鲦鱼的捕食，而当中的原因竟是因一块玻璃板。可想而知，在现实生活中，人们也许会遇见一块又一块"玻璃板"，是选择"接受现实"还是选择"改变命运"呢？相信大部分的人是后者，因为当一个人完全接受现实后，带来的是无尽的黑暗，在当今这个高速发展的社会，唯有不断学习才是应对未来变化最好的方法。

三、自我管理的劳动习惯

（一）自我管理概述

1. 自我管理的含义及特征

自我管理是自我意识的一部分，是指个体为了达到预期的目标，将自身正在进行的实践活动过程作为对象，不断地对其进行积极、自觉地计划、监察、评价、反馈、控制和调节的过程。

自我管理具有以下几个特征。

（1）能动性。能动性即个体自主地、独立地、自觉地从事和管理自己的实践活动，其最终目的是保证个体主观意志的实现。

（2）反馈性。自我管理是建立在信息反馈基础上的控制，而自我管理中反馈的水平更高。因为自我管理要求个体不断去获取关于自身实践活动系统各要素变化情况的有关信息，监察整个活动的过程与效果，而且由于反馈的主体与客体为同一个体，因此自我管理中的反馈表现出很强的连续性和循环性。

（3）调节性。根据反馈回来的信息和预期的目的，修正、调整自身下一步的实践活动。

（4）迁移性。迁移性即从某一个领域获得的知识和技能可用于另一领域的知识与技能的特征。由于个体对不同类型的实践活动进行管理、调节的实质是相同的，因此在任何一种活动中，自我管理都具有广泛迁移的潜在可能性。

（5）有效性。从某种意义上说，自我管理就是采取各种调控措施，使自己的实践过程最优化，因此，它具备有效性特征。自我管理的有效性除了表现出对当时实践活动的即时效应外，还表现出一种长时效应。

2. 自我管理的内容

自我管理的内容包括社会公德、职业道德和家庭美德等做人的基本准则。同样，做事要有一定的行为规范，要知道哪些行为是对的，哪些行为是不对的，这都是自我管理的重要内容。概括地讲，自我管理的内容有四个方面。

（1）行为品德和行为素养管理。做个有责任心、有爱心的人，做到在家孝敬父母，在外尊老爱幼，在工作中爱岗敬业。

（2）行为规范管理。养成自觉遵守行为准则的习惯，包括遵纪守法、遵守社会公共秩序等。

（3）日常生活、工作习惯管理。高等院校学生在日常生活中应注重细节管理，如什么时间休息，什么时间学习，什么时间锻炼等。在管理过程中要牢记几个关键词：时间、质量、效率和规律。

（4）自我能力管理。个人能力是人生存和发展的基石与支柱，自我能力管理的内容主要包括自己的长处和不足，要做到扬长避短，知道自己学习些什么才更有利于个人能力的提升和职业生涯的发展。

3. 进行自我管理所需的素质和能力

人们要管理好自己，需要具备一定的素质和能力。不仅要知道管什么、怎么管，还要知道具备什么素质和能力才能够管好。具体来讲，自我管理所需的素质和能力主要包括三个方面。

（1）学习意识与学习能力。学习是永恒的话题，学会自我管理，首先要学会向书本学习、向实践学习、向典范学习。学习不能只停留在表面上，要变成自己的行动。另外，还要不断发现自己的优势，提升自己的正能量和内在动力，提升自我管理的信心。

（2）敢于客观评价自己。自我管理是扬长避短的过程，只有克服自己的不足，才能管理好自己。首先要有敢于面对自己不足的勇气，能够接受批评和自我批评，常常反省，知错就改。其次还要善待自己，正确面对并解决生活中的不如意，摆脱浮躁，消除郁闷，保持一颗清净的心。客观评价自己的目的是完善自己、提升自己，切忌出现由于错误的自我评价而意志消沉的现象。

（3）将行动落到实处。落实行动可以从三个方面努力：一是培养执行意识，将立即行动转化为日常行为习惯；二是做事要有目标、有计划，注重工作细节，事后要反思总结，将计划变成自我管理的有效工具；三是学会自我激励，如总结优点，分析原因，不断发扬优点，从而增强自己的自信心。

（二）身体管理

结合现代社会人们的生活习惯来看，许多大学生未能养成正确的锻炼习惯，在生活中长期沉溺于各种危害身体健康的行为与事物。身体是革命的本钱。大学生加强自我管理，过好生活，学好知识，都要建立在一个健康身体的基础上。因此，要做好自我管理，首先要做好身体的管理。生命在于运动。身体锻炼可以采取有氧运动（如跑步）和静力抗阻力运动（如俯卧撑、平板支撑）两种形式。

（三）时间管理

1. 时间管理的概念

时间管理就是对时间的控制，是为了提高时间的利用率而对时间进行合理规划和运筹的管理过程。时间管理同其他资源管理不同，时间资源的特殊性决定了人们既不能对它开源，也不能对它节流。事实上，时间管理的对象并不是时间本身，而是管理时间的人，时间管理的本质是通过管理时间的人树立正确的时间价值观，增强时间意识，提高规划、分配时间和监控时间利用的能力，达到在有限的时间内完成更多工作的目的。

2. 时间管理的内容

时间管理就是克服时间浪费，为时间的消耗设计一种系统程序，并选择一切可以利用的科学方法和手段，以使结果向预期目标尽量靠拢。它包括以下几项内容。

（1）做某事之前，确定使用多少时间。

（2）利用分割与集中的方法增加自由时间，进行合理利用。

（3）总结时间的利用情况，找出浪费时间的缘由并予以克服。

（4）用定时定量的方法控制时间。

（四）目标管理

大学生步入大学校园后，由于高考的紧迫感不存在了，开始出现各种拖延症、痴迷手机游戏、追剧等行为。大学生应该合理确订目标，规划时间，找回自信和责任感。确订的目标应有明确性、可实现性、针对性和时限性。目标可以分为长期目标和短期目标，以长远目标指明方向，以短期目标指导行为。

（五）人际关系管理

人际关系就是人们在生产或生活过程中所建立的一种社会关系，属于社会学的范畴，中文常指人与人交往关系的总称，也被称为"人际交往"，包括亲属关系、朋友关系、学友（同学）关系、师生关系、雇佣关系、战友关系、同事关系及领导与被领导关系等。人是社会动物，每个个体均有其独特的思想、背景、态度、个性、行为模式及价值观，然而人际关系对每个人的情绪、生活、工作有很大的影响，甚至对组织气氛、组织沟通、组织运作、组织效率及个人与组织之关系有极大的影响。

人际交往是一门艺术，拥有成熟的人际交往技巧，将使大学生活更加多姿多彩，而且会让未来之路更加畅通。一般而言，人际交往包括建立人际关系的能力、说服影响他人的能力、团队合作与协调的能力、倾听与沟通的能力、冲突处理的能力等。父母、同学、朋友、老师、恋人等构成了大学人际关系的主体，用心经营大学的人际关系，将收获温暖的亲情、美好的友情，以及深厚的师生情谊等。

（六）情绪管理

情绪是个体对外界刺激的主观有意识地体验和感受，具有心理和生理反应的特征。我们无法直接观测内在的感受，但是我们能够通过其外显的行为或生理变化来进行推断。意识状态是情绪体验的必要条件。

情绪管理是指用心理科学的方法有意识地调适、缓解、激发情绪，以保持适当的情绪体验与行为反应，避免或缓解不当情绪与行为反应的实践活动。它包括认知调适、合理宣泄、积极防御、理智控制、及时求助等方式。

> **课堂案例**

不教一日闲过——齐白石

著名画家齐白石（1864—1957）每天坚持作画，从不间断。他常对人说这样一句话："不教一日闲过。"

他90岁的时候，还坚持每天作画，并规定自己一天至少画五幅。有一次，齐白石笑着招呼客人。当最后一批客人离开后，已经是深夜了。他忙了十多个小时，加上年纪大，身体很疲倦，便躺在床上睡着了。第二天，齐白石一大清早就起床了，一头栽进画室，摊纸挥毫，一幅接一幅地画着，家里人劝他说："你该吃饭了。""别急。"他头也没抬，仍在不停地画。画完了五幅，他才去吃饭。吃完饭后，他又走进画室，继续作画。家里的人有点着急，怕他身体吃不消，对他说："你不是已经画过五幅了，怎么又画个不停？""昨天生日，客人多，没作画。"齐白石解释，"今天追画几张，弥补昨天的'闲过'呀。"说完他又十分认真地画了起来。

1957年，齐白石老人开始患病。一天，齐白石起床后，老人要作画，拿起笔对着纸凝视片刻后，就开始画牡丹。牡丹花是齐白石老人最爱的花。这天，老人兴致很高，用墨用色极为自然，笔尖用极重的洋红，笔根水分饱满，颜色美艳，花叶由下到上是墨绿至老黄，井然有序，这对齐白石老人来说已是不多见的精神状态了。老人画完之后，让五子良已将画悬挂起来，仔细端详，最后题上"九十七岁白石"的字样，这幅牡丹花竟是老人一生最后一幅作品。9月16日，齐白石病情恶化，于6时40分心脏停止跳动，终年93岁。

（资料来源：中国艺术名家网，2020-06-02，http://www.cnysmj.com/NewsHtml/PaintingStory/20200602160801.html）

课堂活动

如何进行合理的大学时间管理

一、活动目标

引导学生扎实掌握时间管理的相关知识。

二、活动时间

建议20分钟。

三、活动流程

1. 教师出示以下阅读材料，并提问：大学生应该如何进行时间管理？

小王同学来自农村，自小勤奋耐劳，帮助父母干各种各样的农活，是父母的好帮手；在高中的时候，他刻苦努力、勤奋好学，是老师眼中的好学生。但是上了大学后，没了高考的压力，也算是完成父母的殷殷期盼，小王同学便逐渐开始颓靡的生活。大一上学期，她成天在宿舍里打游戏、网聊、谈恋爱、逃课，疲于去做与学习有关的一切事情。曾经乐观向上、刻苦好学的一个人，如今却变成了一个生活不能自理的差生，就这样，她浑浑噩噩地混到了大一第一学期期末，考试科目几乎全部挂科。最终小王同学被学校劝退，结束了自己的大学生涯，提前走进了社会。

2. 教师将学生按照6~8人划分小组，通过小组内部讨论形成小组观点。

四、活动总结

教师引导学生分组进行总结，帮助学生提升时间管理能力。

第三节 劳动品质

劳动是教育的重要组成部分，与德智体美四育相辅相成，密不可分。劳动可以树德，可以增智，可以健体，可以育美。教育的主要目的是全面提高学生的综合素质。这也包含了劳动立德。劳动教育可以培养学生勤俭节约、吃苦耐劳的精神品质，养成依法履约、诚实守信的契约精神，形成尊重劳动、热爱生活的优秀品格。劳动品质主要包含勤俭节约、吃苦耐劳、依法履约、诚实守信四个方面。

一、勤俭节约

厉行节约、反对浪费是中华民族的传统美德和道德取向。"谁知盘中餐，粒粒皆辛苦""历览前贤国与家，成由勤俭破由奢"……古人在崇尚节俭方面为后人留下了宝贵的历史经验，句句格言警醒世人代代流传。如今，虽然我们的物质资源逐渐丰富，连年丰收，但勤俭节约的观念和习惯绝未过时，也绝不能丢。

（一）勤俭节约的重要性

勤俭节约不仅是一种生活习惯，更体现着一个人的道德修养。《左传》有言："俭，德之共也；侈，恶之大也。"诸葛亮诫子："静以修身，俭以养德。"在中国人长久以来的价值观里，俭朴不仅是一种行为方式，更是一种大的德行，是培养良好道德的基础。因为一个勤俭节约的人，一定是一个自知、自律、自省的人。今天我们提倡节约，不仅是要倡导一种健康适度的生活方式，更是要让人们在厉行节俭中形成"恒念物力维艰"的道德品质，去除骄奢淫逸的不良之风，在举手投足间展现深植于心的素养，去拥抱更美好的生活。

浪费还是节约，这看似是个人的行为选择，却照鉴着一个社会的文明品质。现实中，一些人缺乏节约意识，有意无意地浪费粮食，一些人爱面子、讲排场，不同程度地过度消费、攀比铺张，造成社会财富的巨大浪费，这些都与社会文明背道而驰。文明在于"人人相善其群"的公德意识，在于敬畏自然、尊重劳动的自律自觉，在于重视公共利益的价值尺度……由此而言，了解"一粒米千滴汗"的辛劳，进而感恩大自然的馈赠和劳动者的付出；懂得"取之有度，用之有节"的道理，尽己所能减少浪费以节约资源、保护环境。这种敬畏自然、尊重劳动、顾及群体的价值选择，值得提倡和坚守。

"奢靡之始，危亡之渐。"对于国家来说，提倡勤俭节约之风，也要增强危机意识，赓续艰苦奋斗精神。今天，我们拥有的这份"家底"，是几代人筚路蓝缕、拼搏奋斗才攒下的，决不能在挥霍浪费中断送。无论是资源相对不足、生态环境脆弱的现实国情，还是宏伟的奋斗目标、复杂的内外环境，都需要我们时刻保持艰苦奋斗的精神、勤俭节约的作

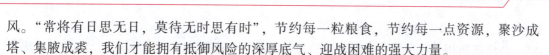

风。"常将有日思无日,莫待无时思有时",节约每一粒粮食,节约每一点资源,聚沙成塔、集腋成裘,我们才能拥有抵御风险的深厚底气、迎战困难的强大力量。

勤俭节约,是个人涵养优良品德的重要内容,是推动国家发展、社会进步的有效途径。环顾我们身边,"舌尖上的浪费"现象虽然有所改观,但一些地方餐饮浪费现象仍然存在,光怪陆离的"消费主义"盛行,一些人陷入"挥霍浪费""透支消费"的怪圈,这显然与我们所需要、所期待的社会风尚大相径庭。"习惯之初如蛛丝,习惯之成如绳索",如果任由铺张浪费成为习惯,成为在全社会蔓延的不良之风,就有可能积习难改、积重难返。当此之时,我们有必要重申"厉行节约、反对浪费"的深刻意义,让更多人自省自励、引为镜鉴。

由俭入奢易,由奢入俭难。在全社会大兴勤俭节约之风,既需要我们每个人把艰苦奋斗、勤俭节约付诸实践、见诸行动,更需要持之以恒、久久为功,让"克勤克俭""戒奢以俭"的价值理念真正深入人心。

(二) 勤俭节约的具体要求

1. 杜绝浪费

"一粥一饭,当思来之不易;半丝半缕,恒念物力维艰。"勤俭节约、杜绝浪费是对劳动的尊重、对生命的敬畏。我国每年浪费的粮食约 3 500 万吨,接近中国粮食总产量的 6%。2017 年我国城市餐饮业仅餐桌上食物浪费量就有 1 700 万~1 800 万吨,相当于 3 000 万~5 000 万人一年的食物量。避免"舌尖上的浪费",既要有刚性约束,也要有风习教化,应在全社会积极营造浪费可耻、节约为荣的氛围。

随着近年来国家大力开展纠正"四风"行动,挥霍无度、铺张浪费的奢靡之风逐渐消失,简约适量的就餐风尚日渐深入人心。由此可见,令行方能禁止,制住奢靡之风必须有硬手段。

"勿以善小而不为",杜绝浪费行为要将勤俭节约的观念根植于心、渐践于行。小餐桌、大文明,"光盘行动"看似只是打包剩菜剩饭,背后却透露出一个社会珍视粮食、尊重劳动的意识,是一种潜移默化的品德教育。近年来,以"光盘行动"为代表的正能量活动在社会上蔚然成风,众多餐饮企业和消费者纷纷行动起来,掀起了一股制止餐饮浪费、厉行节约的风潮——餐桌上的"光盘侠"多了,按需就餐、打包剩饭的多了,大摆筵宴、铺张消费的行为少了,文明用餐逐渐成为新风尚。今天,我们要继续弘扬节俭风气、深入践行节俭观念,让勤俭节约不只是一个习惯,更是一种生活方式和人生态度。

2. 节约资源

节约照明用电。公众场所尽量采用自然光,尽可能少开灯或不开灯,室内亮度足够时不开灯;离开房间要随手关灯,做到人走灯灭,杜绝"长明灯""白昼灯"。计算机、电视、空调等设备不用时,应随时关闭。在长时间未使用时自觉关闭各类电器电源,减少待机消耗。

加强用电设备运行管理。对电器设备实行定时开关制度,夏季下班时间实行拉闸限电,同时,加快照明系统节能改造,推广使用节能型照明灯具。

加强用水设备的日常维护管理,及时检查更换老化的供水管路及零件;在用水区域应设置节约用水标识,养成良好的节水习惯。控制各个阀门、水龙头的出水流量,杜绝"长流水",切实减少耗水量。

严格按照相关规定使用学校教室,教室维修改造遵循经济、简朴、适用原则,以消除安全隐患、恢复和完善使用功能为重点,严格控制维修标准,不得豪华装修。

二、吃苦耐劳

吃苦耐劳是中华民族的传统美德,是一个人走向成功、成就大业的有效途径。意志坚强、不怕困难、百折不挠、开拓进取是一个人的优秀品质,这种品质要经过艰苦锤炼才能形成,任何时候都不会过时。一个人即便有真才实学,如果不吃苦耐劳,也难以保持良好的状态,不仅适应不了激烈的竞争形势,还极容易被困难吓倒,被挫折击垮。

(一)敢于吃苦

青年时期多经历一点摔打、挫折、考验,有利于走好一生的路。许多青年人面对困难,不努力想办法解决,而是以"没经验"为借口,或者推给他人,或者应付了事,这是不可取的。青年人只有学会主动"找苦吃",切实做到"自讨苦吃",才能培养出敢于担当、独当一面的素质。

青年人成长没有捷径可走,更不能在"温室"里成长。青年人一旦在困难面前滋生出"娇"气,便会扛不住压力、吃不了苦头,一旦分配的任务多了、重了,便满腹牢骚,甚至去领导面前唱"苦肉计"。长此以往,便难以长成参天大树。"苦难"其实是检验青年人的"试金石",要品味"苦"中之"甜",才能真正成长进步。

(二)乐于耐劳

青年人要想迅速成长,要想干出一番大事业,就必须要有"吃苦在前、享受在后"的精神,通过吃苦锤炼自己的自觉性、锻炼过硬的能力。"80后白发干部"李忠凯,面对繁重的脱贫攻坚工作,迎难而上。头上白发一根根增加,当地贫困群众一户户减少,用自己的"辛苦指数"换取了群众的"幸福指数",付出的辛劳可见一斑。敬业乐群者无往而不胜。青年人不能暮气沉沉,追求清闲,要做到能吃苦耐劳、艰苦奋斗。

青年人要有乐于吃苦的工作作风,这是做好一切事情的前提。青年人大多承担着急、难、苦、累的具体工作,工作繁忙琐碎,责任重,要求严,经常处于紧张状态,在工作中也容易出错。有的青年人,加班之前先"叫苦",做事之后忙"喊累",看似"忙"得"团团转",实则只停留在"姿态"上,这种做法是不可取的。

青年人要有吃苦耐劳的精神,真正立足岗位,敢为、想为、尽力为,把吃苦当"进补",把岗位当战位,发扬敢于吃苦、善于吃苦、乐于吃苦的工作作风,用脚踏实地的行动战胜艰难困苦,用实实在在的成绩证明自己。

▶ 课堂案例

沙连冬:吃苦耐劳忘自我

沙连冬,2019年11月正式加入中南建筑总公司总承包公司,工作期间,他严格要求自己、对待工作一丝不苟,其工作能力深得项目成员和领导认可。

从加入中南建筑这个大家庭以来,沙连冬依靠认真严谨的态度和出色的执行能力,为项目部的搭建做出了重要的贡献,为项目部营造出相互信任的工作氛围,提高了项目部团队的凝聚力。

第三章 劳动素养

沙连冬勤勉敬业，勇挑重担，吃苦耐劳，无私忘我。带领大家顶着烈日、冒着严寒及风雨的侵袭，奋战在工地上，不论遇到怎样的苦难，永不退缩。他投入的每一项工作，力求尽善尽美。

作为新加入中南建筑的一员，沙连冬认为工作要有超前意识，态度是最重要的。在工作中难免会遇到各种各样的人，但为了把工作做好，他总是以积极的态度去面对每一个人，解决遇到的每一个问题。

2020年，沙连冬为了项目能在预定时间完工，他克服困难，每天早出晚归在施工现场一线指挥抢工，他经常放在嘴边的一句话就是"抓重点、克难点、保节点"，全面掀起施工建设新高潮，抢工期、保安全、赛质量，圆满完成工程目标。

2020年4月，沙连冬因为腰椎间盘突出住院治疗，在住院期间他也心系项目上的施工进度。他说，只有不断寻找机会的人才会及时把握机会，越努力越幸运。

（资料来源：搜狐网，2020-05-20，https://www.sohu.com/a/396534239_720946）

三、依法履约

劳动者对国家以及企业内部关于劳动安全卫生规程的规定，必须严格执行，以保障安全生产，从而保证劳动任务的完成。遵守劳动纪律和职业道德，是作为劳动者的基本条件。我国《宪法》规定，公民必须遵守劳动纪律。

（一）依法履约的内容

提高职业技能、执行劳动安全卫生规程，遵守劳动纪律和职业道德，既是劳动者的义务，也是劳动者完成劳动任务的保证。劳动者努力提高职业技能，提高技术业务知识和实际操作技能，成为适应社会主义建设的熟练劳动者，有利于提高劳动生产率，加快社会主义建设的速度。

1. 完成劳动任务

每一个劳动者在进入了工作岗位之后，都必须按照要求自己应该完成的劳动任务。

2. 提高职业技能

每一个劳动者在工作的过程当中都必须要提高自己的职业技能。当今时代是一个发展的时代，是一个进步的时代，任何事物在止步不前的情况下都是不可能生存下去的。劳动者们在工作的时候也是一样，只有不断地提高自己的职业技能，才有可能在自己的工作岗位上生存下去。

3. 执行劳动安全卫生规程

每一个劳动者都必须执行劳动安全卫生规程。现在全世界都在提倡安全劳动和卫生劳动，每一个劳动者在自己工作岗位上工作的时候也一定要执行劳动安全卫生规程。因为只有每一个劳动者都自觉遵守这些规程，才可以让整个社会和谐发展。

4. 遵守劳动纪律和职业道德

劳动纪律是劳动者在共同劳动中所必须遵守的劳动规则和秩序。它要求每个劳动者按照规定的时间、质量、程序和方法完成自己应承担的工作。劳动者应当履行规定的义务，不断增强国家主人翁责任感，兢兢业业、勤勤恳恳地劳动，保质保量地完成规定的生产任务，自觉遵守劳动纪律，维护工作制度和生产秩序。

职业道德是从业人员在职业活动中应当遵循的道德。职业道德是在职业生活中形成和发展，调节职业活动中的特殊道德关系和利益矛盾的，它是一般社会道德在职业活动中的体现，其基本要求是忠于职守，并对社会负责。

遵守劳动纪律和职业道德，是保证生产正常进行和提高劳动生产率的需要。现代社会化的大生产，客观上要求每个劳动者严格遵守劳动纪律，以保证集体劳动的协调一致，从而提高劳动生产率，保证产品质量。劳动者在维护企业和自身利益的同时，还要就自己提供的产品和服务向社会负责。

每一个劳动者在工作的过程当中都必须要遵守劳动纪律和恪守职业道德。劳动者只有在劳动纪律和职业道德的约束下才可以让自己的行为合法合规。如果劳动者在工作的过程当中不遵守劳动纪律或者不遵守职业道德，就很有可能会做出违法违规的行为，造成非常严重的后果。

（二）依法履行劳动义务

劳动者有完成劳动任务的义务。劳动者有劳动就业的权利，而劳动者一旦与用人单位发生劳动关系，就必须履行其应尽的义务，其中最主要的义务就是完成劳动生产任务。这是劳动关系范围内的法定义务，同时也是强制性义务。

劳动义务既包括诚信义务，又包括守法义务。在签订劳动合同时，劳动者有义务就其与劳动合同直接相关的基本情况，向用人单位如实说明。劳动合同法是规范劳动合同双方当事人行为的法律。劳动者作为劳动合同的一方，理所当然地也应遵守法律的规定和双方的约定。劳动者有违法行为或者违约行为的，应该依法承担法律责任。

劳动合同法对劳动者违法或者违约行为所应承担的法律责任作了明确规定，主要是：劳动者违反与用人单位约定的服务期和竞业限制协议的，应按约定向用人单位支付违约金；劳动者违反劳动合同法的规定解除劳动合同，或者违反劳动合同中约定的保密义务或者竞业限制，给用人单位造成损失的，应当承担赔偿责任；劳动者与原用人单位尚未解除或者终止劳动合同，又与其他用人单位建立劳动关系，给原用人单位造成损失的，由劳动者与其他用人单位承担连带赔偿责任。

四、诚实守信

诚信是中华民族的传统美德，对个人、企业、国家都有重大的意义，是一个人安身立命之本。我们作为正在成长中的青年学生，自然要讲诚信。我们不仅要践行诚信，还要做到珍惜个人的诚信记录。

（一）诚信的含义

1. 诚信的含义

诚信就是诚实、守信和信任。诚信是一种道德规范和品质，是中华民族的传统美德。现代社会注重信用体系和制度建设，民法意义上的诚信原则，更强调人们在社会活动中讲信用、守承诺、诚实不欺。

2. 诚信的重要性

诚信是人安身立命之本。孔子说："人而无信，不知其可也。"诚信是我们融入社会的"通行证"，一个人真诚老实、笃守诺言，无论走到哪里都能赢得信任。相反，如果弄虚作假、口是心非，就会处处碰壁，甚至无法安身立命。

诚信是企业的资本，是企业的无形资产和标识。一个企业只有坚持诚信经营、诚信办事，才能塑造良好的形象和信誉以赢得客户，才能带来持久的效益，使企业长盛不衰。

诚信促进社会文明、国家兴旺。国无信则衰，社会成员之间以诚相待、以信为本，能够增进社会互信，减少社会矛盾，净化社会风气，促进社会和谐；能够降低社会交往和市场交易成本，积累社会资本；能够提高国家的形象和声誉，增强国家的文化软实力。

（二）践行诚信的具体要求

1. 践行诚信

树立诚信意识。我们要真诚待人，信守承诺，说老实话，办老实事，做老实人。不轻易许诺，答应的事就要做到，做不到要说明理由。如果我们的行为产生了不良影响，不逃避、不推脱，勇于承认过错，主动承担责任，争取他人的谅解。

运用诚信智慧。社会生活是复杂的，我们有时会面临两难的选择。当尊重他人隐私与对人诚实发生冲突时，我们应遵循伦理原则和法律要求，权衡利弊，做到既恪守诚实的要求，又尊重他人隐私。

珍惜个人的诚信记录。最近几年国家大力打造诚信社会，用法制、经济等多种手段促进诚信社会的建立。个人诚信体系和社会信用体系日益受到重视，个人守信激励和失信惩戒机制不断完善，守信者处处受益、失信者处处受限。我们要大力弘扬诚信文化，共同营造"以诚实守信为荣、以见利忘义为耻"的良好风尚，提高全社会信用水平，营造社会诚信环境，努力促进社会发展和文明进步。

2. 做一个诚信的人

言而有信、一诺千金，对人守信、对事负责，实事求是、不弄虚作假。无论大事小事，一旦有所承诺，应该努力兑现。

诚信做人体现在一点一滴的小事之中，大事、小事都要认真面对，在做大事的同时也要注意细节，把做事与做人有机地统一起来。

在涉及利益冲突时，站在集体利益一边；在眼前利益与长远利益冲突时，站在长远利益一边；在情与法的冲突中，站在法律一边。

要注意，既要恪守诚实的品德，又要尊重他人隐私；既不要撒谎，又要在合适的场合说合适的话。

> **课堂案例**

全国诚实守信模范候选人——蔡崇英

蔡崇英，女，44岁，贵州省湄潭县某乐超市负责人。

自1998年从事个体经营以来，蔡崇英始终坚持诚实守信，文明经商。2002年6月，湄潭县遭受洪涝灾害，蔡崇英的3个超市分店被大水淹没。在被淹没的货物中，有价值近 20 万元的食品。这批食品都是瓶装、罐装和多层塑料包装，品质并没有受到污染。经过清洗后降价销售，可以挽回一些损失。但蔡崇英认为，这些食品虽然没有变质，但包装受到了污染，销售出去很可能影响消费者的健康，更重要的是，超市的"诚信经营、质量为上"的原则会由此受到动摇。她毅然主动找到卫生防疫和工商行政管理部门，要求在他们的监督下，将这批被洪水浸泡过的货物全部销毁。洪水消退的当天，蔡崇英就组织全体员工恢复营业，并以最低价格销售食品，以实际行动帮助广大群众渡过难关。

蔡崇英带领她的员工坚持从细微之处入手，在待人接物上诚实守信。在长期的经营中，曾发生过多起顾客将手机、钱物等贵重物品遗失在店里，营业员将其归还给失主的好人好事，受到顾客的广泛好评。

在管理上，蔡崇英注重一个"情"字，强调"以人为本"。她关心员工的生活疾苦，为员工及时发放工资，足额缴纳社保。蔡崇英还成立了"企业困难员工家庭补助基金"，每月给家庭困难的员工补助 200~300 元。在员工的录用上，优先录用下岗失业人员和家庭贫困人员，这些年共吸纳下岗失业人员 200 余人，解决了 40 余位家庭特困、残疾人员的就业问题。

经过十余年的诚实、苦心经营，蔡崇英的企业由小到大，由弱到强。现在，超市经营场所面积有 8 000 余平方米，连锁经营遍及乡镇并延伸到其他县区，注册资金上百万元，年纳税额有三四十万元。多年来，蔡崇英和她的团队致富不忘回报社会，积极参加社会公益事业和扶贫济困活动，先后捐款 7 万余元资助、救济贫困学生、下岗失业人员、计生贫困户和孤寡老人。

蔡崇英被授予贵州省诚实守信道德模范、遵义市优秀个体工商户、湄潭县先进个体工商户等荣誉称号。

（资料来源：央视网，2009 - 06 - 17，https://museum.cctv.com/special/dierjie/20090617/105053.shtml）

课堂活动

关于提升劳动品质的思想

一、活动目标

引导学生扎实掌握劳动品质的相关知识。

二、活动时间

建议 20 分钟。

三、活动流程

1. 教师出示以下阅读材料，并提问：通过这个故事，你能够发现诸葛亮身上哪些优秀品质，这些品质对自己今后的职业生活有何帮助？

三国时期，战争连年。蜀、魏两军对峙，诸葛亮的蜀军只有十几万，魏国的精兵近三十万。在这紧急关头，蜀军又有近一万人兵期将到，需退役返乡。期满的老兵归心似箭，很多人建议诸葛亮，让老兵们打完这一仗再退役，但诸葛亮断然否决："治国治军须以信为本，他们为国鞠躬尽瘁，父母妻儿在期盼，不能为了需要，失信于军、失信于民。"于是令老兵退役返乡。老兵们听到消息感动不已，纷纷表示要为国家再次征战，为国效力。老兵们的拔刀相助大大振奋了在役的其他士兵，大家奋勇杀敌，志气高涨，在诸葛亮的指挥下势如破竹，最终赢得了这场战役。

2. 教师将学生按照6~8人划分小组，通过小组内部讨论形成小组观点。

四、活动总结

教师总结各小组的分享和讨论，强调劳动品质在实际生活中的重要性，引导学生反思自身在劳动中的表现，思考如何提升自己的劳动品质。

第四章

集体劳动

学习目标

1. 了解个体劳动与集体劳动的区别，熟悉集体劳动的特点。
2. 了解集体劳动与社会分工、集体劳动与集体主义的相关知识，熟悉集体与团队精神的关系。
3. 能够正确认知团队精神，还要积极培养并践行团队精神、倡导奉献精神。

案例导读

大国重器背后的青春面孔
——记北斗团队的年轻工匠们

北斗是中国自主建设、独立运行的全球卫星导航系统。自20世纪90年代启动研制以来，历经几十年，突破百余项关键技术，于2018年开启了中国导航的全球时代，可以说是大国重器、航天巨制。正因如此，人们很难想象，它是出自这样一支年轻团队之手。事实上，北斗导航系统的两家承办单位之一——中科院微小卫星创新研究院（简称"卫星创新院"）的导航团队，平均年龄更小，2015年，他们的平均年龄为28岁。

在与卫星相伴的无数个日日夜夜里，这些年轻"工匠"们把青春年华融入祖国的航天事业，用热血与奋斗点亮宇宙、筑梦太空。今天，让我们一起走近他们，聆听他们的青春之歌。

一条凌晨4点发出的微信

2015年3月31日，凌晨4点42分，时任卫星综测分系统主管设计师的王亚宾心情激动地在微信朋友圈发了一条状态：今夜星光璀璨，今夜无人睡眠，看看刷爆朋友圈的消息吧，我们的付出收获了成功，我们是最棒的，兄弟姐妹们，加油！

约7个小时前，北京时间3月30日21时52分，在西昌发射中心，他目睹了长征三号丙运载火箭点火起飞，成功把第17颗北斗导航卫星送入预定轨道的过程。这颗卫星的入轨，标志着中国的北斗卫星系统进入了第三阶段，翻开了由区域运行向全球拓展的新篇章。

这是27岁的王亚宾入职以来参与的第一个发射项目。作为一个2012年才进入北斗团队的"毛头小子"，从到达西昌开始，他的心情就变得既兴奋又紧张。"提前一个月左右就到发射基地封闭了，这一个月我们对卫星进行了一系列地面综合测试。这是一个特别细致、很繁重的任务，因为一个简单的数据变化都可能表征着一个问题的存在，所以必须做到严、慎、细、实，这样我们才能把好卫星发射前的最后一道关，才有信心保证卫星上天后不出问题。"

30日晚21时51分，卫星发射进入60秒倒计时。整个发射大厅安静得出奇，王亚宾的心提到了嗓子眼儿，成败在此一刻。

"10、9、8、7、6、5、4、3、2、1，点火！"随着一声巨响，卫星在火箭的托举下绚丽升空，整个场区都感受到了震动。

几小时后，卫星进入预定轨道，发射成功的消息发布，大厅里响起掌声，王亚宾一下没忍住，当着大家的面哭了起来。"当时心情真的是很复杂，一方面是经过了这么多日日夜夜的不懈努力，凝聚了那么多的精力和心血，总算到了开花结果的时候。另一方面，因为日夜守护这个卫星，真的有了很深的感情，就好比是你的一个孩子一样，他奔赴太空了，你的心里会有点恋恋不舍。"

陈智超今年28岁，这个90后小姑娘第一次参加发射任务是2018年1月，她负责卫星总体软件项目管理以及飞行控制、在轨测试工作。在西昌的那段时间，她每天从早上8点多忙到晚上8点多。"这个工作不敢有一丝马虎，因为任何一个细微的疏忽都可能影响到任务的成功。航天标准很严格，每一项都要认真遵守，不能缺失一个环节。"

卫星发射的前十天，她从西昌赶往西安测控中心，开始发射监测的前期准备。"发射当天，我们提前几个小时到指控大厅，和西昌那边互联，做最后的确认工作，整个人是一个非常紧绷的状态。但卫星发射成功后，我们也不能立刻放松，从卫星入轨到它正常开展工作这段时间，必须一直有人盯着，监视卫星的状态。这个工作，大概要进行十几天。"

同样参与了此次卫星飞控任务的还有31岁的星务分系统副主任设计师涂珍贝。"卫星点火后，一般要飞行4个小时左右我们才能判断卫星发射成功与否，在这期间要一直盯着屏幕，不能放松。"

"关键时刻，是不是都不敢眨眼？"记者问。

"是。只有轮岗的时候能稍微休息一下。"

"累吗？"

"在精神高度紧张的时候是感觉不到累的，只有等绷紧的弦放松之后，才感觉到浑身酸痛。"

灯光不灭的海科路99号

中科院微小卫星创新研究院的卫星厂房位于上海市张江高科技园区海科路99号，即便是深夜，这里也常常是灯火通明。就连跑这一带的出租车司机都知道："这个单位是没有固定下班时间的。不管什么时候路过这里，灯都是亮着的。"

"发射场工作是最后的点睛之笔，有大量的工作其实是在平时的。"王亚宾说，"因为我们是一个北斗新军，难免经验不足，所以我们在早期试验及生产的时候，投入了大量的精力。我们其实是有固定的上下班时间的，早上8点半到下午5点，但是由于时间的紧迫性和任务的繁重性，加班加点也是没有办法。"

涂珍贞 2013 年进入卫星创新院，6 年来参与了卫星创新院承制的所有导航卫星的研制工作。"我来单位的时候，刚好第一颗试验星进入初样阶段。造第一颗星的时候，大家经验没有那么丰富，技术难度大，研制进度也紧张，我们都是咬牙加班加点地工作，为国争光的使命感很强。"

2018 年是北斗组网攻坚年，也是北斗导航卫星高密度发射年，中科院微小卫星创新研究院有四组北斗三号卫星发射的任务。仅仅一百多人的团队，被分成四组，一部分在上海进行综合测试，一部分在西昌进行发射前的准备，一部分在西安进行飞控准备，一部分在北京进行前期卫星发射后的在轨测试。涂珍贞说："去年任务重，周末基本是双休变单休，有时还休不了。下班早一点是七八点，晚的话是 10 点多。大型试验的时候，大伙儿通宵值班，困了就在试验室里趴着睡会儿，有的拿张简易床放旁边休息会儿……"王亚宾说："去年算下来，有将近 4 个月时间是在发射场度过的。"

"很多测试一做就是一个月，还常会连续 24 小时不间断，一年里测试几十个通宵，也是家常便饭。"同样作为 80 后的导航卫星总质量师崔帅说。曾有一次，劳动部门请研发团队统计工作量，结果按照每天工作 8 小时计算，几乎每个科研人员一年都工作了 400 多天，除去节假日，相当于把一年当作两年用。

工作忙，任务难度大，这些年轻人不得不牺牲与亲人团聚的时间。涂珍贞是湖北人，自工作以来，一年最多也就 2 次回家看看父母。为了把好北斗导航质量关，崔帅对家人也多了不少亏欠，由于工作具有保密性，家人甚至都不知道他这些年每天都在干什么，就知道他在忙忙忙。直到导航上天后，家人才知道原来他也参与了新一代北斗的研制。工作虽忙，大家却感觉这份工作很有意义。"当看到自己的设计思路真的会用在卫星上，还随卫星上了天，这种成就感难以言喻。""看电视的时候，爸妈看到有卫星发射还会打电话问我，那个卫星是不是我参与发射的。卫星发射后的那种自豪感会让你觉得一切努力与付出都是值得的。"大伙儿这样说。

团结协作的快乐团队

一支平均年龄 31 岁，从未有任何卫星研发经验的人占了大多数的团队，凭什么担起北斗系统建设的重担？除了精益求精、夙兴夜寐的工匠精神，报效祖国的爱国情怀，大概就是这个团队包容进取、团结协作的良好氛围了吧。

"团队年轻的好处是工作也可以很快乐，大家有很多共同话题，沟通很畅通，工作气氛很和谐。"涂珍贞说。

"我们的成功很大一部分得益于一支非常团结、肯吃苦、孜孜不倦的队伍。在发射场更是工作生活在一起，如同一家人一样亲密。"陈智超说，"每一次累极了的时候，我都会鼓励自己，虽然只是一颗小小的螺丝钉，但也要发挥最大的价值，绝不能让自己成为薄弱环节，绝不能辜负我们如此优秀的团队。"

作为科研单位，卫星创新院有很浓厚的传帮带传统。平时，对入职的新员工，老师傅们不仅会手把手耐心传授经验，更会以包容鼓励的心态去允许年轻人大胆创新。"小卫星团队是一个乐见年轻人成长，允许年轻人试错的团队。在上下级交流毫无隔膜的宽松氛围中，同事们都很爱和领导们说说心底的'创新话'。"2012 年大学毕业进入卫星创新院的导航卫星地面试验验证主任设计师李绍前说。

新员工刚进来难免会有些不顺手，有时甚至也会因为紧张而犯错。王亚宾还记得自己刚入职的时候师傅教导自己，年轻人不要怕犯错，大胆干，从错误中汲取经验就是提升自

第四章 集体劳动

己，就是比别人强的地方。"基本上入职的新员工都会有一个指导老师，工作中不顺心或不明白的都可以向他请教。"王亚宾说，"单位提供了一个良好的创新环境，鼓励我们发扬年轻人勇于突破自我、勇于刨根问底的精神。"

（资料来源：中国纪检监察报，2019 年 05 月）

综合以上案例，思考一下：个体劳动与集体劳动有什么区别，它们之间又存在什么关系？

第一节　个体劳动与集体劳动

个体为了生存必须谋求与其他个体进行合作。通过理性合作、集体劳动的方式，人类可以创造所需要的生产资料和生活资料，来解决生存问题和让生活更美好。牛肉拉面是甘肃省兰州市著名的传统风味小吃，在明代洪武年间，已享誉大西北。"一清二白三红四绿五黄"是牛肉拉面的特色，即汤汁清澈，萝卜洁白，辣油红艳，芫荽（香菜）翠绿，面条细长微黄。选料对拉面制作极为重要，上等原料来自不同的地方：甘南的牦牛永登的面，皋兰的蓬灰甘谷的线（辣椒）。一碗美味的牛肉拉面的制作需要多方的协同配合。同理，人类社会许多事都存在分工与合作，个体劳动通过分工实现劳动合作，进而实现集体劳动。

一、个体劳动与集体劳动的区别

伴随着消费和审美需求的升级，"非主流""品位""小清新"等个性化标签成为左右生产价值的重要指标，人们的劳动价值观也受到"私人定制"等生产方式的影响。一方面，个体劳动被抬升至一个前所未有的高度，个人的意志、话语和知识在社会生产当中变得愈发重要；另一方面，人类劳动的性质愈加复杂，个人又必须借助集体支撑起的庞大关系链条来获取所需的生产与生活资料，并在集体交往中满足心理需要，个人的发展更加依赖集体力量。

苏霍姆林斯基指出："为集体而劳动，为集体创造物质财富，为集体服务——这些都是集体在劳动中的相互关系极为重要的因素，缺少这些因素就不可能进行热爱劳动的教育。"正确处理集体劳动与个体劳动的关系也成为劳动教育应有之义。

在简单商品经济条件下，生产者占有生产资料，依靠个体劳动进行生产，仅仅为了换取自己需要的物质资料而卖出商品。由于这种劳动建立在生产资料个体私有制基础上，生产什么，生产多少，全由生产者个人决定，劳动产品也归其个人所有。进入流通领域，他们独立从事交换活动和消费行为。在简单商品经济条件下，商品的生产、交换、消费的整个过程都是由每个生产者独立完成的，这就是个体劳动方式；在个体劳动方式下进行的劳动，就叫个体劳动。个体劳动是简单商品经济的基本劳动组织方式，它的根本特征在于劳动者的独立性和个体性。

从简单商品经济发展到发达的商品经济过程中，劳动节奏加快，生产效率成倍提高，生产场地迅速扩大，整个劳动过程日益复杂，个体劳动者已无法驾驭社会生产力。美国从 1961 年到 1972 年组织实施阿波罗工程——载人登月飞行计划。在工程高峰时期，参加工程的有 2 万家企业、200 多所大学和 80 多个科研机构，总人数超过 30 万人。不难看出，仅靠个体劳动是根本无法完成阿波罗登月计划的。当个体劳动不能或很难高效地完成工作时，个体劳动方式逐渐过渡到集体劳动方式。此时，个体劳动者丧失了商品生产、交换、分配和消费过程中的独立地位，只能参与其中的某一部分，必须同其他劳动者协同起来完成整个经济过程，这就是集体劳动方式。

在集体劳动方式下进行的劳动就是集体劳动。集体劳动是较个体劳动更高层次的制造商品和提供劳务的劳动，其特征在于每个劳动者的独立性和个性化的丧失，并由此形成了生产商品的劳动者的集体性。它的生产效率更高，生产规模更大。同时，作为集体劳动外壳的企业应运而生。

由上可知，随着社会生产力的发展，社会经济由小商品生产方式转化为大商品生产方式，社会生产的组织形式由个体劳动方式转化为集体劳动方式，从而劳动者制造商品和提供劳务的个体劳动转化为劳动者集体制造商品和提供劳务的集体劳动。

二、集体劳动的特点

个体劳动者不存在劳动管理问题。个体劳动者需要安排的只是自己的活动、自己的时间和资源的分配。但是，在集体劳动中，组织需要通过管理来安排和指导每个成员的工作，确定集体中每个人的工作任务和相互关系，为集体劳动的正常进行创造良好的条件和环境，促进组织目标的实现。集体劳动具有以下特点。

（一）目标一致

目标一致指的是在一个集体中大家都有意愿按照同样的价值体系来行事，每个个体方向与集体方向保持一致。正所谓"上下同欲者胜"，保持目标一致，个体的能力才会得到充分发挥，集体的整体功能水平也才有望实现最大化。

集体劳动中既有人的因素，也有资源的因素，但目标才是能够把个体劳动联结在一个系统中的关键因素。有些人认为人们集合在一起是因为利益，也有些人认为人们集合在一起是因为共同的理念，这两种看法在特定环境下都有可能成立，但利益和理念都无法成为真正且持久集合人群的因素。一群人在一起叫团伙，只有当他们拥有了共同的目标时才能称为团队。不同的目标设计会导致不同的人群聚集在一起，并导致人们不同的行为选择和价值判断，也决定着集体劳动的价值和意义。

那么，如何才算目标一致呢？这一问题可从两方面解读。

一方面，目标要明确。一个模糊的目标无法成为团队成员的行动指南，因为这会使每个成员对如何实现目标有不同的理解和行动方向。例如，如果一个组织的目标是"提高客户的满意度"，那么这个目标就太过模糊，无法为团队成员提供明确的行动指导。相反，如果目标能够具体化，例如减少客户投诉、使用规范礼貌的用语、通过优化客户服务流程来提高客户的满意度等，那么这个目标就更为明确，可以为团队成员提供清晰的行动方向。

另一方面，目标可接受。集体目标若无法得到个体认可，成员各有所图，集体的力量将会被打散，从而无法将大家的努力凝聚起来。组织应该群策群力，集合集体中每个人的力量，共创目标。只有大家共创的目标，才能让每一个人心悦诚服地接受。目标定好后，组织还需要通过宣传不断传递目标，直到集体中的每个人都能够明确目标、达成共识，从而降低目标执行的阻力。明确目标后，集体目标还要分解为个体目标。分解目标需要全员的参与，组织根据成员的经验、能力及以往的表现，对其目标进行调整。

（二）职责明确

职责明确指的是每个个体劳动者都有明确的要承担的工作任务。个体身在集体之中，

第四章 集体劳动

作为群体当中的成员,虽然各自发挥的职能不同,但个体之间是相互影响、相互联系的,共同构成一个有机整体。如果职责不规范清晰,则个体的责任与权利也不清晰,就会出现执行不力、计划滞后等问题。

集体劳动针对的是个体劳动不能或很难高效完成的工作。此时,个体劳动者必须同其他劳动者协同起来完成整个劳动过程。在此前提下,组织需要通过管理来安排和指导每个成员的工作,确定集体中每个人的工作任务和相互关系。组织必须明确个体的工作职责是什么内容,如该承担什么样的工作、担当什么样的责任、如何更好地去做、什么是不该做的等。职责明确是分工合作的基础,也只有分工明确,才能通过劳动体系的有序运行和个体劳动者的优势互补来提高整体工作效率。

在实际工作中,如何根据组织目标建立明确的职责体系,给集体中的每个个体劳动者分配明确的工作任务,是集体劳动有序进行的基本前提。职责明确需要注意四方面问题。一是专业化。专业化要明确个体完成工作任务所需要的技能要求,并通过完成工作任务的标准化流程进行技能塑造。工作流程和操作方式的合理与否,关系完成任务的效果和效率,是提高劳动生产率的关键条件之一。二是标准化。标准化的目的是对工作内容、方式与结果进行规范性界定。建立这种规范,不仅便于个体掌握工作技能,还可以使不同成员间的工作具有可比性,从而提高工作效率。三是稳定化。把不同的工作内容分割开来并且稳定下来,才有可能建立个体之间的分工与协作。稳定化要完成的任务是目标分解、任务界定以及明确劳动者完成任务的内容。四是结构化。结构化是稳定化的结果,结构化涉及工作任务本身内容的组成形式,以及完成任务过程中所发生的人与人之间的协作关系。

(三) 分工合作

分工是指明确组织中个体的工作范围和职责,分工内的工作热情和用心程度能反映出个体的工作效能。而合作是指个体成员在整体范围内相互帮助、相互支持,共同完成各项工作,显示出集体劳动的效能。合作的目的是明确的、单一的,体现的是整体的力量、相互的团结性。集体劳动不同于个体劳动,其涉及团队内不同成员之间工作任务的分配与协调,分工合作在其中发挥着至关重要的作用。分工可以发挥团队中每个个体劳动者的特长,并在此基础上最大限度地提升整体工作效率。合作要在"和"的条件下才能产生。当一个组织分成若干个部门、环节、岗位后,由于主客观原因,在部门、环节、岗位间难免出现摩擦、冲突,如不能及时地妥善解决,就会使协作受阻,力量内耗。这时,分工离开了合作,其积极作用就荡然无存了。

分工和合作,看似是对立的两个概念,实则却像是一对孪生兄弟,紧密相连,无法分割。有了分工必须有合作,有了合作才能体现集体的团结互助、相互支持的精神。分工可以使每个人专注于自己领域内的工作,有利于提高工作和创新效率,同时也有助于个体经验的积累和知识的完善。集体的合作又可以达成个体之间优势互补的目的,产生一种集群生产力和创造力,这是个体单独、离散的能力无法比拟的。

分工就好像人体各个器官的运作,各司其职,互不干扰。合作也如同人体各个器官的运作,无缝衔接,高度配合。分工需指明个体行为的规则和框架,让团队成员能够认清自己的任务,清楚团队的规则。在这个范围内,团队成员可以大胆完成自己的工作。所以,在分工的部分,规则和框架是核心。这为团队成员提供了明确的指导和约束,使他们清楚自己的任务和职责范围。这样,每个团队成员都能在规定的范围内尽责地完成工作,避免出现责任交叉和混乱的情况。否则团队只会是一盘散沙，不知所措。有时候甚至会出现各自为政的情况。

合作中，团队成员相互信任、相互帮助、共同提高的精神力量在发挥作用。集体劳动中，分工明晰，但务必相互支持、相互配合，做到齐头并进。集体要通过合作增加合力，同时坚持先分力后合力的顺序，谋求最大合力。

> **课堂案例**
>
> **曲靖马龙区马过河镇：集体劳动齐动手 民族团结稳步行**
>
> 　　阳春四月，桃李争妍。又到了云南省曲靖市马龙区马过河镇后山苗族同胞集体劳动的日子，村民们分头行动，有的清扫村中垃圾，有的清除村里的小广告，有的清理乱堆乱放的草堆、柴堆，还有的在忙着为花坛里的花除杂草，并播撒新的花种。这样看似平常的事，却成为后山苗族村寨每月不可少的集体活动。
>
> 　　"我们的村庄越来越美丽了，每月村小组长都会组织我们搞村庄'大扫除'。这样的活动，不仅让村庄更干净，还给了大家互相交流的平台。"说起集体劳动，村干部显得很自豪。
>
> 　　自开展民族团结进步示范区创建工作以来，马过河镇就把民族团结工作摆在全镇突出位置，以筑牢"中华民族共同体意识"为主线，强化组织领导，健全工作机制，强力推进各项利民惠民工作，引领示范、团结带领各族群众不断投身各项事业中；强化宣传教育，营造良好的创建氛围，充分利用"镇、村、组"三级会议等形式，广泛宣传党的民族政策，发放宣传手册，绘制墙面宣传画，设置宣传栏，播放宣传广播，不断提高群众知晓率、参与率、支持率；通过"民族团结＋"融合模式，搭建平台，通过乡村振兴、爱国卫生运动、精神文明建设、法治宣传等活动，促进各族群众不断参与村庄规划、村庄美化亮化等工程，民族团结工作卓有成效。
>
> 　　后山村是一个苗族村，作为全镇民族团结进步示范区的创建重点，村容村貌发生了很大变化。为了呵护这份美丽，村里每月都进行一次集体劳动。
>
> 　　"这几年，生活越来越好，苗寨里也融入了其他民族，平时每天干活，大家很少交流。现在大家一起做事，增进了大家的感情，是一件好事，也是为美丽村庄建设、民族团结进步示范区创建贡献着自己微薄的力量。"正在忙碌的苗族小伙王川说。
>
> （资料来源：腾讯网，2022－03－29，https://new.qq.com/rain/a/20220329A030GQ00）

寝室卫生打扫大比拼

一、活动目标

　　通过寝室卫生打扫大比拼，提高学生的卫生意识和集体意识，营造整洁舒适的寝室环境。

二、活动时间

建议 45 分钟。

三、活动步骤

1. 寝室成员自行准备打扫工具，自行协商分工，在 30 分钟内完成卫生打扫任务。
2. 打扫包括地面清洁、床铺整理、卫生间清洁等方面。

四、活动总结

活动结束后，组织全体参赛学生进行总结交流，分享打扫经验和感悟，进一步提高学生的集体意识。

第二节 集体劳动与团队精神

随着商品经济的发展，社会分工进一步细化，对工厂手工业内部劳动分工提出了更高的要求，集体劳动应运而生。集体劳动需要在明确个体劳动者职责的前提下提升内部协作效率，以实现一致性的目标。在这个过程中，集体主义起到了重要作用。团队精神是集体主义最重要的价值内核，只有以集体主义为基础形成的团队精神才能真正保障团队和个人两方面的利益。这意味着，在集体劳动中，个体劳动者不仅需要关注自己的职责，还需要与团队其他成员进行良好的协作，以实现团队的目标。培养团队精神对集体劳动目标的实现至关重要。

一、集体劳动与社会分工

社会分工是人类社会生产力发展到一定程度的产物，集体劳动是构建社会分工体系的需要。可以说，任何一个依赖分工的组织都需要集体劳动，企业、机关、事业单位、社会团体均是如此。在出现社会分工之前的自然分工时期，人们依据自然因素进行分工，如男女分工、地域分工。在自然分工的过程中，劳动者能够集中精力于少数几种劳动事务中，从而在一定程度上提高了劳动技能，增加了劳动剩余。随着自然分工的发展和社会生产力的进步，剩余产品逐渐增多，以商品交换为基础的社会分工应运而生。此时的社会分工指的是不同的生产部门生产不同的商品，不同的商品所有者之间进行交换，互通有无。

现代社会分工以商品交换为基础。为了提升商品生产的效率，生产过程内部分工开始出现并日益细化。可见，社会分工是生产过程内部分工的基础，若没有社会分工，个人便不会生产商品，而是直接生产供自身使用的产品，生产过程的内部分工也就不会出现。在生产商品的劳动过程中，作为生产者的个体劳动者之间通过相互协作才能生产出完整的商品，此时个体完成的劳动只是整体劳动的一部分。正如亚当·斯密在《国富论》开篇中对扣针生产过程的描述："一个人抽铁线，一个人拉直，一个人切截，一个人削尖线的一端……"，其将扣针的生产过程分为了 18 个步骤。可见，社会分工对生产过程内部分工提出了要求，生产过程内部分工存在的基础是商品整体的生产过程，而作为生产者的个体劳动者不能离开整个生产过程而存在。多个个体劳动者通过相互协作形成的劳动体系本质上正是集体劳动。社会分工因商品交换而诞生，为提升商品生产效率出现了生产过程内部分工，而生产过程内部分工的出现使个体劳动过渡到了集体劳动方式。

二、集体劳动与集体主义

商品经济的快速发展加速了社会分工的进程，社会分工的细化进一步加强了对集体劳动的需求。而随着生产力的不断发展，复杂的工艺流程和系统化的工作安排，同样要求集体劳动中的不同个体劳动者加强彼此之间的协作以提升整体劳动的效率。其中，集体主义对集体劳动效率的提升起着至关重要的作用。

集体劳动是由参与集体劳动的不同个体共同完成的，这就不可避免地涉及集体与个体之间的关系，而如何看待两者之间的关系会直接影响集体劳动的产出效率。集体是与个人相对应的关系存在物，集体是由个人组成的集体，而个人则是集体中的个人。这意味着集体和个体是相互依存的，集体需要个体的参与和贡献，个体也需要集体的支持和保障。因此，如何看待集体与个体之间的关系，会直接影响集体劳动的产出效率。集体主义与个体主义是一组相对立的概念，反映了两种不同的对待集体与个体的价值观念。

集体主义在内容上包含三个不可分割的方面：一是强调集体利益优先于个人利益，一切其他的道德规范以及与此相关的各种道德准则，都应当而且必须以这一原则为导向；二是强调集体利益和个人利益的辩证统一，国家利益、社会利益体现个人根本的、长远的利益，每个人的正当利益又都是集体利益不可分割的组成部分；三是强调个人的正当利益，集体主义就是促进和保障个人正当利益的实现，这不但与集体主义不相矛盾而且正是集体主义的应有之义。

个人主义的价值体系同样可以表述为以下三种与集体主义相对立的主张：一是一切价值均以个人为中心；二是个人本身就是目的，具有最高价值，社会只是达到个人目的的手段；三是一切个人在某种意义上说在道义上是平等的。个人主义作为一种价值目标，是一种从主观出发的个人中心论。

与个体劳动单纯追求个体目标不同，在集体劳动中有集体目标与个人目标的区别。因此，集体劳动首先需要确定一致的目标，在此基础上通过明确每个个体劳动者的职责来促进集体劳动内部的分工协作，进而实现集体目标。其中，集体目标的实现是每个个体劳动者实现自身目标的前提，而每个个体劳动者目标的实现是集体目标实现的一部分。因此，为实现集体目标而贡献自身力量的集体主义在集体劳动中是不可或缺的，每个个体劳动者只有为了集体目标付出自身努力，才能在实现集体劳动目标的基础上实现自身目标。相反，如果集体劳动中的每个人都以自身利益为中心，那么集体劳动的目标便无法保证，以集体利益为基础的个人利益同样无法保障。因此，集体主义是集体劳动必不可少的价值导向，是保证集体利益的根本途径。

三、集体劳动与团队精神的关系

团队精神是集体主义的重要内容，是团队在集体劳动过程中所分享的共同价值观。团队精神是以集体主义或者以个人主义为基础而衍生出来的第二层面的精神现象，只有基于集体主义的团队精神才是真正的团队精神。个人主义以个体为本位，主张社会要为每个人创造均等的机会，它强调个人的权益和自由，并且认为个人高于集体。集体主义则是以人民为本位的，集体一旦形成就成为高于一切个体的存在，并拥有神圣不可侵犯的权威与地位。我国社会自古就崇尚集体意识，这种以宗族邻里为本源形式的集体关系更具有持久而强大的生命力。只有基于集体主义的团队精神，才是既有利于组织、又有利于个人全面发展的现代意义上的真正的团队精神。

团队与个人是两个不可分割的部分，在团队与个人的相互关系中，既有团队对个人的影响，也有个人对团队的贡献。有观点认为，集体主义强调集体利益高于个人利益，个人利益必须服从集体利益，因而在一定程度上抹杀和扭曲了人的个性和特长。而团队精神的培养认为要充分发挥人的个性和创造性，所以团队精神和集体主义是相互矛盾的。事实上，这是对集体主义的歪曲和误解。人只有在集体中才能充分展示自己的个性和才华。集体给予个人与他人相互合作、共同进步的机会，人只有在集体中才得以生存和发展。个人是集体的有机组成部分，集体离不开个人。集体主义并不是展示个人自由天性的障碍，相反，它在一定程度上不自觉地担任了人特有个性全面发展的条件和树立良好交往关系必不可少的前提，是推动个性自由和全面发展的手段。由此可以看到，集体主义不但不会抹杀个体个性和创造才能，还积极鼓励个人利益与集体利益保持一致，其实质就是要确立一种协调群体关系的利益原则，实现个人与集体利益的和谐相处。这种协调关系的内核就是团队精神，它既强调团队为个人提供发展条件，也强调个人对团队整体发展做出贡献，个人与团队构建起了相辅相成、共同发展的关系。

> **课堂案例**

太空出舱六小时，创造多个"第一次"。近日，神舟十四号航天员乘组圆满完成首次出舱活动全部既定任务，持续引发网友讨论。从打开问天实验舱气闸舱出舱舱门的瞬间，到从太空看地球的画面，再到航天员与小机械臂协同工作的场景，重温一个个出舱细节，依然令人振奋。

天地一体，乘组一心。出舱活动取得圆满成功，既源于舱内外的密切配合，也离不开天地间的周密协同。为了克服新人新舱带来的新挑战，乘组任务分工明确，航天员密切协同；为了更好地提供支持，出舱活动专业支持小组在出舱活动期间集中协同工作；为了更好地支持航天员完成空间站设备安装、检修等出舱任务，安全绳研制团队通过大量试验，最终研制出长度更长且可伸缩的安全绳。正因为有乘组的共同担当，有地面人员的支持保障，有工程全线科研人员的辛勤付出，出舱任务画上了圆满句号。

一个人的努力是加法，一个团队的努力是乘法。从"神舟"问天，到"嫦娥"奔月，从"天问"落火，到"羲和"探日，我国航天事业的每一次成功和进步，都离不开航天团队协同配合形成的强大合力。立足本职岗位，激发协同智慧，凝聚团队力量——这也是本次出舱活动圆满成功带给我们的启示。

（资料来源：人民网，2020-09-05，http://opinion.people.com.cn/n1/2022/0905/c1003-32518982.html）

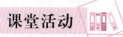

创意果盘大比拼

一、活动目标

通过在教室做果盘大比拼活动，提高学生的创意和动手能力，促进同学之间的交流与合作，提升团队精神。

二、活动时间

建议 45 分钟。

三、活动准备

1. 水果准备：提前通知学生准备一些自己喜欢的新鲜水果，如苹果、香蕉、橙子、葡萄等。

2. 工具准备：准备一些制作果盘所需的工具，如刀具、砧板、水果刀、勺子等。

3. 比赛规则：制定好比赛规则，包括果盘创意、制作时间、卫生情况等方面的要求。

四、活动步骤

1. 创意展示：每组学生拿出自己准备好的水果，向大家展示自己的创意构思，说说自己想要制作的果盘样式和特点。

2. 分组制作：根据学生人数，将学生分成若干小组，每组选出一名小组长负责组织和协调。各小组根据创意构思开始制作果盘，可以自行设计图案、造型等。

3. 作品展示：各小组完成果盘制作后，将作品展示在桌子上，供全班同学欣赏和评选。同时，每组派一名代表向大家介绍自己小组的作品和创意。

4. 评选打分：全班同学根据果盘的创意、制作技巧、口感等方面进行投票评选，选出最佳果盘。

五、活动总结

活动结束后，组织学生进行总结分享，谈谈自己在活动中的收获和感悟。同时，对于表现优秀的小组和个人进行表彰和奖励，鼓励大家在今后的活动中继续发挥创意，提升动手能力。

第三节　团队精神的培养

随着社会生产力的快速发展，社会分工协作日益紧密，团队精神显得越来越重要，具备良好的团队精神甚至已经成为现代人步入社会的基本素质要求。作为肩负历史重任的大学生，能否充分而有效地融入团队对于个人成长会产生显著的影响。而大学生群体的团队意识和团队精神也是衡量整个社会运行状态的一个重要指标，在很大程度上决定了大学生适应组织发展需要的素质和能力、为社会做贡献的奉献精神，乃至于一个国家的国际竞争力。为了更快更好地融入社会，大学生群体首先应当通过积极学习，增强对团队精神的认知，并在正确劳动价值观的指引下积极践行团队精神，培养自己对工作尽职尽责、与同事相互协作、凡事为大局着想的思想意识和行为习惯。

一、正确认知团队精神

团队精神产生于团队之中，是团队中的个体基于共同的价值观念，为了实现集体的目标而采取共同行动，并在行动中展现出来的积极沟通、团结合作、相互支持、彼此负责、顾全大局的共同意愿和精神风貌。

（一）团队精神的内涵

团队精神表现为个体对团队的认同感、归属感和荣誉感，具体内涵主要体现在以下几方面。

第一，团队精神的基础是发展个性。团队的发展需要每一位成员的共同努力。因此，真正的团队精神应该鼓励团队成员在不损害团队整体利益的前提下展现特长、发展个性，从而实现团队成员间的优势互补。这样，既维护了团队整体的利益，也保障了成员个人价值的实现。

第二，团队精神的前提是有效沟通。团队成员的多样性意味着团队内部分歧的存在。只有沟通才能解决分歧，收获信任，实现合作，从而实现团队目标。一个优秀的团队一定是一个沟通良好、相互理解和信任、团结一致的团队。

第三，团队精神的实质是共同价值观。共同价值观是团队成员判断个体行为的价值准则。当群体成员在目标和利益的追求上一致且力求协同行动时，该群体才称得上是一个正式并具有团队精神的团队。在共同价值观的引导下，团队成员向同一方向产生巨大的合力，能够加速团队目标的实现。

第四，团队精神的核心是团结协作。团队成员在工作中会积极合作，荣辱与共；在生活上相互关心，彼此关照；在情感上相互尊重，彼此信任。与此同时，团队成员之间又能相互学习，取长补短，共同进步，彼此之间相互批评指正，其最终目的都是促成彼此间更好的协作，实现团队整体利益的最大化。

第五，团队精神的最高境界是奉献精神。奉献精神表现为在与人共事时从大局出发，在处理个体利益与集体利益的关系时坚持集体利益优先，甚至牺牲个人利益以维护集体利益。这也是我国一直倡导的集体主义价值观的道德判断标准。

（二）团队精神的功能

团队精神具有目标导向功能、凝聚功能、激励功能和控制功能，团队精神的功能对团队成员的言行产生潜移默化的影响，并为团队整体的发展提供强大的精神动力。

第一，目标导向功能。团队目标指明了团队集体行动的方向，而目标的实现需要全体成员的合作与努力，实现过程需循序渐进。团队整体的目标会被分解成各个小目标或阶段性目标，并将其具体分配到每一个成员身上，引导个体的行动与集体行动的一致性。

第二，凝聚功能。团队精神通过培养团队成员的团队意识，实现团队价值观念的内化，从而让每位成员产生强烈的团队向心力和凝聚力。同时，这种强大的凝聚力又会反过来进一步强化团队精神，周而复始，不断推动团队向前发展。

第三，激励功能。团队的发展，需要不断提高团队成员间合作的效率，激励成员不断地丰富知识、提高能力，从而得到其他成员的认可和尊重。团队精神要求团队成员之间相互合作，积极向上，彼此之间相互学习，取长补短，成员之间相互激励，良性竞争，不断进步。团队精神的激励功能，推动成员不断完善自己，提升成员在团队中的角色胜任力。

第四，控制功能。一个团队的健康成长，不仅需要一定的制度去约束成员及整个团队的行为和发展方向，也需要团队精神的无形约束和引导。团队精神所产生的控制功能，主要是通过团队中所形成的核心观念、工作氛围等去规范团队成员的思想和行为。团队精神能够形成个体的自我约束，是一种基于内省的自我约束。成员在团队精神的熏陶下相互监督、自我约束、自我控制，有时比组织制度的作用更加深入有效。团队精神作为团队文化的重要组成部分，对团队成员具有深远持久的影响和重大的意义。

二、积极培养并践行团队精神

目标一致性是集体劳动的基本特征，也是团队精神最重要的体现，如何实现团队目标的一致性是团队和谐运转的关键。通常而言，构建信任关系、提升公平性、加强有效沟通等都是构建团队一致目标的重要途径。那么，大学生应如何培养并践行团队精神呢？

1. 军训与班级活动

军训和班级活动是培养大学生团队精神的重要途径。军训作为大学生活的第一课，以班级为单位进行，为新生提供了相互认识的机会，并有助于增强班级凝聚力。队列训练作为军训的重头戏，要求每个同学认真做好每一个动作，同时强调全班同学的相互配合，体现了团队精神。

班级是进入大学生活后的第一个集体，班级建设对学生团队精神的培养有着重要影响。因此，为培养大学生团队精神，班级要根据实际情况组织更多有自身特色的活动，营造积极向上的班集体氛围，吸引班级成员参与班集体活动，使他们在此过程中彼此关心，互相爱护。除此之外，班级建设还能使班级成员产生较强归属感，形成有特色的班级文化，培养和提高大学生的团体意识。

2. 宿舍文化与社团活动

除了正式的班级组织，宿舍是大学生日常生活最久的地方。建设好学生宿舍、发挥朋辈效应是培养学生团队精神的有效途径。通过抓好宿舍文化建设活动，使宿舍内成员形成相互关心、相互帮助的习惯，使学生意识到集体和团队对个人成长的重要性，并最终达到培养学生团队精神的目的。除此之外，学生会、团委、各类社团等同样是培养团队精神的重要场所，校园整体的文化氛围在其中起到重要作用。校园文化不仅能够规范大学生的行为，还能使大学生对学校产生认同感、使命感和归属感，形成强烈的团队意识。鼓励大学生积极参与学校的社团活动，不仅能开阔眼界，提高大学生能力和素质，更重要的是能够培养大学生的合作意识和团队精神。

3. 社会实践与文体活动

理论只有与实践相结合才能发挥它的力量。大学生应积极参与实践锻炼，在实践中逐渐领悟团队精神的真谛。大学生可以通过形式多样的团队社会实践培养团队精神，如社区义务劳动、敬老院和孤儿院的爱心活动、大学生志愿活动、社会调查实践等。在开展团队社会实践活动的过程中，用自己的实际行动服务他人，明确分工，相互配合，相互帮助，增强团队意识和团队合作能力，培养奉献精神。大学生团队精神还可以通过丰富多彩的校园文体活动加以培养，如球类比赛、校运会、拔河比赛、师生共同参与完成的群体性文艺活动、就业创业计划活动等。这些活动的顺利完成需要每位参与者分工合作、相互协调，能让每位参与者都深刻体验到团队合作的重要性，增强团结协作意识。

4. 毕业实习

高校文化教育和企业文化教育在很大程度上有所不同。高校文化教育的核心是勇于批判、追求真理、崇尚自由等，更多体现的是一种做人的文化；而企业文化注重的是规则，讲求服从、鼓励竞争、关注细节等，更多体现的是一种做事的文化。

如果大学生仅仅在前一种文化环境下学习，未来却要到后一种文化环境下工作，这种文化冲突可能会导致大学生感到强烈的"水土不服"。企业作为一个正式的团队，有自己的制度以约束员工的行为，保持员工的团结一致。每个企业都有自己的核心理念和奋斗目标，员工身处企业中，要认同企业的共同价值观，彼此之间相互依赖，把自己当作"大家庭"的一员，为共同的目标努力奋斗。企业内部都有一定的组织结构，每位员工的角色定位明确，依据角色承担一定责任，履行一定义务，但也享有一定权利。企业团队的这些特性是企业提高竞争力的重要资源，也是培育团队精神的沃土。大学生在毕业实习过程中培育团队精神，有利于提高就业竞争力，也为大学毕业生尽快适应工作环境创造了条件。在进入企业实习的过程中，大学生能够切身体验到团队的运作、团队成员之间的沟通与协作，以及团队成员所展现的团队意识、协作意识、责任意识和奉献精神。这些体验将使他们更好地理解团队精神的重要性，并学会如何在未来的工作中发挥团队精神。

> **课堂案例**

中国科学院"科技创新先锋团队"

为激励基层党组织和广大党员在科技创新工作中发挥好"两个作用"（基层党组织战斗堡垒作用和党员先锋模范作用），充分发挥优秀科技创新团队的示范带动作用，中国科学院近日组织开展"科技创新先锋团队"评选，表彰30支在科技攻关任务中带头践行科学家精神、充分发挥"两个作用"、科技创新成效显著的科技创新团队。从今天起，让我们一起来了解这些团队吧。

力学研究所——钱学森科技攻关青年突击队

2018年，中国科学院力学所党委坚持以党建促科研，以重大任务为牵引，组建多学科跨部门的科研攻关团队，在中国科学院先导专项等重大项目科技攻关中取得丰硕的成果。

钱学森科技攻关青年突击队成员共32名，35周岁以下成员占65%。2018年至今，团队针对高超飞行低成本和实用化的迫切需求，开展"鸣镝"宽域飞行器关键技术攻关，通过高效迭代，圆满完成5类7次飞行实验，成功实现了临近空间投放高速飞行器实验、宽域飞行器返场实验，前瞻探索了宽域化飞行和可重复使用技术，为攻克临近空间高超声速飞行全速域适应性难题提供了可行方案和关键支撑。

重大任务成为培养年轻队伍的沃土。4年来，两名同志成为国家级领域专家。25岁的航电工程师在短短两年时间内成长为地面系统及航电系统指挥，31岁的气动设计师承担了全系列飞行器气动外形设计的主要任务。

声学研究所——机动平台水声探测技术攻关团队

中国科学院声学所从1990年开始探索水下定位新原理，并成功研制出我国具有完全自主知识产权的世界首台水下机动平台新体制定位系统。机动平台水声探测技术攻关团队是完成上述重要成果的核心团队，致力于水声前沿基础和应用研究，先后完成5项国家重点工程任务，攻克复杂背景低频减振降噪、自适应时频积累、宽容性被动定位等系列关键技术，引领我国该领域创新发展，成为重要战略科技力量。

团队从水声物理基础研究到装备研制，始终面向水声学科前沿和国家战略需求，成员中40岁以下约占75%，党员占比87.5%，充分发挥"两个作用"，大力弘扬科学家精神,胸怀"国之大者",矢志科技自立自强,敢于啃硬骨头、打硬仗。老党员张仁和院士率先垂范,耄耋之年仍关心关注团队发展,指导团队集智攻关。团队往返于大连、青岛、海南、杭州等地进行湖海试验,外场试验达720人次以上、累计超1 450天,2020年以来的3个春节均奋战于外场。团队成员获得多项国家重点工程任务,支撑了国家该领域未来一段时间的战略需求。

生态环境研究中心——甘露润民科技创新先锋团队

甘露润民科技创新先锋团队始终以国家和群众饮用水安全保障需求为工作指引,系统开展了饮用水水质风险识别与控制技术研究,创建了从源头到龙头、从工程到管理全方位的饮用水安全保障技术体系,形成了针对有害藻类、消毒副产物、新污染物、管网水质水量保障等问题的系统化解决方案。技术成果在92项工程中成功应用,节水近1.24亿立方米,服务百余座城市约2亿人。团队荣获2017年国家自然科学奖二等奖和国家技术发明奖二等奖各1项,以及2021年中国科学院杰出科技成就奖。

团队带头人曲久辉院士迎难而上,牵头编制《白洋淀生态修复规划》,支撑雄安"千年大计",获得2020年"中国科学院优秀共产党员"称号。杨敏同志连续10年举办"CAS-TWAS水与卫生"培训班,国际学员有300余名,为保障"一带一路"沿线40多个国家的饮用水安全提供"中国方案",荣获2019年发展中国家科学院地区奖。胡承志同志帮助西北贫困地区等解决饮水水质难题,撰写的农村饮用水咨询建议纳入相关"十四五"规划。

该团队坚持把党的政治建设摆在首位,团队研究员中党员比例达100%,成为引领和推动饮用水科技创新的坚强战斗堡垒。所在支部连续5年被评为生态中心优秀党支部,荣获2020年中国科学院北京分院"先进基层党支部"、2022年中央和国家机关"四强"党支部称号。

国家天文台——南仁东射电天文技术突击队

南仁东射电天文技术突击队由"中国天眼"500米口径球面射电望远镜(FAST)核心科研骨干组建,是一支传承"人民科学家"南仁东精神的创新队伍,曾荣获全国专业技术人才先进集体、中国科学院杰出科技成就奖和中国青年五四奖章集体等荣誉。

在南仁东的带领和影响下,团队成员20多年执着坚守、敢为人先,攻克了FAST多项核心技术挑战,建成了世界上最大、最灵敏的单口径射电望远镜,实现了中国射电天文观测设备由追赶到领先的跨越。

调试时,FAST运行和发展中心常务副主任、总工程师姜鹏作为党员干部,带领团队成员过年过节坚守一线,连续奋战15个月完成调试,远低于平均4年的国际惯例。

团队克服封闭式管理和无法轮休等多个困难,高水平运行和管理FAST,2021年实现了对全球开放的使命。具有世界影响力的高水平科学成果不断涌现,已发现600余颗新脉冲星,是同期世界上其他望远镜发现脉冲星总数的4倍以上。

团队高度重视党建与科研工作的融合,依托FAST观测基地的全国爱国主义教育示范基地、中国科学院"筑梦天眼·至诚报国"党员主题教育基地和弘扬科学家精神示范基地三大平台,打造新时代的红色科学地标。

青藏高原研究所——亚洲水塔科研攻关团队

亚洲水塔科研攻关团队目前主要承担第二次青藏科考国家专项任务二"亚洲水塔动

第四章 集体劳动

态变化与影响"、中科院A类先导专项"泛第三极环境与绿色丝绸之路建设"等重大科研任务。

团队全体成员积极弘扬老一辈科学家艰苦奋斗、团结奋进、勇攀高峰的精神,充分发挥"两个作用",有力保障了2022年珠峰科考等标志性科考活动的组织实施。

团队负责人、中科院院士姚檀栋师从"中国冰川之父"施雅风,爬冰卧雪40年,坚定于中国冰川事业。在他的带领和感召下,团队成员在高海拔、高寒、缺氧、强紫外线等异常艰苦的环境下,积极投身青藏研究事业,将论文写在青藏高原大地上。研究成果入选2018年中科院面向世界科技前沿标志性重大成果、2019年中科院科技创新亮点成果和2021年国家"十三五"科技创新基础前沿重大突破成果。

(资料来源:中国科学报,2022-06-30,https://www.cas.cn/cm/202206/t20220630_4839989.shtml)

三、倡导奉献精神

团队与个人之间具有辩证统一的关系。团队为个人发展提供了必要的环境,个人的努力为团队整体发展打开了更广阔的空间。集体主义站在互惠互利的角度看待两者之间的关系,以集体主义为基础形成的团队精神自然也倡导团队中的个人要为团队整体的目标而奋斗。在践行团队精神的基础上,团队内部成员形成了共享的团队精神,这种精神促使团队成员形成共享的价值观念,即实现组织利益是保障自身利益的基础。在这种共享观念的影响下,团队成员会将集体利益放在第一位,而将个人利益放在第二位,其中包含着不计个人得失的奉献精神,这种精神会在最大程度上促进组织的快速发展。

奉献精神是中华民族的传统美德。范仲淹在《岳阳楼记》中写的千古名句"先天下之忧而忧,后天下之乐而乐",讲的正是这种牺牲小我、成全大我的奉献精神。在"共同分享"团队精神的指引下,团队成员对个人与团队间的关系会形成更清楚的认识,也更加深刻地意识到组织是大家的组织,只有保证了组织的利益才能保证组织中每个人的利益,而奉献精神正是在共享团队精神基础上形成的更高层次的价值观念。奉献精神涉及组织利益与个人利益之间的权衡,当个人利益与组织利益发生冲突时,以组织利益为重,不仅有利于组织整体的发展,而且有利于社会整体的发展。除此之外,奉献精神还涉及短期利益与长期利益之间的权衡,当个人利益与组织利益发生冲突时,若以组织利益为重,虽然在短期内会有损个人利益,但在长期内由于个人利益与组织利益是统一的,所以个人利益会得到更好的保障。另外,这种舍弃短期利益而追求长期利益的做法,有利于培养大学生脚踏实地的做事理念和行为习惯,戒除急功近利的心态,进一步促进组织的发展。

奉献关系在组织中所产生的基本现象是:每个处于流程上的人更关心他能够为下一个工序做出什么样的贡献;部门之间的和谐接口也需要每个部门关注自己的调整,以确保与其他部门协同工作;下级会关注自己怎样配合才能够为上级提供支持,而上级会要求自己为下级解决问题并提供帮助。每位即将进入职场的大学生都要清醒地认识到,奉献的前提是做好自己的本职工作,只有恪尽职守、爱岗敬业、持之以恒、埋头苦干,才能在工作中有所奉献。同时,奉献也包括处理好本职工作之外力所能及的事情,可以说,奉献无所不在，无时不有。每个人不论职位高低，不论在什么岗位，都能够尽自己的所能做出奉献。一名优秀的员工在做好自己本职工作的基础上，仍然会做一些力所能及的事情，不会因为是"他人瓦上霜"而袖手旁观，这才是我们所倡导的奉献精神。

当然，大力倡导奉献精神，讲求无私奉献，并不是不尊重个人合法权益，否定和漠视个人利益，也不是要求大家完全放弃个人利益，甚至无谓地牺牲个人利益，更不是把两者对立起来，一说奉献就不要个人利益，一提个人利益就不讲奉献。提倡奉献精神，就是要强调个人利益服从组织整体利益，要求员工自觉地把组织利益放在首位，把个人利益融于集体利益之中，努力为集体利益多做奉献，在保障集体利益的同时，创造个人利益。

总而言之，奉献精神与组织发展之间存在一种良性循环的关系，劳动者的奉献精神能够推动组织持续健康发展，而组织的长期发展通过保障个体的利益进一步增强成员的奉献精神，组织也将在这种良性循环下得到发展壮大。

> **课堂案例**

杭州亚运会志愿者全力做好赛会保障：弘扬志愿精神 奉献青春力量

2023年9月23日至2023年10月8日，杭州第19届亚洲运动会正在杭州和5个协办城市进行。从竞赛场馆到亚运村，再到城市的大街小巷，随处可见赛会志愿者和城市志愿者的身影。

默默奉献，周到服务。杭州亚运会的志愿者用贴心的服务，为赛会顺利举办提供保障，让亚运会参赛运动员以及八方来客感受到东道主的热情、赛场内外的温暖。

"我们需要'小青荷'"

语言翻译、交通引导、应急救助、维持秩序……在杭州亚运会的赛场内外，"小青荷"们总能吸引人们的目光。"小青荷"是杭州亚运会赛会志愿者的昵称，彰显志愿者的青春气息与亲和力。

"双打节奏更快，我们捡球员也要更加迅速，保持专注。"来自杭州电子科技大学自动化学院的戴文龙，是杭州奥体中心网球中心的一名网球球童志愿者。

2021年12月，戴文龙报名成为亚运会志愿者，因为身体素质好，他被选为球童志愿者。为更好地适应球童工作需要，从未接触过网球的他，认真学习网球规则、了解球童职责。"当一名亚运志愿者，与各代表团球员沟通交流，既能展现中国青年的精神面貌，也是讲好中国故事的机会。"戴文龙自豪地说。

杭州奥体中心网球中心的志愿者共有763人，大部分来自杭州电子科技大学。训练热身场地的志愿者为运动员提供保障服务，观众服务领域的志愿者维持场内秩序、普及网球观赛礼仪……赛事期间，他们服务在竞赛技术运行、观众服务、媒体运行等17个业务领域的53个岗位上，志愿服务总时长达7.35万小时。

类似的场景遍布亚运会赛场内外。

医疗卫生指挥中心志愿者、浙江大学医学院附属第一医院医生张碧玉，每天忙于各竞赛场馆及非竞赛场馆的健康监测；吉祥物志愿者赵浩森，穿戴10余斤（5千克多）重的特形演出服，顶着闷热，与观众互动；杭州奥体中心体育场志愿者王灵，不仅要参与保障亚运会、亚残运会开闭幕式，还要提供田径比赛志愿服务；"金牌司机"原永辉和2000多名专车司机一起为赛会提供出行服务……他们的专业、细致、认真，赢得了广泛赞誉。

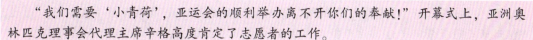
第四章 集体劳动

"我们需要'小青荷',亚运会的顺利举办离不开你们的奉献!"开幕式上,亚洲奥林匹克理事会代理主席辛格高度肯定了志愿者的工作。

"层层筛选、优中选优"

"在赛事筹备前期,我们细心选拔、悉心培训、精心配岗,从世界各地招募和补充招募报名的31.7万人中层层筛选、优中选优。"杭州亚运会人力资源指挥中心执行指挥长、亚组委志愿者部部长汪杰说,最终选拔出3.76万名赛会志愿者,其中包含了通用志愿者及语言、竞赛、礼仪、升旗手等专业志愿者。截至10月3日,杭州亚运会累计上岗赛会志愿者37.8万人次,累计服务时长约336万小时。

在杭州亚运会主媒体中心,媒体服务台里的"小青荷",耐心地为来自八方的记者答疑解惑。从物品租借到语言翻译再到交通引导,志愿者们的服务热情周到。

主媒体中心的志愿者团队来自世界各地。他们的专业背景涵盖语言文学、新闻传播、公共管理等领域,确保主媒体中心高效运作。

主媒体中心里还有一个志愿者换岗休整的空间,从图纸设计到现场搭建都由志愿者们自主完成。这里是志愿者们的"加油站",为服务主媒体中心的近600名志愿者提供会议办公、学习交流、休息补给等服务。

"比赛地板清洁工作看似简单,其实要求很高。当运动员的汗水滴在地板上,需要快速擦拭干净,这也是保障运动员安全的重要一环。"在浙江师范大学(萧山校区)的工作人员通道,白板上一篇篇"小青荷"日记引人注目。"学校鼓励我们用文字手绘的形式,记录下工作的点点滴滴。"志愿者王樟丹说。

背包、T恤、长裤、外套……说起赛会志愿者的物资装备,浙江大学青年志愿者服务总队队长朱奕豪竖起大拇指。"我们联合各志愿者派出高校落实志愿者的激励措施,提供证件、制服、物资、餐饮、住宿、交通、医疗、保险等保障,指导各场馆设立志愿者换岗休整空间,开展丰富多彩的团队文化活动。"汪杰说。

中秋节当天,杭州师范大学(仓前校区)场馆邀请志愿者相约草坪音乐会,让"小青荷"们度过了一个难忘的中秋佳节。

"打造'全民志愿'之城"

除了赛会志愿者,城市志愿者的服务同样热情温馨。

"你好,请问有什么可以帮你吗?"在杭州萧山体育中心场馆外,一间印有亚运会口号和吉祥物形象的志愿岗亭边,志愿者热心回答市民游客的询问。

问询、残疾人服务、应急救助、免费饮水……一间亚运青年V站,小小岗亭有着多重功能。除了志愿者,这里还有两名医护工作人员。

亚运青年V站是共青团杭州市委牵头打造的亚运城市志愿服务示范阵地,1.37万余名亚运青年V站志愿者坚守在全市521个点位上,直至杭州亚残运会赛事活动结束。

在杭州,"爱杭城"亚运城市志愿者和"小青荷"一道,绘就了多彩风景——

在富阳,一对在中国工作和生活了6年的英国夫妻来到文明驿站,为外籍观众提供咨询向导服务;在西湖音乐喷泉附近的龙翔桥路口,志愿者们走上街头,守护游客出行安全……"爱杭城"的身影无处不在。

杭州亚运会筹备之初,杭州在新时代文明实践阵地开展全民学英语、亚运宣传、清洁家园、垃圾分类、交通劝导等各类志愿服务活动,营造"人人参与亚运、人人服务亚运、人人奉献亚运"的志愿服务氛围。据统计，目前杭州全市共有超 148.8 万人通过"杭州市文明帮帮码平台"注册报名参加亚运城市志愿服务，累计共有 252 万人次参加城市志愿服务活动，服务时长达 378 万小时。

"下一步，城市志愿服务将继续全力保障亚运赛事顺利举办，也欢迎各代表团运动员和媒体朋友在比赛和工作之余，体验杭州的城市之美。我们将持续发扬亚运城市志愿服务的经验成果，打造'全民志愿'之城。"杭州市运保指挥部全民参与亚运工作组副组长王文硕表示。

（资料来源：光明时政，2023-10-04，https://politics.gmw.cn/2023-10/04/content_36870281.htm）

课堂活动

爱心义卖

一、活动目标

1. 引导学生培养团队精神，体会集体劳动的意义。
2. 引导学生培养关爱心和责任心，以实际行动关爱困难儿童。
3. 初步学习商品交易的策略，加强社会实践能力。

二、活动准备与注意事项

1. 联系儿童福利院并获得院方信任，确定爱心义卖活动能够援助的对象。
2. 沟通可以提供的义卖手工制品（如种类、名称、价格等）。
3. 按照班级进行分组以及不同的分工安排。
4. 明确安全事项，设计相关的安全预案，拟定安全承诺书，并开展安全培训会议。
5. 组织全体学生开展培训，提高思想认识，端正劳动态度，学习劳动技巧，培养团队精神，清晰劳动目标，领悟集体劳动的意义。

三、活动步骤

1. 集合并强调安全注意事项。
2. 按照工作内容分为策划协调组、义卖项目筹备组、宣传推广组、后勤物资组、安全保障组。
3. 负责销售的志愿者可以互相练习销售话术，以巩固销售用语。
4. 有序开展爱心义卖活动。
5. 活动结束后进行现场清理，汇总并记录义卖收入。

四、活动总结

分组制作爱心义卖活动总结汇报材料（以文字演示或其他直观的形式），包括本组工作概况、活动现场难忘瞬间、活动收获、活动感悟、活动反思等内容。

下 篇

劳动实践篇

第五章 生活劳动实践

> **学习目标**
>
> 1. 了解校园劳动实践目的相关知识，能够按要求进行校园清洁与宿舍卫生整理与美化工作。
> 2. 了解自我服务劳动的相关知识，掌握一些日常家务劳动的技能。
> 3. 了解垃圾分类的背景与定义，明确垃圾种类，做好垃圾分类工作。

> **案例导读**
>
> 天津大学：把田野当劳动课堂 学生"下田种地"成特色传统能力
>
> 除草、翻地、种花、采药……"五一"国际劳动节前夕，天津大学将劳动课堂搬到田野，校园内一派欣欣向荣的"农忙"景象。
>
> 学校将北洋园校区6 660多平方米农作物种植基地划分成12块学院劳动"责任田"，学生们拿起铁锹和犁耙，在"园林劳动导师"的指导下，进行农作物种植体验第二课堂课程学习。大家翻松土壤、平整土地、播撒种子、浇水灌溉，学习种植毛地黄、石竹、大花金鸡菊等花卉，了解植物生长习性和养护办法。"我学会了怎样翻土、怎样使用钉耙，也知道了怎样浇花效率更高，原来种地有这么多学问。"材料学院硕士研究生褚倬铭说。据了解，这些植物将由各学院学生长期养护，开花之后将被移栽到学校各处景观和花坛绿地，作为学生劳动成果来装点美丽校园。热闹的劳动场景也出现在国家大型地震工程模拟研究设施附近。学生们与地震大装置建设者畅谈新时代劳动精神，参与地震大装置周边草坪种植和树木养护工作，在劳动体验中深刻理解当代青年的历史使命与时代责任。
>
> 自2019年起，天津大学将每年4月最后一周定为"天大劳动周"，将5月定为"劳动教育月"，依托学校公共空地、苗圃、学生社区等共享资源，建立了"农耕园""百草园""乐农园""厨艺园"等30余个校内外学生劳动教育实践基地，开设了大学生劳动教育、

农作物种植体验、中草药种植与文化创新实践、劳动青春等贯通第一课堂和第二课堂的劳动教育课程，定期组织学生开展农作物种植体验、中草药种植、果实采摘、厨艺比拼等活动，让"下田种地"成为天津大学劳动教育实践的特色传统，弘扬劳动精神，让"劳动最光荣、劳动最崇高、劳动最伟大、劳动最美丽"的观念深入人心、蔚然成风。

（来源：学习强国，2023-05-08，https://www.xuexi.cn/lgpage/detail/index.html?id=2287921179125126155&item_id=2287921179125126155）

阅读以上案例后，请回答一下如下问题：你所在的学校经常开展劳动教育么？都是什么类型的劳动？你最喜欢参加哪种校园劳动？

第一节　校园生活劳动

校园由物质环境和精神环境组成，不仅为我们提供了舒适的学习环境，而且是校园文化的重要表现形式，需要每个人合力维护。在一个优美、整洁、干净、卫生的生活环境中学习，可以让我们养成良好的卫生习惯、培养劳动观念、增强我们的公德意识，提高文明水准。只有师生共同努力，才能使大学校园达到"清洁、整齐、文明、有序"的标准。

一、校园劳动实践月

（一）校园劳动实践月的含义

劳动实践月，是指高校将劳动教育纳入教学大纲，每月统筹安排班级学生进行劳动实践的教学活动，并将其纳入正常的教育教学环节，并进行成绩评定和学分认定。

在劳动实践月，理论教学和实践教学停课，学生每天根据劳动岗位设置和岗位职责在规定的区域完成劳动任务，劳动教育指导教师可以开展劳动教育的理论教学、素质拓展等活动，配合劳动实践活动，让学生感受劳动成果带来的快乐和劳动的意义。结束时开展劳动实践月自我鉴定、岗位考核、指导教师考评等，并综合进行学生成绩评定与学分认定。还将劳动鉴定情况记入学生第二课堂成绩档案，以切实提升劳动实践月教育的效果和价值。

（二）校园劳动实践月开展的意义

陶行知先生曾说"人之成德，乃在于力行"。劳动与素质教育互相渗透，具有知行合一的良好效果。针对当前高校素质教育培养重理论轻实践的现实情况，劳动月可以有效发挥实践育人作用。

1. 劳动实践月可以有效培养学生劳动纪律

一个大学生的勤劳、艰苦奋斗品质的养成，不是凭一朝一夕的说教、灌输就能解决的，进行定期一周的劳动教育和其他一些诸如志愿者活动、社会公益劳动等类型的劳动教育形式相较而言更有效。高校组织的志愿者行动是青年学生志愿参加的一种群众性实践活动。青年志愿者活动、社会公益劳动主要体现的是奉献精神，其主要特点在于通过学生社团、服务小分队组织的集体活动来服务社会、服务他人。而劳动实践月是一种正规化的劳

第五章 生活劳动实践

动教育，它有一定的课时规定，劳动期间有固定的带队教师，对学生的劳动态度、责任心、劳动效率要进行考核评定。为期一周（月）的劳动教育周（月）对培养学生劳动纪律十分有效。

开展劳动教育工作时，带队老师应认真负责，管好、带好、教育好学生，教师应在课前布置适合学生工作的劳作任务。学生上岗后，可能会出现许多问题，也会有个别人有不同的想法，甚至会出现学生开头几天认真、后来松散的现象。对此，带队老师不能放任自流，要做到认真指导、严格管理，利用班干部、团干部等学生干部深入了解学生想法，按劳分配，强调纪律，明确奖惩，以学生自我监督的方式，互相评比，互相监督，互相评价，提高班级和学生的基本纪律性，逐步让学生对劳作教育课程形成敬畏心理，懂得对待劳动课程应该像对待正式课程一样，保持班级、学习的纪律性。

2. 开展劳动实践月可以树立学生正确的劳动观念

学校通过固定的劳动教育，可树立学生正确的劳动观念，促使其走出寝室，参与公益锻炼，加强学生自我管理、自我服务、自我监督、自我教育等能力的培养。劳动教育能达到树立当代大学生正确的劳动观念，培养其勤劳勇敢、艰苦奋斗的优秀品质的目标。勤劳是一种中华民族传统的优秀道德品质，主要体现在珍惜他人和自己的劳动成果上。学生在监督卫生过程中，看到自己的辛勤劳动得不到尊重时，感同身受，自然会引起反思。在劳动教育结束后写的劳动总结中，学生都会认为在劳动教育中有了收获，自然而然会对这一素质教育实践形式做出充分肯定和支持，所谓"实践出真知"。劳动教育也能对全校师生产生积极的影响，让学生懂得"劳动最美丽、劳动最伟大"的道理，树立正确的劳动观。

在整个劳动教育过程中，教师应始终坚持"言传身教"的原则。一方面抓学生劳动观念的形成；另一方面注意培养学生的劳动积极性，使学生在实际劳作教育中得到充实和提高，不断完善自己。同时，可以把思想教育和正确的劳动观念渗透到劳作教育之中。我们的劳作教育是有计划、有目的、有内容的，不流于形式，使学生在劳动中始终保持愉快的心情，劳有所得、劳有所获，在此过程中，学生自然而然树立了正确的劳动观念，热爱劳动。

3. 开展劳动实践月可以培养学生乐观的劳动精神

勤劳是中华民族的传统美德，培养人的劳动能力是各级各类教育的职责所在。近年来，劳动教育被淡化、虚化和边缘化。在学校"德智体美劳"全面发展中，"劳"已成为素质教育的短板。教育部 2016 年 9 月发布的《中国学生发展核心素养》将劳动意识置于实践创新素养的首要方面，重点要求：尊重劳动，具有积极的劳动态度和良好的劳动习惯；具有动手操作能力，掌握一定的劳动技能；在主动参加的家务劳动、生产劳动、公益活动和社会实践中，具有改进和创新劳动方式、提高劳动效率的意识。劳动是人类生存之本，劳动实践月的开展可以培养人的吃苦耐劳精神、独立意识和自主能力，还可以增强幸福感，培养乐观、积极、健康的心态。

劳作教育管理是培养学生乐观的劳动精神的一个重要渠道。如今快节奏的社会风气，使有的学生劳动观念淡薄、卫生习惯差，有的学生不愿奉献，只讲索取，总希望别人、其他班级干得多。面对问题，教师应注重言传身教，化解矛盾，理顺关系，用自己的行为去感化教育学生，让学生懂得人生的价值在于奉献而不是索取。在劳动教育管理中我们知道"喊破嗓子不如做出样子""嘴说千千万不如干出一两样"的道理。教师的行为更是无声的语言，为此在劳动教育与管理之中，我们既要全面指挥，精心组织，认真落实，又要亲自示范，还要抽时间和学生一起参加劳动。本着干工作就要"捧着一颗心来，不带半根草去"的情怀，理解"千教万教教人学真，千学万学学做真人"的道理，踏实工作、老实为人，进一步培养学生参与劳动的积极向上精神。

（三）校园劳动实践月岗位设置

劳动实践月的岗位设置，学校可以根据校园卫生需求和各部门的岗位需求进行设置。一是将整个校园划分责任区域，根据区域大小安排固定的人数完成清除杂草、卫生清洁、洗拖地板、垃圾清理等工作，让学生亲自参加校内的各种清洁工作，感受个人在日常生活学习中不经意造成的环境破坏行动，给校园劳动者们带来的负担，让学生亲身感受劳动的辛苦。二是将各职能部门岗位进行顶岗劳动，将每位参加劳动实践月的学生分散安排到学校各个部门的岗位上，让学生参与卫生、接待、会务、后勤服务、岗位监督等工作，让他们提前感受工作环境，了解相关岗位的工作职责、要求，充分发挥学校职能部门对自己所属范围内的学生的指导、管理、监督和评价，发挥"管理育人"职能，提升全员育人效果。

学校是全体师生的家园，大学生应该采取积极行动，用双手维护校园环境。保持校园清洁卫生，是校园永恒的主题。因为一个干净的校园，会给求知的学生营造舒心惬意的学习氛围，也能起到净化心灵的作用。

> **课堂案例**

弘扬劳动精神 争做时代先锋——集美大学举办劳动实践月系列活动

为进一步丰富校内劳动体验平台，集美大学在劳动实践月期间举办了2023年"劳动达人秀"技能挑战赛，精心组织了一系列劳动技能现场比拼，使学生在掌握劳动技能的同时感受劳动乐趣、体验劳动价值。同学们依次对校园中的感恩林、柚子林、杧果林的土壤进行采样分析，并在柚子林中进行松土、开垦、施肥、浇水，身体力行体验果树种植养护，感受劳动的艰辛与乐趣；在奇思巧"拼"，"果"然精彩——创意水果拼盘赛中，同学们把各类时令水果进行细致巧妙的切割、雕刻、拼合，并根据水果的形状、颜色、大小等特性摆造型、配色彩、放点缀，用双手创造出了一件件精美的水果"艺术品"；在"面面"俱到，"味"你而来——花式面点挑战赛中，同学们巧手匠心、动作娴熟，先后完成了面团制作、面团发酵、花式面点制作等项目，精心制作了一道道栩栩如生、生动可爱的精致面点。经过激烈的现场劳动比拼，活动最终评选表彰了一批校园"劳动达人"，树立了一批劳动教育示范典型，不断激励青年学生见贤思齐、崇劳尚美。

劳动实践月期间，学校先后邀请了福建省劳动模范晏卫根教授，厦门市"五一"劳动奖章获得者陈海燕教授、谢加良教授，厦门市优秀教师、厦门市专家型教师蔡碧晖等一批劳模先进与青年学生畅谈劳模精神、分享工作经验、共话青春传承，让青年学生在与劳模的近距离对话中，深刻理解劳模精神的丰富内涵和生动事迹。工商管理学院、理学院等还邀请了优秀毕业生代表与在校生们分享技能成才故事，以身边看得见、学得了、可再现的鲜活典型助力学生成长成才。同时，各学院以"让青春在劳动中闪光"为主题，先后组织开展近500场次的主题班会、党团活动、交流分享会等，在校园内大力营造"劳动最光荣、劳动最崇高、劳动最伟大、劳动最美丽"的良好氛围。

（来源：学习强国，2023-06-30，https://www.xuexi.cn/local/normalTemplate.html?itemId=4419882414037948250）

二、校园清洁

校园清洁的范围一般包括教室、楼道、操场、走廊、图书馆、宿舍、会议室等，这些地方的清洁需要师生共同的付出，保持校园清洁需要从细节做起。

（一）做公共区域环境的维护者

1. 物质环境和精神环境

校园的物质环境主要是指经过人们组织、改造而形成的校容校貌和校园学习环境，具体包括校容、校貌、自然物、建筑物及各种设施等。保持校园物质环境的干净、整洁，不仅能为全校师生营造一个舒适的学习环境，还有利于形成良好的卫生习惯。校园的精神环境是校园的灵魂，是学校师生认同的价值观和个性的反映，具体体现在师生的精神面貌、校风、学风、校园精神、学校形象等方面。积极参与校园精神环境建设，有助于改善校园学习风气，并形成一种积极向上的氛围，影响身处其中的每个人。

校园的公共场所卫生一般由学校的专职卫生保洁员负责，除此之外，还需要每个人的努力。校园公共场所的卫生可以按照以下规范执行。

（1）楼道（楼梯）：做到地面清洁，无痰迹、无垃圾、无污水。

（2）洗手间、厕所：做到地面清洁，无污水，墙面干净，洗手池流水畅通，无跑冒滴漏现象，水池内外干净无污物，大小便池干净无便迹、无异味，厕所门干净。

（3）公共门窗玻璃、窗台窗框：做到干净、完好、无积尘。

（4）楼内墙壁、顶棚：做到无积尘、无蛛网。

（5）爱护公物，节约水电，所用卫生工具等要妥善保管、谨慎使用，尽可能修旧利废。

（6）垃圾要倒入垃圾桶（箱）内，不能随处乱倒，杜绝焚烧垃圾、树叶等污染环境的行为。

（7）爱护环卫设施，养成良好的卫生习惯，不乱刻画、张贴广告。

2. 共建无烟校园

大量的科学研究表明，吸烟对人体健康的危害十分严重。世界排名前八位的致死疾病中，便有六种疾病与吸烟有关。世界卫生组织调查显示，烟草每年使820多万人失去生命，其中有700多万人直接使用烟草，其他大约120万人属于接触二手烟的非吸烟者。我们可采取以下措施达到共建无烟校园的目的。

（1）为了自己和他人的生命健康，也为了保护环境，我们应该约束自己，做到不抽烟。

(2) 多了解有关吸烟危害的知识，增强自制力，自觉抵制诱惑。

(3) 养成良好的习惯，早睡早起不熬夜，保持身体的健康状态。

(4) 远离那些有抽烟嗜好的朋友。

(5) 积极参加控烟健康宣传活动，增强控烟意识，约束吸烟行为。

3. 维护校园环境秩序

维护良好的校园秩序，营造一个文明、整洁、健康、高雅的校园环境。建设平安校园、和谐校园，根据《高等学校校园秩序管理若干规定》，应遵循以下校园文明行为规范。

(1) 着装整洁得体，仪容端庄。

(2) 行为举止高雅，谈吐文明。

(3) 爱护学校花草树木，节约用水。

(4) 乘坐电梯遵守秩序，先下后上，相互礼让。

(5) 遵守学校环境卫生的有关规定，保持学校环境卫生，不随地吐痰，不乱扔杂物。

(6) 文明如厕，保持卫生间清洁，爱护设施。

(7) 上课时遵守课堂纪律，候课时不在楼道内大声喧哗。

(8) 爱护教室设施，合理使用教学设备，保持教学环境的干净整洁。

(9) 汽车、电动车、自行车停车入位，摆放有序。

(10) 不在教学楼内的教室、办公室、楼道、楼梯、卫生间等公共场所吸烟。

(11) 观看教学展演展示、视听公共课讲座、参加会议等活动时，主动服从现场管理，遵守秩序，爱护礼堂、会议室等设施。

(12) 进行教学和汇报演出活动时，合理使用场地及设施设备，降低噪声分贝，以免影响学校和周围居民的正常工作和生活。

(13) 自觉遵守学校各项规章制度，尊师爱友、团结和睦，共同营造绿色健康的工作环境和积极向上的学习氛围。

(14) 外出参加教学汇报演出、比赛或研学活动时，保障安全、遵守纪律；尊重当地风俗习惯、文化传统；爱护文物古迹、风景名胜、旅游设施。

(15) 如遇突发事件，服从学校统一指挥，配合应急处置。

(16) 遵守网络信息管理的法律法规和有关规定，维护微信群秩序，自觉抵制不良信息；不传播网络谣言。

(二) 争做文明的就餐者

我们的一日三餐离不开食堂，营造清洁舒适的就餐环境，不仅关系着我们的生活，而且直接体现了我们的整体形象。文明用餐是个人素质的体现，我们要从自身做起，从点滴做起，从身边做起，共同营造良好的就餐环境。文明就餐要做到以下几点。

(1) 爱惜粮食，杜绝浪费。节约粮食是尊重他人劳动的表现，也是个人高尚品格的体现。

(2) 保持良好的就餐秩序，排队就餐，讲文明、讲礼貌、守公德，言语文明、举止得体。

(3) 自觉回收餐具。吃完饭后就把餐具和杂物带到餐具回收处，既减轻了餐厅人员的工作任务，又方便了其他同学。

（4）不要随地吐痰、乱扔餐巾纸和食物残渣，注意自己的仪表和行为。

（5）爱护餐厅的设施，不蹬踏桌凳，不乱涂，不乱刻，不损坏照明等设备，维护公共卫生安全。

（6）尊重餐厅工作人员，不侮辱、谩骂工作人员，发现问题，不吵不闹，逐级反映，妥善解决。

（三）校园清洁的基本操作流程

1. 室内保洁的基本操作流程

（1）进行检查处理。进入室内，先查看是否有异常现象、有无损坏的物品。如发现异常，应先向学校有关部门或老师报告后再开始清洁工作。

（2）进行推尘处理。推尘要按照先里后外、先上后下、先窗后门、先桌面后地面的顺序，先清扫天花板、墙角上的蜘蛛网和灰尘，接着抹窗户玻璃门的灰尘。实验器材等设备挪动后要原位摆好。

（3）进行擦抹处理。擦抹应从门口开始，由左至右或由右至左，依次擦抹室内桌椅、柜子、讲台和墙壁等。抹布应拧干，擦拭每一件物品，顺序应由高到低、先里后外。擦墙壁时，重点擦拭门窗、窗台等。

（4）进行整理归置。讲台、桌面、实验台上的主要用品，如粉笔盒、粉笔擦、实验器具等抹净后按照原位摆放整齐。

（5）垃圾清倒处理。按照垃圾分类方法收集垃圾，并清倒室内的纸篓、垃圾桶，及时更换垃圾袋。

（6）清洁结束后的处理。参与保洁的人员应先确认清扫质量，然后关窗、关电、锁门。

2. 休闲空间和走廊保洁的基本操作流程

（1）检查。进入各种休闲空间后，先查看是否有异常现象、有无已损坏的物品。如发现异常，应先向有关部门或老师报告后再进行清洁工作。

（2）清扫。先用扫把对地面进行清洁，扫去烟头、纸屑、灰尘等。

（3）推尘、擦抹。用拖把清洁地面，按照先里后外、先边角、桌下，后地面的顺序进行推尘作业。然后将需要擦抹的地方用抹布擦拭干净。

（4）垃圾清倒。按照垃圾分类方法收集垃圾并清倒，及时更换垃圾袋。

（5）整理归置。桌椅、柜子等抹净后，按照原位摆放整齐。

3. 公共卫生间保洁的基本操作流程

（1）天花板的清理。用长柄扫把清扫天花板、墙面、墙角等的蜘蛛网和灰尘。

（2）门窗及墙面的清理。用湿抹布配合刷子清洁玻璃、镜面和墙面上的污迹。

（3）蹲便池和小便池的清理。先用夹子夹出大、小便器里的烟头、纸屑等杂物，然后冲水，再倒入洁厕剂，泡一会儿再用便池刷擦洗。蹲便池、小便池内四周表面及外部表面均要清洗，检查冲水是否正常，有没有堵塞。

（4）洗手盆的清理。用清洁剂和百洁布擦洗洗手盆。从左到右抹干净台面，用不掉毛的毛巾从上到下擦拭镜子；水龙头也要清洗干净，保持光亮。

（5）更换垃圾袋。按照垃圾分类方法收集垃圾，并及时更换垃圾袋。

三、宿舍卫生整理与美化

寝室是学生学习、生活、休息的重要场所，寝室文明环境建设直接体现学生的精神面貌和个人素质，直接关系着大家的身心健康。每一名学生都应将维护整洁文明的寝室环境，内化为自觉追求，外化为自觉行动。

（一）文明寝室建设要求

（1）文明寝室的环境总体应达到"六净""六无""六整齐"的目标。

六净：地面干净，墙面干净，门窗干净，床铺干净，桌椅橱干净，其他物品整洁干净。

六无：无杂物，无烟蒂，无乱挂，无蛛网，无酒瓶，无异味。

六整齐：桌椅摆放整齐，被褥折叠整齐，毛巾挂放整齐，书籍叠放整齐，鞋子摆放整齐，用具置放整齐。

（2）每天应自觉做到"六个一"，自觉遵守"六个不"，维护寝室良好生活的环境。

六个一：叠一叠被子，扫一扫地面，擦一擦台面，整一整柜子，理一理书架，倒一倒垃圾。

六个不：异性宿舍不进出，外人来访不留宿，危险物品不能留，违规电器不使用，公共设施不损坏，果皮纸屑不乱扔。

（3）在宿舍应杜绝不文明行为，不养宠物、不在宿舍楼内抽烟、不在门口丢放垃圾、不乱用公用吹风机等。

（二）特色寝室建设标准

特色寝室宣扬的是一种文化，一种相互影响、彼此照应、和谐共进的良好氛围，对同学们的文化修养、综合素质等各方面的提高有很大的促进作用。

要建设特色寝室，首先要考虑寝室大部分人的性格、喜好、价值观等，然后以此为方向营造出别具一格的"特色"文化。如果寝室大多数人喜欢学习，便可以考虑建设学习型寝室；如果寝室大多数人喜欢运动，便可以考虑建设运动型寝室；如果寝室大多数人对环保有一定兴趣，便可以考虑建设环保型寝室。与此类似的还有创业型寝室、自强型寝室、友爱型寝室、逐梦寝室、音乐寝室等。

在建设特色寝室时，可参考以下标准。

（1）全体寝室成员共同参与特色寝室建设，共同商议并确定特色建设方向。

（2）在干净整齐的基础上按照主题特色布置寝室，呈现出的效果符合指定特色，简单、大方、美观，新颖独特，让人眼前一亮。

（3）寝室布置含有若干个小设计，以彰显个性，传递寝室文化。

（4）有与寝室文化对应的行为习惯养成计划、寝室团建活动安排。

（三）寝室美化设计与创意

1. 美化原则

简单、大方：寝室往往不大，没有必要摆放过多装饰物品，否则会显得杂乱。

温馨、舒适：寝室是放松休憩的地方，在美化时要考虑营造出温馨、舒适的氛围，让寝室充满家的温暖气息。

突出文化气息：寝室除了是放松休憩的地方，有时还会充当学习的场所，在美化时，要从色彩、风格上考虑这个因素，营造一个安静、适合学习的空间。

2. 创意要点

（1）彰显寝室文化：每个寝室都有不同的文化，在美化时要充分考虑自己的寝室文化，做出别出心裁的美化设计。

（2）用材节约，变废为宝：低碳、绿色不仅是当下流行的概念，更应是我们践行的生活方式。在美化寝室时充分利用牛奶盒、饮料瓶、废纸箱等容易被忽略的生活垃圾和旧物，将它们做成各种实用的日用品，不仅创意十足，更向周围的人传递了一种绿色的生活态度。

（3）彰显个性：寝室是每一个住在这里的人的"家"，由多个小空间组成，在美化时，每个人在兼顾大风格统一的基础上，也要考虑自己的审美偏好和兴趣爱好，打造属于自己的"私密空间"，彰显自己的个性。

3. 做寝室美化的时尚者

在建设文明寝室环境的过程中，从我做起，从小事做起，养成劳动的习惯，体会和分享共同的劳动成果，提升劳动意识。

4. 做校园环境的维护者

通过整洁美化寝室的实践探究，理解文明寝室、特色寝室建设的内涵，掌握美化寝室行动的要点，熟悉文明寝室的建设要求和特色寝室的建设标准。明白寝室环境维护的意义，掌握共建文明寝室和维护特色寝室环境的方法。

5. 维护文明寝室环境，从我做起

在实践活动中，做到维护寝室环境从我做起、从小事做起，使学生掌握美化寝室环境、整理杂物的方法；提高劳动效率和能力，锻炼动手能力和实践能力，让学生成为坚定的寝室环境保护践行者。

（1）衣柜整理。宿舍里的衣柜很大部分是直筒式的，几乎没有隔断，在放置衣物时往往浪费了很多空间。衣柜隔板能够将衣柜划分区域，充分规整收纳空间。此外，还可以购买一些多层收纳挂筐，将贴身衣物、帽子、包分类收纳。如果宿舍的衣柜里没有挂衣杆，可以用"伸缩棒"代替。

（2）桌面美化。下课后如果看到乱糟糟的桌面，非常影响心情。如何让桌子拥有更多的收纳空间呢？

网格板收纳：网格板是一种轻便又实用的收纳工具，而且购买成本非常低。将网格板放置在桌面旁边的墙上，不仅能够将桌面的小东西收纳起来，还可以起到装饰的作用。

桌下挂篮：桌下挂篮能创造隐形的收纳空间，可放置的东西还非常多样。

（3）床边装饰

床边挂篮和床边挂袋是寝室非常实用的收纳和装饰工具，既能放水杯、纸巾，也能放一些书，避免了爬上爬下来回拿东西，同时可以保证床铺的整洁。

课堂活动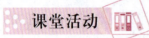

"创意无限，温馨家园"寝室装扮大赛

学生寝室是同学们之间联系最紧密、学习交流最频繁的场所之一，也是学校对学生进行思想教育和行为养成习惯教育的重要场所，为促进寝室精神文明建设，营造健康、文明、和谐的寝室生活和学习氛围，特举办本次"创意无限，温馨家园"寝室装扮大赛。相关活动事项通知如下。

一、活动时间

本学期第十周至第十四周。

二、活动对象

全体学生。

三、活动目的

营造寝室文化氛围，促进寝室文化建设，展示寝室文化，体现当代大学生精神风貌。通过此次活动促进寝室成员之间的团结与互相帮助，培养学生的团队精神，坚定学生以寝室为家的信念，激发大家对生活的热爱、对校园的热爱之情，形成良好的生活和学习环境，推动良好校风建设。

四、参与方式

（一）对寝室环境进行改造、装饰，拍摄前后对比照片（装扮前照片至少两张，装扮后照片至少四张）。

（二）此活动要求全体新生参加，其他年级学生自愿参加。

（三）作品提交格式：以寝室为单位填写附件"创意无限，温馨家园"寝室装扮大赛报名表（如表5-1所示）并发送至各学院邮箱（邮件主题格式为"学院"+"班级"+"寝室号"，具体以学院公布为准）。

（四）作品提交截止时间：本学期第十五周以内。

五、作品评选

此次活动按照各学院总参赛寝室数量前2%进行推优。通过线上、线下投票和现场评议小组打分，评选出一等奖、二等奖、三等奖若干名，按照校级活动参与认证分进行第二课堂学分、素质拓展分加分。

六、评选规则

（一）改造前后作品对比明显。（45分）

1. 寝室整体布局和谐、温馨，能体现在校学生的良好精神面貌和生活品位，寝室设计别具匠心、新颖独特。（20分）

2. 寝室装扮内容得当，符合大学生审美且设计大方得体。（15分）

3. 作品有明显的主题，主题内容不设定，可自由选取。（10分）

（二）参赛作品符合学校规定且积极向上。（35分）

1. 寝室装扮无不良信息在内（如恶意涂鸦、张贴低俗海报等）。（20分）

2. 内容展现当代大学生积极乐观的生活态度，体现出大学生积极向上的朝气。（15分）

（三）照片中改造后寝室干净整洁。（20分）

1. 符合学校内务检查要求（地面干净整洁无垃圾纸屑，物品摆放整齐，无乱堆乱放现象等）。（10分）

2. 寝室布局合理，无损坏寝室原有物品的现象。（10分）

表5-1 "创意无限，温馨家园"寝室装扮大赛报名表

学院： 寝室号：

姓名	学号	QQ号	联系方式
作品简介（不多于300字）			
作品照片（拍摄装扮前照片至少两张，拍摄装扮后照片至少四张）			

第二节 家庭生活劳动

一、自我服务劳动

自我服务劳动是学生料理自己生活的各种劳动，主要有清洁自身、整理床铺、打扫房间、洗涤缝补衣服、收拾桌椅、洗碗筷、整理橱柜、打扫宿舍等。它是最简单的日常劳动，不管学生在校学习或参加工作，自理劳动都是学生日常生活中必须掌握的基本劳动技能。

现代教育普遍重视培养个人生活自理能力。热爱劳动首先要从自理劳动开始，要从小做起，从自身做起，从小事做起，自己的事情自己做，进而确保能为他人、为集体服务，逐渐培养自己的责任感和社会适应能力。

大学生劳动意识的培养是当代中国学生发展核心素养中不可或缺的，是一个学生全面发展、全面成长的必要条件和必然要求。"一屋不扫，何以扫天下"，作为大学生要先从料理自己的生活开始，培养劳动意识和技能，为成长为合格公民而诚实合法劳动、创造成功生活奠定基础。

提升生活处理劳动能力是提高自身生存能力、竞争能力和自我发展能力的基础。很难

设想,一味地依赖别人,把自己的命运寄托在他人身上,时时事事靠别人指点才能过日子的人,会有什么大的作为。而且生活不能自理,样样由别人操心代劳,也是懒惰与无能的表现。虽然随着年龄的增长,我们的生活自理能力会有所提高,但自理能力不是自发产生的,它需要我们有意识地加以培养。

(一) 自我服务劳动能力提升的途径和方法

自我服务劳动能力的提升需要循序渐进,而不是一蹴而就的,所以需要从一件件小事上来要求自己。

1. 自我服务意识要提升

热爱劳动是中华民族传统美德之一。在新时代,要加强自我劳动意识的培养,强化协作意识和责任意识。一是通过成长历程的教育和成人礼活动培养责任担当。二是要从情感上尊重任何劳动者,提升自我热爱劳动、尊重劳动、崇尚劳动、诚实劳动的意识。

2. 自理生活行动要勤快

主动学习正确的生活自理方法。一方面,在学校认真学习老师设计好的生活讲座或播放的劳动视频的内容;另一方面,在家里主动跟家长学习一些关于自我服务劳动的方法,要求家长多给予指导。遇到自我服务劳动方面的问题,要学会三步走:第一步,自己想办法解决,锻炼自己处理事务和应对突发情况的能力;第二步,与同学交流,锻炼人际交往能力;第三步,向师长求助。

3. 自我技能提升要训练

在老师和家长的帮助下制订科学的自我服务劳动培养计划,计划要根据自己的实际情况提出不同的自我劳动要求,逐渐提高能够独立完成的自我服务劳动事项。在自我生活劳动中,要多学多做,摒弃"学习就已经够累了,只要学习好就行了"的错误观点。要改变自己对劳动的错误态度,要求家长或老师放手,自己的事自己干,做一些力所能及的事。

要想培养自我服务劳动的技能就需要有一份劳动任务,如做饭、熨烫衣物、缝补衣物等,让自己反复训练,循序渐进。多参与社会实践,以此锻炼自我劳动服务能力。

(二) 自我服务劳动能力提升指南

自我服务劳动能力提升过程中,应注意做到以下几点。

1. 衣物收纳及清洗

(1) 衣物收纳。大学生每到换季势必会重新整理衣服,在整理之前,对于一些不能再穿的衣物要做到断舍离,果断减轻衣柜负担。对于一部分八成新甚至全新的衣服,可以通过二手闲置网站交易进行处理,也可以选择交给旧物回收站或选择寄给贫困山区的人们。

大多数同学喜欢将衣服悬挂起来,因为这样找起来方便,而且不容易皱。悬挂衣物需放在单独衣柜隔间,将春秋季、夏季、冬季的衣服分开,这样也不至于拿取不便。在选择衣架时,夏季偏薄的衣服一定要选择细衣架,可以充分利用空间。

收纳衣物还可以借助收纳盒,如袜子、内衣裤、贴身小衣物、吊带打底、腰带之类的,都可以放在收纳盒中。同时,要做到尽量把东西放在属于它应该放的位置,如衣服应放在衣柜或衣架,而不是随手扔在凳子上、床上。一个整洁、干净的衣柜,会给自己带来愉悦的心情。

衣物不是洗干净放起来就可以的，每个季节的衣物都有其独特的储存方式，如表5-2所示。

表5-2 不同季节的衣物储存方式

季节	操作方法
春季	西服上衣用专用挂衣架挂好，西裤沿裤线对齐倒挂起来放入柜子中用防尘罩遮好。春季常穿的一些外套不需要很特别的储存方式，可先将衣物洗净充分晾干，然后叠好、分类收入透气的储物箱（建议使用布料材质的）中，再在箱子中放入除潮包或樟脑球
夏季	夏季衣服单薄，材质更是多种多样，不同材质的衣物存放方式也不同 真丝：洗净晒干后用防尘罩套上，悬挂存放 棉质：棉质衣物很容易产生皱褶，应该直接将其卷起来，存放在储物箱中 合成纤维：可以说是所有材质中最好储存的，直接洗好晾干叠好放在衣柜中即可
秋季	牛仔服：牛仔服的储存比较特殊，一定要叠起来，不要悬挂储存 皮衣：皮衣在储存之前一定要清洗干净，在表面涂抹一层牛奶晾干一下，之后尽量放在不透气的袋中悬挂存放
冬季	毛衣：毛衣一定不要放在衣套里面挂起来，这样只会越坠越长。毛衣应叠放整齐放在衣物储存袋中，可以和纯棉衣物放在一起，这样产生静电的概率也比较小 羽绒服、大衣：先清洗干净，最好是干洗，晾干之后悬挂在柜子中，用防尘罩遮好，在柜子中放入樟脑球，防虫防潮。这里要注意，羽绒服如果长时间被重压，其弹性、保暖性都会降低

(2) 衣物清洗。清洗衣物时应注意以下事项：

①清洗应分类。清洗衣物时，不仅要按颜色分类，还要按材质、种类分类。衣物按颜色可分为纯白色、浅色（包括带白色条纹的衣物）、深色（黑色、蓝色、褐色等）、艳色（红色、黄色、橙色等）四类进行清洗。材质方面，一定要将毛绒多的衣物（毛巾、毛衣、灯芯绒衣物等）和容易起球的衣物分开洗，避免把衣物洗坏。贴身衣物，如内裤、秋衣裤等，要单独洗涤。

②水温应适宜。通常来说，水的温度越高，去油渍效果越好。但要注意，并不是所有材质的服装都适合用热水洗，洗东西的时候要先看洗涤说明再清洗。一般情况下，床单等要用60℃以上的热水洗，丝质、羊毛织物等物品应用冷水洗。

③先放洗衣液，后放衣物。洗衣服时，应先放水和洗衣液，并进行搅动，待洗衣液充分溶解后再放入衣物。这样洗衣服，不仅能让洗衣液更好地发挥作用，还能避免衣物上留下洗衣液的印记。

④洗衣液用量应适度。在使用洗衣液前，应先阅读洗衣液的使用说明，明确洗衣液与水的比例。洗衣液的用量过少，将无法达到去污效果；洗衣液的用量过多，不但会浪费资源，还会产生残留。

⑤切忌塞满洗衣机。有的人喜欢积攒脏衣服，洗衣服时把洗衣机填得满满的，以为这样既省事又省水、省电。殊不知，这样不但容易洗不干净，还会缩短洗衣机的使用寿命。衣物体积最多不能超过洗衣机内筒体积的2/3。

2. 餐具清洗

自己的生活用品，特别是每天用的餐具要做好清洗消毒工作，一般程序是一刮、二洗、三冲、四消毒、五保洁。要做到使用一次，清洗消毒一次，同时做到餐具专用，不共用。在家庭中，洗碗要快，不要长时间浸泡。洗碗的时候先用温水把洗洁精稀释后再洗，若用热水冲洗碗筷，则会清洗得更彻底。洗完碗筷后要将其控水晾干，橱柜台面也要擦拭干净。

二、日常家务劳动

关于家庭日常劳动，其实并无确切的定义。一般来说，家庭日常劳动是指人们在家庭生活中经常会接触到的劳作活动，以自助性劳动为主，如与衣、食、住、行相关的家务劳动，以及对日常生活、学习、工作场所的清洁、维护、整理活动等日常生活劳动。在我国，家庭日常劳动因民族、地区、家庭情况的不同而有所差异，共同包含的有家庭清洁、家庭护理、照料饮食起居、家庭维修等内容，学生应主动承担家中力所能及的事情，明确自己作为家庭的一分子，劳动是责任，也是义务。劳动不只是洗衣、做饭、打扫卫生，更是务实、做事、操作、实践。

相关问卷调查显示，43%的大学生经常做家务，49%的人偶尔做家务，其余8%的同学极少或从不做家务，反映了大学生参与家庭劳动的现实水平较低，也反映了大学生劳动态度和劳动实践的差异。而在主动进行家务劳动中，仅有35%的同学经常主动做家务，其余大部分同学表示是在家长命令和督促下做家务的。在具体的劳动内容上，大部分是打扫卫生和洗衣服，还有一部分学生是做饭。

专家指出，在未来的社会中，身体素质的好坏和劳动意识的强弱，将是一个人取得成功的关键。大学生应主动参加家务劳动，杜绝养成过分依赖父母的习惯，培养独立性，提高生活自理能力，养成热爱劳动的好习惯。

日常的共同劳动还会增加大学生对父母的信赖，进而给家庭营造融洽、和谐、欢乐的气氛。"兴趣是最好的老师"，要想使大学生在做家务的过程中养成良好的劳动品质，首先要让大学生感受到做家务的乐趣，使其愿意做家务。

（一）家庭清洁

家庭清洁包含家具清洁、电器清洁、厨具清洁、门墙清洁等内容。

1. 家具清洁

（1）木质家具的清洁方法。木制家具因其天然美观和环保性强的特点，被各家各户广泛使用，但木制家具并不易于保养，所以我们在日常生活中对木制家具还是要多加保养清洁。

日常清洁时，用柔软的抹布或海绵蘸温热的肥皂水擦洗，等到自然风干时，再用家具油蜡抛光。残茶是极好的木制家具上的油污清洁剂，可使用残茶水涂抹擦拭，再喷洒少量的玉米粉进行抹拭，最后将玉米粉抹净。这样可以清洁所有吸附在家具表面的脏物，使漆面光滑明亮。如果家具漆膜被烟头、烟灰或未熄灭的火柴等物灼伤，留下焦痕，而未烧焦漆膜以下的木质，可以用小块细纹硬布包一根筷子头，轻轻抹烧灼痕迹，然后涂上一层薄蜡液，除去焦痕。木质家具不耐热，受热容易形成伤痕，可以用半个柠檬擦洗伤痕，再用浸在热水中的软布擦拭，修复伤痕。家具因沾水没有及时抹净，水渗入漆膜空隙并积存，使漆膜泛起水印，在这种情况下，只要在水迹印痕上盖一块干净湿布，然后用熨斗压熨湿布，聚集在水印中的水会被蒸发出来，水印也就消失了。

（2）皮质家具的清洁方法。与其他材质的家具比较，皮质家具最为突出的优点即表面美观，手感好，而且耐磨性、耐揉性、耐水性很好，抗裂强度、抗脱落强度也很高，现代家庭中皮质家具的使用较广泛。

皮质家具适合使用清洁皮质家具的专用清洁剂，切记不要用一些烈性较强的化学剂清洗，以免化学剂残留在皮质家具表面，造成皮质家具的腐蚀。在用完清洁剂后需用清水擦洗一遍，再用干的抹布擦一遍。

2. 电器清洁

（1）电视。液晶屏是液晶电视的核心部分，自然也是清洁的重点。使用柔软的布沾少许玻璃清洁剂轻轻地擦拭（擦拭时力度要轻，否则屏幕会因此而损坏），不要使用酒精一类的化学溶液，不要用硬质毛巾擦洗屏幕表面，以免将屏幕表面擦起毛而影响显示效果，也不能用粗糙的布或纸类物品，因为这类物质易产生刮痕。当不开电视时，应关闭显示屏（不要仅限于遥控器的关闭状态），以防止灰尘堆积。不要用指尖或尖锐物品在屏幕上滑动，以免划伤表面。另外，保持使用环境的干燥，远离化学物品。

（2）冰箱。冰箱需安排单独电源线路和使用专用插座，不能与多个其他电器合用同一插座，否则容易造成事故。应正确安放冰箱，不能距离火炉、暖气片等热源的地方过近，同时应避免阳光的直接照射，以利于散热；应摆放在不潮湿并通风良好的地方。冰箱背部应离墙10厘米以上，顶部应有30厘米以上的高度空间，四周不应该放置过多的杂物；应摆放在地面平稳的地方，否则当压缩机启动时会产生振动并发出很大的噪声，长期如此会缩短冰箱的使用寿命；上下不应该摆放重物或过多杂物，特别是不能摆放其他电器。

四个小妙招教你轻松去除冰箱异味：

第一，放柠檬。这个方法非常简单，将一个柠檬切成片，放在冰箱的每个隔层里，静置一个晚上，第二天冰箱里会闻到淡淡的柠檬香味。

第二，放白醋。在冰箱冷藏柜放一个小碗，里面加上半碗白醋，用保鲜膜将整个碗口包起来，然后用牙签将碗上面的保鲜膜扎几个小洞。

第三，放茶叶。将茶叶包在纸包里，放入冰箱中，不管是冷冻空间还是冷藏空间都可以用，放两天就能消除冰箱异味，只留下淡淡的茶叶香味。

第四，放硬币。将五角钱的硬币放在冰箱里，可以去除难闻的烂菜气味。

（3）洗衣机。一般新买的洗衣机在使用半年后，每隔3个月都应用洗衣机专用洗洁剂清洗一次。清洁滚筒洗衣机时，如果没有专用洗洁剂，可用米醋加小苏打的办法。可先往一条干毛巾上倒上20毫升的米醋，然后把沾满米醋的毛巾放到洗衣机里；盖上洗衣机的盖子，按下电源键，调成甩干，再按下启动键。之后洗衣桶的内部会均匀地沾上米醋，保留1个小时，这样可以软化污垢，然后倒半袋小苏打，往小苏打里倒入适量的清水，把小苏打溶解一下；洗衣机里加满水，把小苏打液倒进洗衣机里，泡2个小时；2个小时以后，盖上洗衣机盖子漂洗两次，洗衣机便清洗完成。另外要注意：平时不用洗衣机的时候，最好经常打开洗衣机的盖子，让洗衣机内部保持干燥状态。洗完的衣服应立刻拿出来晾晒，千万不要闷在里面。

（4）空调。空调使用有两忌：一是忌与其他电器共用插座；二是忌在运行中改变热泵型空调的运行状态。空调清洗时可用柔软的布蘸少量的中性洗涤剂擦拭空调器，而且清洗时水温应低于40℃，以免引起外壳、面板收缩或变形；室内进风过滤网应每隔20天清洗一次，室外机组也应定期除尘。

（5）饮水机。可以先排尽余水，然后打开冷热水开关放水，取下饮水机内接触矿泉水桶的部分，用酒精棉仔细擦洗饮水机内胆和盖子的内外侧，为下一步消毒做准备。按照去污泡腾片或消毒剂的说明书，兑好消毒水倒入饮水机，使消毒水充盈整个腔体 10~15 分钟，但更建议从进水口倒入少许白醋或鲜榨柠檬汁，再将里面加满水静至 2 小时后再倒掉，这样不用担心清洁剂残留对人体造成危害。

3. 抽油烟机清洁

抽油烟机内的叶轮一般在运行 6 个月后，应请专业人士进行彻底清洗，若是长时间带着超负荷的油污旋转，极易出现变形、噪声增大，甚至影响抽油烟效果，缩短设备寿命。通常，专业人员会用高温高压清洗机，配合高效环保清洗剂，对油烟机的风轮、网罩、外壳等进行全方位清洗，彻底去除内外油污。然后拆下涡轮，放在专业清洗剂中浸泡，再用高温高压喷雾机往油箱内喷洒高温蒸汽 3 分钟，用专用铁铲铲除较厚的油垢。

日常简单清洁可以使用吹风机和洗洁精。

第一步，用吹风机的热风对着油污吹，直到发现油污将呈溶解状态后停下。

第二步，准备一张旧报纸，用洗洁精水将其打湿，趁打湿的报纸贴在油烟机上，等半个小时后把报纸撕下来，这时就会发现油污变淡了。

第三步：用洗洁精和抹布擦洗。

4. 门墙清洁

（1）玻璃门窗清洁步骤如下。

第一步，自制擦玻璃清洁剂。准备一个水流较细的小喷壶，倒入一半的水、四分之一的洗洁精、四分之一的白醋，摇晃均匀。

第二步，准备纸和两块不掉毛的布，纸可以是报纸，也可以是买鞋子时塞在鞋子中的纸，布的要求是不掉色、不掉毛、吸水，另一块布料保持干燥。

第三步，将调制好的清洁剂摇晃均匀后喷在玻璃上，用纸揉开，自上往下擦拭，让清洁剂均匀地覆盖住玻璃，一般一次并不能清洁干净，往往还需要喷涂一遍清洁剂后再用报纸擦一遍。

第四步，选用一块布料湿水之后擦拭玻璃，将玻璃上的泡沫擦干净，等泡沫彻底擦干净之后，用另一块干的布料擦掉所有的水迹，窗户也就擦好了。

（2）墙面污垢清洁。日常对墙面进行吸尘清洁时，注意要将吸尘器换吸头，以免吸尘器吸头对墙面造成污染。若发现墙面有脏迹，要及时擦除，否则容易在墙面上留下永久斑痕。对于耐水墙面可以使用布蘸水擦洗，擦完后使用干毛巾吸干。对于不耐水的墙面，不能用水擦，可选择用橡皮擦或毛巾蘸些清洗液拧干后轻轻擦除。

如当地多雨，室内潮湿，靠近卫生间、厨房等地的墙面极容易出现霉斑，影响墙壁美观。因此，墙体发霉要防患于未然。在墙角摆放茶叶或活性炭等可以除湿，还可以使用专业除湿器或使用空调除湿。

> **课堂案例**
>
> **让孩子做家务，就像小鸟要学习展翅一样**
>
> 2020 年 1 月，湖北襄阳一位刘女士在朋友圈招聘保姆照顾自己上大学一年级的女儿，引发网友的热议。刘女士称自己平时很忙，没有时间照顾女儿，女儿虽然上大学了，

但是从小没有做过家务，所以想找一个保姆照顾她。

一般钟点工的小时工资为20~50元，假设刘女士是给自己家里请保姆，而不是给自己上大学生女儿请保姆，肯定不会因此引起热议。那么，刘女士的做法到底是哪里不对，才会惹来争议？其实，比较容易引发反感的关键词是"大学生"和"从小没做过家务"。大学生过的是集体生活，属于自己的"一亩三分地"也就是宿舍里的书桌和床，所谓家务活无非就是生活自理罢了。如果这些事都不会做、不愿做，称为"低能"也不为过，而"从小没有做过家务"的说法，更说明这个家庭对"何为教育"完全不理解。

家务劳动和各种学校课程一样，都应当属于从小就得学习的必修课。哈佛大学曾进行过一项历时70多年的"格兰特研究"，探讨一个人的成功因素究竟是什么。结论是，如果我们关心孩子们的职业成功，那么就要为孩子们提供两个基础：爱和家务活。

如果你不想成为"废柴"，就应该学做家务，就像小鸟学习飞翔一样自然。

（来源：《光明日报》2020年01月08日02版）

（二）家庭护理

家庭护理指对有严重疾病综合征、身体功能失调、慢性精神功能障碍等患者提供的照护。家庭护理是老年人照护的首要形式，它的服务内容包括基本的医疗护理服务、个人照料、情感和社会支持等。

1. 老年照料

孝与感恩是中华民族传统美德的基本元素，是中国人传统美德形成的基础，也是社会公德、职业道德、家庭美德、个人品德建设的基本元素。

一般而言，老年人生活照料的服务内容有个人清洁卫生服务、衣着服务、修饰服务、饮食服务、如厕服务、口腔清洁护理服务、皮肤清洁护理服务、压疮预防服务、便溺护理服务等。

（1）个人清洁卫生服务。它包括洗脸、洗手、洗头（包括床上洗头）、洗脚，协助整理个人物品，清洁平整床铺，更换床单等。

（2）衣着服务。它包括协助穿脱衣裤、帮助扣扣子、更换衣裤、整理衣物等。

（3）修饰服务。它包括梳头、化妆、剪指甲和协助理发、修面等。

（4）饮食服务。它包括协助用膳、饮水，或喂饭、喂水、管饲等。

（5）如厕服务。它包括定时提醒老人上厕所、协助如厕，使用便盆、尿壶等。

（6）口腔清洁护理服务。它包括刷牙、漱口，协助清洁口腔，假牙的清洁保养等。

（7）皮肤清洁护理服务。它包括擦浴、沐浴等。

（8）压疮预防服务。它包括保持床单的干燥、清洁、平整；定时翻身更换卧位，预防局部受压过久；受压部位按摩，促进血液循环；保持皮肤干燥、清洁，预防皮肤受伤；等等。

（9）便溺护理服务。它包括清洗、更换尿布等。

2. 陪护老人的技巧

（1）全面了解老人需求。研究表明，孤独感会增加早逝的风险。因为晚辈们要上班上学，无法长时间陪护，老人便会产生孤独的感觉。我们要多和老人交流，了解老人到底需要什么，给予老人更多的关怀。

（2）合理制订陪护计划。如果老人喜欢玩游戏，则可在电视、电脑上安装一些操作简便的游戏；如果老人喜欢宠物，则可喂养一只老人喜欢的、温顺易养的宠物。

（3）合理安排作息时间。要做到上学、陪护两不误，就需要合理安排时间，包括自己的作息时间和老人的作息时间，最好定一个时间表。

（4）独处期间有事可做。可以给老人安排一些他乐于完成的任务，让老人为完成任务而忘记孤独或者病痛的折磨。如：喜欢游戏的要老人把积分打到多少分，喜欢宠物的让老人教会宠物什么动作，喜欢看电视的让老人把某电视剧看到多少集，等等。通过让老人做一些事情，排解老人的孤独。

（5）让老人有朋友交流。在保证安全的情况下，引导老人参与一些公共活动，与其他朋友一起交流。如：可用轮椅将老人推到小区活动空间，与其他人交流聊天。

（6）关注细节，及时提醒。老人记忆力不大好，在服药、就餐等问题上，要注意提醒。在提醒时不要采用命令式口吻，而要采用关怀式口吻，让老人体会到你对他的关心。

（7）情绪乐观，温馨相待。不要让老人看到你疲惫焦虑的样子，虽然学生课业负担较重，但我们还是应该用快乐的情绪感染老人。回家后除了做作业或者家务，还要与老人讲讲一天的趣事，让老人感觉到你在学习中的快乐，以免老人产生愧疚心理。

（8）外出陪同确保安全。就医时，应该尽量多人陪同，便于父母和医生交流时，自己可以陪护老人，避免意外事件发生。

3. 家人住院陪护

家人生病需要住院，我们可以提供一些力所能及的服务，如承担部分陪护工作。若想成为一名合格的陪护者，需要了解一些陪护常识和日常起居照料内容。

住院陪护工作内容主要有：协助起床、洗脸、洗手、刷牙、漱口、梳头等；协助进餐、饮水、加餐等；清洗用过的餐具；协助排泄大小便；晚上睡觉前为其洗脚或泡脚，并协助其入睡；协助医护人员观察病情；协助按时、按量服药；协助下床活动或散步；注意衣物的清洁消毒方法；对衣物和便器等用品进行清洁、消毒，并妥善保管；等等。

4. 家庭护理常识

（1）生命体征测量。生命体征包括体温、脉搏、呼吸、血压，它是标志生命活动存在与质量的重要征象，是评估身体的重要项目之一。我们可以掌握基础的生命体征测量方法。

①测量体温。协助被测家人解开衣物，擦干腋下汗水，将体温计水银端放置于其腋窝深处贴紧皮肤、屈臂过胸夹紧，5～10分钟以后取出体温计。

②测量脉搏。协助被测家人手臂放松，要求其手臂向上，然后我们将自己的食指、中指、无名指的指端放在其桡动脉表面，计数30秒。正常成人的脉搏在每分钟60～100次之间，平均约每分钟72次。而老年人脉搏相对较慢，一般在每分钟55～60次之间。

③测量呼吸。可测量脉搏后仍然把手按在被测家人的手腕上，观察其腹部或胸部的起伏，一呼一吸为1次，计数30秒。

（2）换药。换药是指对创伤手术以后的伤口及其他伤口进行敷料更换，促使伤口愈合和防止并发症的方法，主要目的是清除或引流伤口分泌物，除去坏死组织，促进伤口愈合。换药步骤如下。

①要进行无菌操作，原则上要戴口罩、帽子，用肥皂及流水洗净双手。

②区分所需换药伤口的种类，准备所用物品。

③采取合适的体位，铺治疗巾。

④去除伤口原有的敷料。撕胶布时要由外向内，顺着毛发生长方向；外层敷料用手揭去后，内层用无菌镊除去，顺着伤口的长轴方向。

⑤伤口清洁、消毒、处理后，根据伤口的种类使用不同的换药方法。

⑥敷料覆盖伤口后，再视情况进行包扎。

5. 家庭常备药品

根据家庭成员的构成，家庭药箱应主要覆盖内服药、外用药、特殊人群用药和辅助用品四大类别。

（1）内服药。内服药常见的有感冒药、解热镇痛药、止咳化痰药、止泻药、通便药、抗过敏药、助消化药七大类，一般不推荐储备抗菌类药物。

（2）外用药。外用药主要有外用消毒药，如75%乙醇（酒精）、碘伏等；其他外用药如云南白药、风油精等。另外，创可贴、灭菌医用棉签、纱布、绷带等卫生材料也要备齐。

（3）特殊人群用药。特殊人群用药是根据家庭成员实际需求准备的药。

（4）辅助用品。辅助用品主要包括小药箱、方便小药盒、定时药盒、切药器、研磨器等。

6. 家庭常备药物管理

家庭中储存一些常用药物对家庭保健有很多益处，但如不注意合理保管，容易造成药物变质失效。家庭常备药物的管理应注意以下几点：

（1）防止日照。有些药品一经日光照射就会发黄，这类药物应放在有色玻璃瓶中防止变质。应避光储存的药品有氢化可的松、去甲肾上腺素、维生素C、肾上腺素等。

（2）防止氧化。有些药品在空气中遇氧容易发生氧化变质，故应密封保存。这类药品有鱼肝油、氨茶碱、维生素C、碘化物类等。

（3）防止遇热。很多药品在高温下容易引起细菌、霉菌大量繁殖，致使药品发霉变质，这类药品应放在阴凉处保存。这类药品有维生素D针剂、促皮质激素、辅酶A、催产素以及各种生物制品等。

（4）防止挥发。有的药品在常温下暴露于空气中容易挥发，这类药品除密闭外还应放在低温下保存。这类药物有樟脑、薄荷脑、各种香精、丁香油、乙醇、乙醚、各种酒精制剂等。

（5）防止失效。部分药品规定了有效期或失效期，过期则不宜再用。

（6）防止误服。储备药品过多或时间长了容易记不清是什么药或药品失效而误服，引起不良后果。所以，一定要注意勤检查药品是否过期、变质。还需要分类存放，并标明药名、剂量、有效期，以免药物过期或误服。

三、家庭维修

家庭维修包括家庭空气治理、水暖检修、电路检修、家具维修及保养、地面维修及保养、门窗检修、家用电器检修、房顶检修等内容。以上维修一般需要专业人员的指导或完全由专业人员操作,高等院校学生可以学习一些简单的手工操作,做好维修预防。

(一)家庭维修常用工具

家庭常用工具有铁锤、一字螺丝刀(拧大螺丝时用)、活动扳手(拧螺母用)、钳子、测电笔、卷尺(量窗户、橱柜和定位衣柜的尺寸用)等,如图5-1所示。

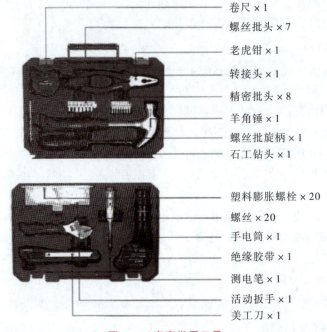

图5-1 家庭常用工具

1. 铁锤

最常见的铁锤是木匠用的羊角锤。配有铁头,把手为木柄或铁柄,用来击打钉子或其他紧固件。锤头一端的错爪有两个分叉的拱形物,用来从木头中拔出钉子。

2. 螺丝刀

螺丝刀用于拧紧或拧松螺丝。螺丝刀的类型有很多种,不同类型的螺丝刀使用不同的螺丝刀头。一字螺丝刀、十字螺丝刀、六角形螺丝刀能与长方形、十字形或六边形的凹洞咬合,可以产生更大的力矩,以旋紧或松开紧固件。

3. 活动扳手

活动扳手简称活扳手,其开口宽度可在一定范围内调节,是用来紧固和起松不同规格的螺母和螺栓的一种工具。活动扳手由头部和柄部构成,头部由活动板唇、呆板唇、板口、蜗轮和轴销构成。

4. 钳子

钳子是一种用于夹持、固定加工工件或扭转、弯曲、剪断金属丝线的手工工具。钳子的种类很多，它的用途广泛，一般被称为老虎钳，按形状可分为尖嘴钳、扁嘴钳、圆嘴钳、弯嘴钳、斜嘴钳、针嘴钳、顶切钳、钢丝钳、花鳃钳等。

5. 卷尺

卷尺是日常生活中常用的工量具。常见的是钢卷尺，建筑和装修常用，也是家庭必备工具之一。卷尺能卷起来是因为卷尺里面装有弹簧，在拉出测量长度时，实际是拉长标尺及弹簧的长度，一旦测量完毕，卷尺里面的弹簧会自动收缩，标尺在弹簧力的作用下也跟着收缩，所以卷尺就会卷起来。

（二）家庭空气治理简单方法

近几年，随着国民环保意识的提高，空气变得洁净。家庭常见的空气问题一般是采购新家具或新装修房屋后需要保证家居环境空气的干净，室内污染空气吸入时间长会有呼吸道不舒服、嗓子疼的症状，可以通过一些简单的方法减轻家庭空气污染的问题。

甲醛超标是很常见的问题，装修后的房子或新买的家具是主要的甲醛来源。家庭除甲醛的措施有以下几种。

（1）通风：在有可能的时间多通风，把甲醛释放出去。

（2）使用一些活性炭或者叶广泥材料：活性炭和叶广泥材料中有许多微小的孔隙，可以吸收甲醛、甲苯等有害气体。

（3）养植物：选择芦荟、吊兰、虎尾兰、一叶兰、龟背竹，这些植物是天然的"清道夫"，具有很强的吸附能力。

（三）电路维修简单方法

家庭电路常见的故障如下：①灯泡不亮或闪烁；②突然停电。遇到这些故障时，可以使用下列方法排除。

1. 灯泡不亮或闪烁

（1）家里所有的灯泡都不亮。对于这种情况首先应看邻居家是否有电，如果邻居家也没电，那么可能是供电单位正在进行故障维修，这种情况就没必要去检查线路了。如果邻居家或其他地方有电，那说明家里电路的保险丝或干路出现了故障，而这种电路的维修也较简单。如果是保险丝断了，那么只要换上好的保险丝即可；而干路的断路应用导体将两端连接在一起。家中停电还有一种情况，那就是电费用完了。查询手机相关 App，或者看一下自家的电表，即可知自己家的电费情况。

（2）其中一个灯泡不亮。首先要检查灯泡是否烧坏，然后检查开关和灯头，最后检查接到这条支路的线路是否断路。对于第一种情况，换一个新灯泡即可。如果是开关和灯头坏了，同样也是直接换上新的。

2. 突然停电

由于各种家用电器在人们的生活中应用越来越广泛，有些家庭的所有家用电器总功率过大，通过干路的电流超过电能表允许通过的最大电流，这时电路会出现"跳闸"现象。出现这种现象无须惊慌，只要尽量避免同时使用多个家用电器即可。但要检查电路中保险丝是否被烧坏，如果烧坏应先换上新的保险丝，再恢复供电。

（四）无痕墙面挂钩安装的方法

选购含 4 枚小钢钉的无痕墙面挂钩，将 4 枚小钢钉钉在墙上即可。无痕墙面挂钩用于紧实墙面，最大承重达6千克，可挂一般的画框、衣物、袋子等物品。

课堂活动

争做家庭生活劳动好帮手

一、活动目标

通过争做家庭生活劳动好帮手活动，提高个人参与家庭劳动的积极性，培养自己吃苦耐劳的精神，增强热爱劳动的意识和劳动能力。

二、活动时间

建议30分钟。

三、活动准备

1. 教师要求每位学生与家人一起共同做一项复杂或难度较大的日常生活劳动，由学生负责把本次日常生活劳动进行角色分工、制订作业步骤、准备使用的工具和物品等，并记录下来。

2. 家人共同劳动，学生负责把整个劳动过程用手机录制下来并剪辑成不超过3分钟的短视频。

四、活动流程

1. 教师将学生按照4~6人进行分组，组内进行视频和记录分享，并对它们进行分析、总结，寻找可能存在的问题。

2. 对于可能存在的问题，每组通过讨论或网上搜索的方式，寻找解决问题的方法并形成小组观点。

3. 每个小组选出一名代表陈述本组组员在本次活动中的亮点，以及所有可能存在的问题及其解决方案，其他小组可以进行提问，小组内其他成员也可以回答提出的问题；通过问题交流，将每一个需要研讨的问题都弄清楚。

4. 教师进行分析、归纳、总结，引导学生树立承担日常生活劳动的意识，积极参与提高劳动技能的行动。

5. 教师根据各组在活动过程中的表现赋分。

第三节　垃圾分类

一、垃圾分类的背景与意义

（一）垃圾分类的背景

党的十九大报告中指出："建设生态文明是中华民族永续发展的千年大计。必须树立和践行绿水青山就是金山银山的理念，……坚定走生产发展、生活富裕、生态良好的文明发展道路，建设美丽中国，为人民创造良好生产生活环境，为全球生态安全作出贡献。"

随着社会经济发展和物质消费水平的大幅度提高，我国每年垃圾产生量逐年递增。

2018年，我国仅生活垃圾总量达4亿多吨；2023年，我国660个建制市生活垃圾产生量达1.36亿吨，这些垃圾不仅形成了环境安全隐患，也造成了资源浪费，成为人民群众反映强烈的突出问题，成为社会经济持续健康发展的制约因素。实行垃圾分类，关系广大人民群众生活环境，关系节约使用资源，也是社会文明水平的一个重要体现。

今天，垃圾围城已成为困扰全球大城市的难题，具体包括填埋场侵占土地、垃圾造成长期污染、垃圾焚烧厂被周边居民抵制等。实际上，"垃圾是放错了地方的资源"，解决垃圾围城问题，离不开垃圾分类。垃圾分类就是将垃圾分门别类地投放，并通过分类清运和回收使之重新变成资源。

（二）垃圾分类的意义

1. 减少环境污染

我国现有的垃圾处理方式包括填埋和焚烧。通过填埋处理垃圾，即使远离生活场所对垃圾进行填埋，并采用相应的隔离技术，也难以杜绝有害物质的渗透，这些有害物质会随着地表的循环系统而进入整个生态圈中，污染水源和土地，并通过植物或动物，最终影响人们的身体健康。另外，垃圾焚烧也会产生大量危害人体健康的有毒气体和灰尘。在所有垃圾中，其实有很大一部分是既不需要填埋，也不需要焚烧的。如果我们能够做好垃圾分类，就能减少垃圾的填埋和焚烧，从而减少环境污染。

2. 节约土地资源

垃圾填埋和垃圾堆放等垃圾处理方式占用了土地资源，且垃圾填埋场属于不可恢复场所，即填埋场不能够重新作为生活小区。此外，生活垃圾中有些物质不易降解，将使土地受到严重侵蚀。据统计，垃圾分类可以使人均生活垃圾产生量减少三分之二，从而节省大量土地资源。

3. 促进资源的循环利用

垃圾的产生源于人们没有利用好资源，将自己不用的资源当成垃圾抛弃，这种废弃资源的方式对于整个生态系统的损失是难以估计的。在处理垃圾之前，通过垃圾分类回收，就可以将垃圾变废为宝。如回收纸张能够保护森林，减少森林资源的浪费；回收果皮蔬菜等生物垃圾，就可以将其作为绿色肥料，让土地更加肥沃。此外，垃圾分类有利于改善垃圾品质，使被焚烧（或填埋）的垃圾得以更好地无害化处理。以垃圾焚烧为例，垃圾分类能让焚烧处理做得更好，可起到减量（减少垃圾处理量）、减排（减少污染排放量）、提质（改善燃烧状况）、提效（提高发电效率）等作用。

4. 提高民众价值观念

垃圾分类是处理垃圾公害的最佳解决方法和最佳出路。实行垃圾分类已经成为一个国家发展的必然路径。垃圾分类能够使民众学会节约资源、利用资源，养成良好的生活习惯，提高个人的素质。一个人如果能够养成良好的垃圾分类习惯，那么他就会主动关注环境保护问题，在生活中养成节约资源的习惯。

"垃圾是放错地方的资源"，进行垃圾分类，实现变废为宝，是生态文明建设倡导绿色循环低碳生活方式的重要内容。实行垃圾分类，首先，可以减少垃圾存量，避免潜在污染，保护生态环境。其次，综合利用好垃圾可以生产新的产品，促进资源回收利用，获得更高的经济利益。再次，有利于提升国民素质、推进社会文明，达到同时获取生态效益、经济效益和社会效益的目的。因此实行垃圾分类事关形成绿色发展方式和生活方式。普遍推行垃圾分类制度，关系全国人民生活环境改善，关系垃圾能不能减量化、资源化、无害化处理。

▶ 课堂案例

垃圾分类不再是新鲜事——从竹林村人居环境"蝶变"说起

在绵阳市梓潼县黎雅镇的竹林村，记者见到了正准备出门丢垃圾的村民张玉斌。每天出门顺手带走家里家外的垃圾，并提前进行分类，是老张形成的新习惯。

老张的新习惯源自他的新发现，那就是村里多了不少垃圾桶，上面还标注着垃圾分类，让村民实现便捷投放。

在竹林村，垃圾分类对于村民们来说已经不是新鲜事物，大部分细致的分类工作都是由村民主动完成的。经过一年多的实践，垃圾分类这项工作对大家来说已经变得非常熟悉。

2023年，绵阳将"生态美市"作为"五市战略"之一深入推进，启动城乡环境综合提质三年行动。随着各项工作的推进，城乡环境"颜值"提升，不仅收获了群众的笑容，也为经济发展增添助力。

在城乡环境综合提质行动中，"全覆盖"被列为"硬要求"：不仅关注城区，更要关注基础相对薄弱的乡村。

为了确保行动措施落实到位，绵阳抽丝剥茧，针对村社、场镇、城区的不同情况分别提出具体而清晰的要求。如针对场镇，绵阳要求实施"四定"工程——包括划线定点停车、定时清扫保洁、定期洒水除尘、定位规范经营；针对村社，则提出实施"五清"工程——包括路面地面清扫、垃圾堆物清运、水面屋面清洁、广告招牌清理、违章搭建清除。

"硬要求"大幅提升了政策的落实效率。以竹林村所在的黎雅镇为例，2022年以来，当地实施村社"五清"、场镇"四定"工程，通过政府购买社会服务的方式，建立了全覆盖的"户分类、村收集、镇转运、县处理"生活垃圾清运处理体系。

全面清除道路、河流及桥梁涵洞下堆积裸露的各类垃圾，及时清运垃圾池内的存量垃圾，重点整治垃圾乱堆乱放……农村垃圾综合治理全面铺开，当地2022年新建、整治破旧垃圾池共170个，清理垃圾876.86余吨，实现了农村生活垃圾无害化处理全覆盖。隆冬时节，黎雅镇的乡村不见往常冬日的灰败，房前屋后整整齐齐。

黎雅镇的"蝶变"，是绵阳市城乡环境综合提质的一个缩影，也是绵阳建设生态美市的共识和方向。

短短几个月，绵阳各地城乡环境得到明显提升。走在绵阳乡村，处处可以感受到干群齐心协力美化环境的干劲和激情，绵阳坚持"市统筹、县负责、镇村主体、群众参与"，以村社"五清"为重点，不仅打造高颜值、高品质的新时代城乡面貌，更是形成"共建共治共享"的发展格局，擦亮乡村振兴的最美"底色"。

（来源：绵阳日报，2022-12-27，http://www.myrb.net/html/2022/news/12/338574.html）

二、垃圾种类

（一）可回收物

1. 可回收物的定义

可回收物指适宜回收利用的生活垃圾。材质为可再利用的纸、玻璃、塑料、金属等制品，如报纸、杂志、广告单及其他干净的纸类等，皆可回收。

2. 可回收物的意义

无论是对社会还是对个人而言，可回收物都具有非常重大的意义。首先，可回收物从技术层面避免了"增长的极限"。"增长的极限"指的是资源迅速消耗导致食物及医药匮乏，死亡率上升，人口增长达到极限。而可回收物的存在使资源可反复利用，从根源上避免了这一情况发生。并且，可回收物延长了材料使用寿命，降低了资源压力。在自然资源、生活资源日益珍贵的今天，这对可持续发展意义重大。对可回收物进行重复利用，还能减少对土壤、水、空气的污染，对环境保护起到积极作用。在经济意义层面，重复利用可回收物可以减少对国际原材料市场的依赖，进一步提升经济稳定性。此外，还为垃圾回收与再生资源企业创造就业机会，推动经济发展。

3. 可回收物的投放要求

根据可回收物的产生数量、设置容器或临时存储空间，实现单独分类、定点投放，必要时可设专人分拣打包。居民可自行运送，也可联系再生资源回收利用企业上门收集，以进行资源化处理。

4. 可回收物的主要类型

可回收物类别主要有纸类、塑料、金属、玻璃、织物等，如表5-3所示。

表5-3 可回收物的物品列举

类别	物品列举
纸类	报纸、废弃书本、快递纸袋、打印纸、广告单、信封、纸板箱、纸塑铝、复合包装等
塑料	塑料盒、塑料玩具、塑料衣架、食品及日用品塑料包装、塑料瓶、瓶盖、PVC（聚氯乙烯）板、塑料卡片、亚克力板、泡沫塑料、密胺餐具、KT板（主要成分为聚苯乙烯）、PE（聚乙烯）塑料等
金属	金属瓶罐、金属餐具、金属工具、金属厨具、其他金属制品（铝箔、铁钉、铁板等）
玻璃	玻璃杯、玻璃盘、食品及日用品玻璃包装、其他玻璃制品、碎玻璃等
织物	旧衣服、毛绒玩具、床单、窗帘、枕头包、皮带、棉织品、皮鞋、丝绸制品等
其他	木制品、电子制品、电线、插头、电路板等

（二）有害垃圾

1. 有害垃圾的定义

有害垃圾指对人体健康和自然环境造成直接或潜在危害的生活废弃物。居民生活垃圾中的有害垃圾包括电池类、含汞类、废药品类、废油漆类、废农药类。

2. 有害垃圾的投放要求

遵循便利、快捷、安全原则，设立专门场所或容器，对不同品种的有害垃圾进行分类投放、收集、暂存，并在醒目位置设置有害垃圾标志。对列入《国家危险废物名录》的品种应按要求设置临时贮存场所。需要注意的是，为了避免有害垃圾中的有害物质在专业处置前影响自然环境，投放时请妥善包裹，防止废灯管、水银温度计等破碎，以免其中的有机溶剂、矿物油等物质溢出。

3. 有害垃圾的主要类型

有害垃圾主要分为灯管、家用化学品、电池，具体包括废电池，废荧光灯管，废温度计、血压计，废药品及其包装物，废油漆、溶剂及其包装物，废杀虫剂、消毒剂及其包装物，废胶片及废相纸等，如表5-4所示。

表5-4　有害垃圾的物品列举

类别	物品列举
废电池	充电电池、镉镍电池、氧化汞电池、铅蓄电池、纽扣电池、铅酸电池等
废荧光灯管	日光灯管、节能灯等
废温度计、废血压计	水银血压计、水银体温计等
废药品及其包装物	过期药物、药片、药品包装、药物胶囊等
废油漆、溶剂及其包装物	废油漆桶、过期指甲油、过期洗甲水、染发剂包装等
废杀虫剂、消毒剂及其包装物	杀虫剂喷雾罐、老鼠药、含氯消毒剂等
废胶片及废相纸	相片底片、感光胶片等

（三）厨余垃圾

1. 厨余垃圾的定义

厨余垃圾指居民在日常生活及食品加工、饮食服务、单位供餐等活动中产生的易腐的、含有机质的生活垃圾，包括丢弃不用的菜叶、剩菜、剩饭、果皮、蛋壳、茶渣、骨头等，其主要来源为家庭厨房、餐厅、饭店、食堂、市场及其他食品加工地。

2. 厨余垃圾的投放要求

厨余垃圾设置专门容器单独投放，除农贸市场、农产品批发市场可设置敞开式容器外，其他场所原则上应采用密闭容器存放。厨余垃圾可由专人清理，避免混入废餐具、塑料、饮料瓶罐、废纸等不利于后续处理的杂物，并做到"日产日清"。此外，还应按规定建立台账制度（农贸市场、农产品批发市场除外），记录厨余垃圾的种类、数量、去向等。厨余垃圾应采用密闭专用车辆运送至专业单位处理，运输过程中应加强对泄漏、遗落和臭气的控制。相关部门要加强对厨余垃圾运输、处理的监控。

3. 厨余垃圾的主要类型

厨余垃圾主要分为家庭厨余垃圾、餐厨垃圾、其他厨余垃圾，包括家庭、相关单位食堂、宾馆、饭店等产生的厨余垃圾，农贸市场、农产品批发市场产生的蔬菜瓜果垃圾、腐肉、肉碎骨、蛋壳、畜禽内脏等，如表 5-5 所示。

表 5-5 厨余垃圾的物品列举

类别	物品列举
蔬菜瓜果	绿叶菜、根茎蔬菜、菌菇、水果果肉、果皮、茎枝、果实等
残枝落叶	家养绿植、花卉、花瓣、枝叶等
肉类及其加工产品	腊肉、午餐肉、肉类及其加工产品、鸡、鸭、猪、牛肉及其内脏等
肉碎骨	鱼骨、碎骨、鱼鳞、虾壳等
蛋壳	鸡蛋壳、鸭蛋壳等
调味品	糖、盐、酱油、醋等

（四）其他垃圾

1. 其他垃圾的定义

其他垃圾是指危害较小，但也无再利用价值的垃圾，是除可回收物、厨余垃圾、有害垃圾之外的垃圾。

2. 其他垃圾的主要类型

其他垃圾的类型有砖瓦、陶瓷、渣土、卫生间用纸、瓷器碎片等难以回收的废弃物。总的来说，不属于可回收物、厨余垃圾、有害垃圾的废弃物，都是其他垃圾，如表 5-6 所示。

表 5-6 其他垃圾的物品列举

类别	物品列举
卫生间用纸	餐巾纸、尿不湿、猫砂、污损纸张等
砖瓦陶瓷	瓷器碎片、砖头、瓦片等
渣土	灰土、炉渣、施工废料等
补充	其他不属于有害垃圾、厨余垃圾、可回收物的垃圾

3. 其他垃圾的处理方法

其他垃圾危害较小，一般采取填埋、焚烧、卫生分解等方法，其中，卫生填埋是最常用的处理方法，可有效减少垃圾对地下水、地表水、土壤以及空气的污染。

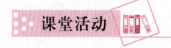

垃圾分类我先行

一、活动目标

践行垃圾分类新风尚，为校园垃圾箱制作醒目的垃圾分类小标识，主动将校园垃圾分类投放；引导校园内师生投放垃圾时主动将垃圾进行分类；培养垃圾分类好习惯，提高团队合作意识。

二、活动时间

建议 4~6 小时。

三、活动流程

1. 教师先给学生集中展示垃圾分类方法，让学生熟悉日常生活垃圾的分类方法，动员学生参与校园垃圾分类实践行动。

2. 教师将学生按照 6~8 人进行分组，每组选出 1 名组长，教师引导学生确定垃圾分类的目标，确定垃圾分类行动的区域。

3. 以组为单位制订校园垃圾分类行动计划，制作垃圾分类小标识。

4. 学生分组行动，分配到校园内各个垃圾投放点，组长带领组员将制作的垃圾分类标识张贴到各垃圾投放点的垃圾桶，主动将校园内垃圾进行分类投放，并引导校园内的师生在投放垃圾分类时主动进行分类。

5. 各组汇报展示活动成果，总结分享劳动收获。

6. 每组选派一名代表与教师一起对劳动成果进行评比，教师根据评审结果进行点评。

第六章

社会劳动实践

> **学习目标**

1. 了解社会志愿服务的相关知识，熟悉工作原则、志愿服务队伍管理与内容，理解志愿服务的重要意义。
2. 了解社会实践的内涵、特点与原则，熟悉社会实践的组织形式与活动类型，及其主要过程。
3. 了解"三下乡"社会实践活动的背景及基本类型，理解"三下乡"的重要意义。
4. 了解社会调查的概念、内涵、意义和一般过程，熟悉大学生应该掌握的社会调查报告的撰写方法。
5. 了解勤工助学的概念、意义、相关政策要求及权益保护，熟悉勤工助学的岗位设置原则及要求，掌握勤工助学岗位应聘要求及技巧，能够正确处理勤工助学与学习的关系。

> **案例导读**

广州松田职业学院师生走进田间地头参与劳动实践

炎炎烈日下，45名师生撸起袖子、卷起裤腿，在田间地头拔除稻田稗草、种植番薯、采摘玉米，忙得热火朝天。5月27日，广州松田职业学院校外劳动实践活动在广州市增城能记家庭农场举行，学校党委副书记陈华胜带队参加。

"稗草是稻田常见的恶性杂草，稻田中的稗草会和水稻争夺阳光、养料、水分和生存空间，一旦大面积生长，就会使水稻的生长发育受到抑制而导致减产，因此必须设法清除。"当天上午8时许，老师和同学们带着热情与干劲走进广州市增城区朱村街丝苗米稻田公园。在绿油油的稻田前，他们学习完除稗草的要点和方法后，挽起裤脚，下到田间，投身劳作。很快，稗草被大家拔得一干二净。随后，他们来到田间地头参与种植番薯、采摘玉米、清理田基杂草等农耕活动。

农耕劳动结束后，有的同学在田间地头主动捡拾散落在各个角落的废弃垃圾，以卫生清洁的形式开展社会服务劳动，共助美丽乡村、美好家园的建设；有的同学在增城能记家庭农场参与实地调研，结合艺术设计、信息工程等专业知识，对农场环境和信息化提升进行讨论交流，助力乡村振兴。

当天，师生们还参观了增城丝苗米产业文化展览馆。展馆分为丝苗米文化起源、丝苗米种源保护、增城粮食担当、现代农业互动体验、增城数字农业产业园展区、文创产品展示6个空间。在增城能记家庭农场负责人的讲解下，师生们对农业生产的各个环节和农业机械化生产情况进行了深入了解，深刻体悟现代乡村农业新形态、新发展。

劳动实践结束后，现场师生开展研讨交流，畅谈农耕劳动的体会。艺术与建筑学院2022级学生郭锦涛说："这次劳动，让我在拔除稗草中感受到农民对水稻茁壮成长、丰收高产的期盼，让我体会到粮食种植的不易，也更加感受到机械化生产对农业发展的重要性。"学校党委副书记陈华胜表示，本次劳动教育实践将劳动教育与课堂学习、乡村实践深度融合，培养学生爱粮、惜粮和节粮意识，引导学生厚植爱农情怀，练就兴农本领，立志做有理想、敢担当、能吃苦、肯奋斗的新时代好青年，未来在乡村振兴的大舞台上、在强国强农的奋斗路上贡献青春力量。

据悉，为推进劳动教育实践常态化，广州松田职业学院不仅每周末组织师生开展校外劳动，还因地制宜，活用校内资源，将农场搬进校园，建设"东篱园"校园农场，由该校辅导员、绿化工人和宿管员等担任劳动实践导师，组织带领学生共建瓜果、蔬菜、花卉种植劳动教育基地，开展劳动技能培训，引导学生提升劳动技能。

（来源：学习强国，2023-06-01，https://www.xuexi.cn/local/normalTemplate.html?itemId=7202354690853883556）

阅读上文后，请回答如下问题：你参加过真正意义上的田间劳动么？或者参加过工厂里的实践劳动么？这些劳动体验留给你什么样的生活哲学感悟？

第一节　社会志愿服务

一、志愿服务的概念

志愿服务是指志愿者组织或志愿者服务社会公众生产生活和促进社会发展进步的行为，也泛指利用自己的时间、技能、资源、善心为他人提供非营利、无偿、非职业化援助的行为。志愿服务的主要特点有志愿贡献个人的时间及精力，不讲求任何物质报酬，为改善社会、促进社会进步而提供服务。我国志愿服务的范围主要包括扶贫开发、社区建设、环境保护、大型赛会、应急救助、海外服务等。志愿服务的功能有社会动员、社会保障、社会整合、社会教化。

二、志愿服务队伍管理

党的二十大报告就提高全社会文明程度提出，统筹推动文明培育、文明实践、文明创建，推进城乡精神文明建设融合发展，在全社会弘扬劳动精神、奋斗精神、奉献精神、创造精神、勤俭节约精神，培育时代新风新貌；完善志愿服务制度和工作体系。

由共青团中央印发的《中国注册志愿者管理办法》规定："团组织、志愿者组织根据服务对象的需求，向注册志愿者发布服务信息、提供服务岗位，志愿者按照相关要求开展志愿服务。注册志愿者也可按照相关规定自行开展志愿服务。提倡具有相同服务意向和志趣爱好的注册志愿者在团组织、志愿者组织指导下结成志愿服务团队开展服务。"

2017年6月7日，《志愿服务条例》经国务院第175次常务会议通过，由国务院于2017年8月22日发布，自2017年12月1日起施行。《志愿服务条例》指出，志愿者可以将其身份信息、服务技能、服务时间、联系方式等个人基本信息，通过国务院民政部门指定的志愿服务信息系统自行注册，也可以通过志愿服务组织进行注册。志愿服务组织可以采取社会团体、社会服务机构、基金会等组织形式。志愿服务组织的登记管理按照有关法律、行政法规的规定执行。开展志愿服务，应当遵循自愿、无偿、平等、诚信、合法的原则，不得违背社会公德、损害社会公共利益和他人合法权益，不得危害国家安全。志愿者是指以自己的时间、知识、技能、体力等从事志愿服务的自然人。志愿服务组织是指依法成立，以开展志愿服务为宗旨的非营利性组织。

▶ 课堂案例

手语姐姐志愿服务团队：用手语架起沟通桥梁

杭州亚残运会期间，不少外国和外地来此的工作人员和记者发现，在一些城市公共场所，扫描二维码就可以获得免费的手语服务。在赛场的观众席上，不时也可以见到，一位手语翻译正向二三十位前来观赛的听障观众翻译即时信息。这些志愿服务的提供者来自杭州市民耳熟能详的手语姐姐团队。

在亚残运会开幕式上，手语姐姐团队负责人毛董莱和视障女孩刘景怡为观众奉献了一场精彩的表演。伴随着刘景怡的朗诵，毛董莱双手翻飞，有声和无声交织，表达着最美的语言。

手语姐姐团队成立于2010年，是浙江省首个专业的手语无障碍服务社会组织，全称为"杭州手语姐姐无障碍交流服务中心"。

毛董莱告诉记者，为了做好开幕式手语表演，手语姐姐团队进行了创作。"比如诗朗诵中有'芬芳'一词，手语中是没有的；诗句中还有'美好的寄寓'这句，'寄寓'一词，手语中也是没有的，我们要想办法表达出来。"

"'桂花'的杭州手语和通用手语不一样，在节目中如何表达？我们采用了一个较为夸张的动作，既能准确表达意思，又符合导演提出的要求。在节目《梦闪耀》中，我们的手语老师教2 000多个孩子打手语，又带动全场数万名观众一起用手语表达'爱是力量，梦是翅膀。我们一样，为梦闪耀'。"毛董莱说。

得知杭州要举办"两个亚运"时，手语姐姐团队就已经开始了相关布置。"两个亚运"期间，开展亚运服务手语课100余次，培训志愿者5万余人。团队30多位老师持续为亚残运会的竞赛、各类会议、火炬手传递等提供手语服务；团队12位手语老师代表参加亚残运会开幕式手语表演。赛事期间，手语姐姐团队还持续为听障者提供远程翻译服务，陆续为有需求的听障者提供场馆参观服务、赛事观看服务等。此外，团队和有关部门共同推出了《亚运志愿服务手语服务手册》。

在杭州，目前有380个手语姐姐团队设立的公共服务点，当听障人士需要手语服务时，可以随时扫码获得远程的实时手语翻译服务；对于去医院就诊等复杂的场景，手语姐姐团队还提供线下一对一翻译免费服务,该服务由杭州市政府购买。此外,该团队在北京、上海、山东、广州等地也开设了服务点。

手语翻译的培养需要较长时间,一位中级手语翻译老师需要8~10年时间才能培养得出来,而杭州有3.4万余名持证听障人士,光靠一个团队难以满足全部需求。毛董莱表示,希望通过科技和互联网的力量,让服务触达更多听障人士。

"手语着,美丽着。未来,我们将致力于推动信息无障碍公共服务发展。"毛董莱说,"打造有'爱'无'碍'的助残公益品牌,帮助残疾人更好地融入社会,共享美好生活。"

(来源:学习强国,2023-10-31,https://www.xuexi.cn/lgpage/detail/index.html?id=8085767363488211871&item_id=8085767363488211871)

三、志愿服务工作原则

志愿工作具有志愿性、无偿性、公益性、组织性四大特征。志愿服务的精神是"奉献、友爱、互助、进步"。其中"进步"精神是志愿服务精神的重要组成部分。志愿者通过参与志愿服务,使自己的能力得到提高,同时促进了社会的进步。在志愿活动中,无处不体现着"进步"的精神,正是这一精神使人们甘心付出,追求社会和谐之境的实现。

开展青年志愿者行动,一定要坚持自愿参加、量力而行、讲求实效、持之以恒的原则。

(一)自愿参加

自愿参加原则主要是强调参加青年志愿服务的自觉性。自愿参加是开展青年志愿服务活动的前提。只有"自愿"才能称其为"志愿者",只有"自愿"才能持久。对于参加者而言,青年志愿者行动的魅力就在于它变"要我参加"为"我要参加",充分尊重青年的主体地位,注重调动青年自身的积极性、主动性。

(二)量力而行

量力而行原则就是要根据自己人力、物力、财力条件允许的程度来开展工作。首先,要研究服务客体,也就是要研究服务对象,搞清楚服务需求。现实生活中服务需求是多方面和多层次的,志愿服务一定要从共青团和青年的实际出发,从各地、各条战线、各个行业的实际出发,从社会需求的实际出发,把主观愿望和客观实际结合起来,把社会需求和服务能力结合起来,实事求是,量力而行,不搞一刀切。要分清什么是现在能做到的,什么是下一步才能做到的,什么是将来才能做到的,还有什么是我们做不到的。我们既不能无所作为,也不可包打天下。要循序渐进,逐步发展,切不可操之过急,否则欲速则不达。

(三)讲求实效

首先就是要办实事。青年志愿者行动的出发点和立足点,就是要上为政府分忧,下为群众解难,为社会、群众办实事。其次是要抓落实。面上的示范性的活动要搞,但工作重点是狠抓在基层的落实。青年志愿服务只有落实到基层，落实到具体人、具体事，真正成为基层广大青年的经常行为，才有生命力和发展前途。最后是求实效。求实效的集中表现就是在实践中使社会和群众体验或享受到志愿服务的成效。办实事、抓落实、求实效三者缺一不可。

（四）持之以恒

持之以恒原则就是指青年志愿服务要做到经常化、长期化。青年志愿者行动是一项跨世纪事业，必须以办事业的精神和方法来推进。开展志愿服务活动必须与建立多层次社会保障体系结合起来，必须着眼于建立中国特色的青年志愿服务体系，必须建立必要的机制以保障青年志愿者行动经常化、长期化、规范化、制度化；要健全组织，稳定队伍，建立基金，制定规章，形成机制，坚持长久；要保持工作和人员的相对稳定性和连续性。

▶ 课堂案例

"中国好人"唐革军：志愿服务源于心 奉献爱心在于行

在雷锋入伍地、雷锋精神孕育和初步形成的地方——辽宁省辽阳市，有这样一位老人，人们亲切地称呼她"唐姨"。她习惯戴着圆形的黑框眼镜，笑容总是挂在脸上，虽年过70岁，仍然精神抖擞、神采奕奕，走起路来呼呼带风。"雷锋精神是我的支柱"是她的"口头禅"，并激励她数十年如一日投身志愿服务、奉献爱心。她带领唐革军爱心团队累计捐款42万元，用于帮助孤寡老人和弱势儿童。她就是辽阳市白塔区南门街道关工委常务副主任、唐革军爱心团队队长唐革军。

"我是党员，就要践行党员的奉献本色"

心肠热又闲不住的她，23年前从企业退休后主动把党组织关系转到了社区，被南门街道聘为关工委常务副主任和老科协秘书长。她常说："我是党员，就要践行党员的奉献本色，为社区居民多做力所能及的事，让大家感受到党的温暖。"

在党员日活动时，唐革军了解到社区的孤寡老人宋秀兰，老伴去世，无儿无女，身体多病。14年来，她经常为宋秀兰买药送衣，陪她聊天、包饺子、看春晚，就像照顾母亲一样照顾宋秀兰。宋秀兰逢人便夸："小唐是我的贴心小棉袄。"有人问唐革军，帮一个毫无血缘关系的人，值吗？"看着一个人有困难，不帮她，我做不到。只要她日子过得好，我就值！"听到她的话，大家纷纷竖起大拇指。

面对家里失火的居民，唐革军送去自家的新棉被；汶川、雅安地震后，她都捐出1000元特殊党费；常年帮助重症肌无力患者李宁和一位因父亲生病去世的单亲女孩肖蕴桐……唐革军总是润物无声地默默奉献、不求回报。

"塔尖小，塔座大，甘当塔座更踏实"

2016年，唐革军的名字刷爆了辽阳的微信朋友圈，她的家庭入选第一届"全国文明家庭"，让很多认识和了解她的人感到兴奋和自豪。但对她本人来说，这更是一种激励，她要和老伴儿一起，继续把公益做好，一如过去的几十年。

唐革军和老伴结婚几十年来，始终互敬互爱、共同前进。对待子女，也始终严格要求，并时刻告诫孩子们："不和别人攀比，塔尖小，塔座大，甘当塔座更踏实。"如今，唐革军的两个儿子和一个女儿均已成家立业，并且都以唐革军为榜样，力所能及地帮助着身边的人。

"历史不能割断,家风必须继承。优秀传统一定要代代传下去,让孩子们都成为对社会有用的人!"唐革军是这样说的,也是这样做的。每到假期,唐革军发现社区有一些困难家庭的孩子无人照看,她看在眼里、急在心里。于是,她拿出3万多元购买了服装、玩具和各种学习用品,指导孩子们学习生活小技能。同时,她联合雷锋战友和老教师老专家等,为孩子们免费举办了二十二届以"学习雷锋 点亮人生"为主题的冬夏令营,现已成为辽阳市中小学生假期的品牌活动。她和老伴儿一起亲手绘制二十四孝图,给孩子们讲解传统"孝"文化。2012年以来,唐革军家庭还先后与10位西藏班孩子结对子,每逢节假日,就把这些孩子接到家中做客,带他们春游。孩子的父母从西藏打来电话说:"感谢辽阳,感谢唐阿姨。"

甘做"雷锋式的'傻子'"

"我的小学毕业作文题目是《我要做这样的"傻子"》,从此学习雷锋精神成了我一生的追求。"

退休后,唐革军组织成立了唐革军爱心志愿者团队,后又成立了唐革军学雷锋、学郭明义爱心团队。再次"上岗"的唐革军,全身心投入到志愿服务活动中。目前,已发展服务团队18支,志愿者510多名,先后出资60余万元举办各种志愿服务活动。

在"打造古城文明路"活动中,她和团队志愿者每天早晚高峰期准时出现在交通岗,协助交警站岗疏通道路。

以创建文明城市活动为契机,带领团队志愿者日复一日、年复一年地活跃在环境保护、爱绿护绿等志愿活动中。

2019年,辽阳市中级人民法院聘请唐革军爱心团队,成立个人品牌调解工作室,为群众排忧解难、化解矛盾纠纷、处理疑难积案。

多年的无私奉献,让唐革军先后荣获全国文明家庭、全国道德模范提名奖、"中国好人"、辽宁省关工委"五老个人标兵"、辽阳市优秀共产党员、辽阳市道德模范等荣誉称号。谈到这些荣誉,唐革军淡淡地说:"这是党和群众对我的鼓励,更是我前进的动力。我会一如既往地做好志愿服务和公益事业,尽我所能帮助他人、传递温暖。"

(来源:学习强国,2023-11-02,https://www.xuexi.cn/lgpage/detail/index.html?id=8901094659015218435&item_id=8901094659015218435)

四、志愿服务的重要意义

大学生在参与志愿服务的过程中,不仅为社会和他人提供帮助,自身也得到锻炼和提高,思想境界得到升华和发展。实践证明,志愿服务是培养教育大学生的有效途径,是实践育人的重要载体。

(一)参加志愿服务对社会的意义

1. 大学生志愿服务推动社会和谐

社会发展需要政府的引导,也需要市场经济的支持,更需要培育社会组织来完成。而大学生志愿服务组织就属于对社会事务进行自我管理和自我服务的社会组织。大学生志愿服务组织将大学生志愿者组织起来,从事各种公益事业,帮助政府一起解决各种社会问题，从而推动社会建设。

2. 大学生志愿服务引领社会文明风尚

所谓现代公民意识就是指公民所具有的独立主体意识、责任意识、法治意识和公德意识，它与志愿服务中的公益精神一脉相承。所以，志愿精神往往引领着一个国家和社会的现代文明风尚。有数据显示，志愿者组织越多、志愿服务越发达的地区，其文明程度也越高。因为志愿精神可以有效地推动一个国家或一座城市文明的进步。大学生志愿服务致力于扶贫扶助、社区建设、抢险救灾社会活动等各项公益事业，有效地发挥了社会动员能力，扩大了志愿服务的社会参与范围，促进了社会文明风尚的形成。

3. 大学生志愿服务助推构建和谐社会

传递爱心、传播文明是志愿服务的生动写照。大学生志愿者正是基于"奉献、有爱、互助、进步"的志愿精神参加志愿服务，因此大学生志愿服务活动与构建和谐社会主义相一致，也是实现和谐社会的推动力量。首先，志愿服务过程可以促进人与人之间相互关爱的人际关系。其次，大学生志愿服务强调力所能及和互相帮助，通过激发社会成员的内在自觉，倡导"人人为我、我为人人"的道德观念，有助于拉近彼此距离、建立信任关系、促进和谐相处。最后，大学生志愿服务中的环保志愿服务促进了人与自然之间的和谐相处。加大力度弘扬志愿精神，推进大学生志愿服务工作，将对构建和谐社会做出重大的贡献。

（二）大学生参加志愿服务的意义

1. 体验奉献的价值

通过帮助他人、服务社会的过程，大学生能够获得精神的幸福感和成就感。大学生参加志愿活动不仅使助人为乐的优秀品质内化于心，还会通过实践提升思想道德水平和文明素养。有实验表明，在思想政治理论课上以明确行为指令的方式要求学生必须排队乘坐公交车，效果不是很理想，但在学生参与组织公交文明排队的志愿活动后，更多的学生选择了主动排队乘坐公交车。

2. 提升社会实践能力

实践是检验真理的唯一标准。大学生在学校学习的知识，只有在实践中才能得到验证和巩固。只有走出校园深入社会、了解社会，才能真正得到锻炼，才能成长成才。通过志愿活动，大学生有机会走出校园，深入贫困山区，了解贫困地区人民的生活状况。通过深入社区、敬老院、孤儿院、福利院的志愿活动，可以看到社会弱势群体的生活状况。这些实践经历，有助于大学生形成实事求是的实践精神，进一步关注社会发展、关爱人类进步。

（三）大学生参加志愿服务应有的基本态度

对于参加扶残助残志愿服务的志愿者来讲，首先要端正扶残助残的态度，以平等、尊重、真诚的态度与残疾朋友沟通与相处。具体有以下几点。

（1）平等真诚。残疾人也渴望自立自强，渴望人格上的完整，所以志愿者的帮助首先应建立在人格平等和相互尊重的基础上。

（2）热情勤快。志愿者在扶残助残中应做到"五勤"："勤动腿"，即乐于为残疾人热情奔走，为他们提供周到细致的服务；"勤动口"，即主动征求残疾人的意见，了解他们的需要；"勤动眼"，即注意观察，及时发现并帮助残疾人解决问题；"勤动手"，即服务热心，直接动手为残疾人排忧解难；"勤动脑"，即选用最好的方式为残疾人服务，冷静处理好各种突发事件。

（3）帮助适当。志愿者要尊重残疾人的意愿，不越俎代庖，这才是残疾人所乐于接受的服务方式。

（4）理解尊重。志愿者对残疾人一定要发自内心地尊重他们的人格，用平等的态度与他们交往。

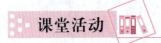

筹划校内志愿服务活动方案

一、活动目标

提升学生对志愿服务的认同感，让其愿意积极传递正能量。

二、活动时间

建议30分钟。

三、活动流程

1. 教师按照6~8人把学生划为一组，小组分工搜集相关资料，并要求每组制订一项校内志愿服务活动。

2. 每组针对制定的志愿服务活动，形成1个可实施的方案。

3. 每组选出一名代表分享本组的活动方案，其他小组可以对其进行提问，组内其他成员也可以回答问题。

4. 教师进行分析、归纳和总结，每组可在教师总结的基础上再次修改活动方案并提交。

5. 教师根据各组在活动过程中的表现和最终的活动方案给予点评并赋分。

第二节　社会实践

一、社会实践概述

（一）社会实践的内涵

社会实践是培养学生创新精神和实践能力、提升学生综合素质的良好载体，是实施素质教育的一种良好形式。哲学上的社会实践是讲人类认识世界、改造世界的各种活动的总和，即全人类中大多数人从事的各种活动，包括认识世界、利用世界、享受世界和改造世界的活动。社会实践是学生走向社会的一个很重要的锻炼环节，也是教育与实践相结合的具体体现。学生参加实践活动，对德智体本身来说是课堂教育的延续。社会实践是教育教学内容的重要组成部分，以学生个人主动参与及体验为主，是巩固所学知识、吸收新知识、发展智能的重要途径。它不受教学大纲的限制，学生可以在这个课堂里自由驰骋，发挥自己的才能。

（二）社会实践的特点

社会实践活动具有实践性、开放性、生成性和自主性等特点，为学生综合素质的提

第六章 社会劳动实践

升,特别是创新精神和实践能力的培养,提供了广阔的空间。学校学习的最终目的是要学以致用,为以后的社会生活积累必要的知识储备。社会实践活动可以使学生对书本知识在实际生活中的应用有一个练习的机会,同时也使学生对社会有一个初步的了解,在这种双向了解的过程中,学习社会知识,为以后融入社会生活做一个铺垫和准备。

(三) 社会实践的原则

大学生社会实践的总体要求是:全面贯彻党的教育方针,遵循大学生成长规律和教育规律,以了解社会、服务社会为主要内容,以形式多样的活动为载体,以稳定的实践基地为依托,以建立长效机制为保障,引导大学生走出校门、深入基层、深入群众、深入实际,开展教学实践、专业实习、军政训练、社会调查、生产劳动、志愿服务、公益活动、科技发明和勤工助学等,在实践中受教育、长才干、做贡献,树立正确的世界观、人生观和价值观,努力成长为中国特色社会主义事业的合格建设者和可靠接班人。工作原则主要包括以下几点。

(1) 坚持育人为本,牢固树立实践育人的思想,把提高大学生思想政治素质作为首要任务。

(2) 坚持理论联系实际,提高社会实践的针对性、实效性和吸引力、感染力。

(3) 坚持课内与课外相结合,集中与分散相结合的原则,确保每个大学生都能参加社会实践,确保思想政治教育贯穿于社会实践的全过程。

(4) 坚持受教育、长才干、做贡献,保证大学生社会实践长期健康发展。

(5) 坚持整合资源,调动校内外各方面的积极性,努力形成全社会支持大学生社会实践的良好局面。

二、社会实践的组织形式与活动类型

(一) 社会实践的组织形式

1. 个人分散活动

个人分散活动的内容丰富多彩,涉及社会方方面面。从区域划分,有农村的、有城市的,有内地的、有沿海的;从内容划分,有政策宣讲的,有科技扶贫的,有爱心公益的,有专业实习的,有支教扶贫的等。

2. 团队集体组织

团队集体组织指以团队的形式组成社会实践小分队,分赴各地开展内容丰富的社会实践活动。

(二) 社会实践的活动类型

1. 以校内服务为主的岗位实践活动

社会实践活动首先应该从与学生学习生活关系密切的校内生活开始。学校在具体的开发过程中,可以充分运用学生的能力,相信学生,放手让学生从事一些校内岗位的锻炼,从而提高学生的能力,如校园迎宾活动、校园卫生值日的检查、纪律的维护、家长会时的一些服务引导工作、大型活动时的秩序维护等;也可帮助教师做一些辅助的工作,如帮助图书馆进行图书的整理、登记工作,帮助实验老师进行实验仪器的整理,帮助计算机老师进行电脑系统维护等;还可以从事一些校园的公益劳动,如进行公益卫生打扫、到食堂帮厨等。

2. 以调查研究为主的社会实践

学生在老师的指引下，针对某一社会现象，进行资料查询、专家走访、实地考察，提出这一现象出现的缘由、现状、解决的办法等，进而形成自己的考察报告。在这一过程中，学生从选题、调查的过程到形成报告，都需要认真思索，要开动脑筋，充分运用所学的知识，能够充分锻炼资料收集能力、分析问题能力、观察能力、与人交往能力、写作能力等。在这类实践中，教师要对学生进行认真的指导，切实选择适合他们实际的，经过努力能够解决而又存在一定难度的论题，如调查水污染、学生心理状况、课间教室关灯与资源节约等都是大学生可以参与的社会实践活动。

3. 以社区服务为主的社会实践

大学生在教师指导下，走出教室，进入实际社会情境，直接参与和亲身经历各种社会实践活动，开展各种力所能及的社区服务性、公益性、体验性的学习与实践，以获取直接经验，发展实践能力，增强他们的社会责任感。例如，针对自己生活的社区，通过垃圾分类、清除非法广告、帮助孤残老人和儿童、慰问军属烈属等各种形式的活动，进一步了解社会，增强社会责任感。

4. 以公益宣传为主的社会活动

大学生可利用节假日，走上街头，进行公益宣传，提高公众对某一社会现象的关注度，增强公众的科学意识，建设环保节约型社会。公益宣传包括环保宣传、交通安全宣传、节约水资源的宣传、法律知识宣传、禁烟宣传等。这类宣传比较容易进行，只要结合某一节日（如世界水日）进行就行，但在宣传时要注意，大学生不但要面向公众，还要与自己的生活实际相联系，这样在宣传的过程中也会提高自己的意识与水平。

5. 以参观为主的实践活动

大学生可以在学校的组织下进行一些参观活动，这些参观可分为两类：一类是自己所在地的现代化企业，另一类是本地的一些人文景观。通过参观现代企业，使大学生感受现代企业文化和企业管理，体验现代高科技。通过参观本地的人文景观，如历史博物馆、科技馆、地质博物馆、一些遗址等，使大家了解本地的自然人文情况，加深对区域性文化的了解。

> **课堂案例**

> **兰州大学研究生支教团：二十四载接力 让爱永驻讲堂**
>
> "用一年时间，做一件终生难忘的事。"
>
> 为了这样一句质朴的承诺，兰州大学研究生支教团的支教故事已经持续了24年。
>
> 甘肃省甘南藏族自治州临潭县、庆阳市华池县、陇南市两当县，云南省红河哈尼族彝族自治州石屏县……24年来，从甘肃到云南，从西北腹地到云贵高原，兰州大学研究生支教团成员的足迹从西北延伸到了西南。
>
> 2000年，兰州大学加入了中国青年志愿者研究生支教团项目，先后选拔了200多名青年志愿者赴甘肃和云南的20余所中小学进行支教。2022年8月，兰州大学第24届研究生支教团的成员们接过前辈的接力棒，怀抱着教育理想走进了学校，走上了讲台。
>
> 侯珏昊是兰州大学新闻与传播学院2023级的硕士研究生。2022年8月，他来到甘

南藏族自治州临潭县，开启了为期一年的支教生活。同他一起来到临潭四中支教的，还有兰州大学新闻与传播学院2023级硕士研究生王绘棋和兰州大学艺术学院2023级硕士研究生杨雯。

一支粉笔，三尺讲台，四季晴雨。从兰州大学学子到支教老师，在临潭四中，侯珏昊、王绘棋和杨雯三人褪去了学生的青涩，走上了讲台，拿起了粉笔，为孩子们讲述起课本中的知识，为他们描绘课本以外的世界。

"盼望着，盼望着，东风来了，春天的脚步近了。"侯珏昊站在讲台上教授的第一节课便是朱自清的《春》。第一次站上讲台，他并不怯场，丰富的知识储备和充分的备课，让他信心十足。然而，第一节课就给了侯珏昊不小的打击。或许是因为胆怯，孩子们与他互动的积极性并不高。

面对课堂上的窘境，支教经验丰富的老师赵宏平告诉侯珏昊，很多孩子都有一些胆怯，不敢跟老师互动，也不敢在课堂上大声地表达自己的看法和观点。"别泄气！换种教学方式可能会更好。课堂上给学生明确的指令，知识点掰开揉碎讲得再细致一点，你再耐心一点。"赵宏平向侯珏昊传授着自己的教学经验。

经过指点，侯珏昊反复调整自己的讲课方式，慢慢地，他逐渐得心应手，得到了学校老师们的一致好评。

支教一年，自教一生。在给学生教授课本知识的时候，侯珏昊也从课堂中学到了不少书本以外的知识，学生像他的另一面镜子，照出了他的许多不足。一天，他收到了一封来自七年级（2）班学生们的"申冤信"。原来，那天月考成绩出来了，侯珏昊班上学生们的考试成绩很好，他有些怀疑学生们这次考试成绩的真实性。于是，在课堂上侯珏昊向自己的学生提出了质疑，并希望学生们可以在以后的考试中能够做到诚实作答。

但是学生们有些委屈，便动笔写下了这封"申冤信"，向侯珏昊诉说了他们的委屈，并请求老师一定要信任他们。在信的结尾，学生们写道："我们也很荣幸能遇到您这样的语文老师，剩下的时间，我们也会好好努力，争取期末考一个好成绩，语文老师您辛苦了，致敬这场相遇。"

读到信后的侯珏昊受到了极大的震动，既内疚于自己的武断，也为学生们的勇敢感到欣慰，更感慨于与学生们这一年的相遇。对于远离家乡的他来说，学生们几乎成为他唯一的情感寄托，既承载着希望，也寄托着他这一年全部的追求。

"最后我先向学生们真诚地道了歉，并告诉他们一定要多和老师沟通，有委屈一定要大胆说出来，并相信自己无论优秀与否，都值得被爱，也要学会爱自己。"侯珏昊说。

做学生的表率、带领他们进入知识的殿堂、浇灌学生的梦想，一直以来是兰州大学研究生支教团三位成员孜孜不倦追求的目标；在薪火相传的接力中，他们将志愿者精神内化于心，外化于行；"人民教师"四个字于三位成员来说可谓字字千钧，也正是这四个字，鞭策着他们不断成长进步。

多年来，兰州大学研究生支教团一直深耕在祖国西部，侯珏昊、王绘棋、杨雯的故事并不是个例，几百名像他们一样的兰州大学学子用自己的脚步丈量着西部的土地，在祖国最需要的地方绽放绚丽的青春之花。

（来源：学习强国，2023-08-26，https://www.xuexi.cn/lgpage/detail/index.html?id=10954474821151300013&item_id=10954474821151300013）

三、社会实践的主要过程

大学生社会实践活动从筹划、实施到完成要经历一个过程。对于同一活动,由于其方法、时机、对象、目标不同,其效果是截然不同的。因此,在组织社会实践过程中,要想效果最佳,必须重视过程优化。就某种意义而言,大学生参加社会实践活动的一般过程主要包括调适、抉择、策划、升华四个环节,过程优化的重点就是上述四个环节的整体优化。

(一)事先调适

大学生应该对社会实践过程中碰到的各种难题,从心理上、思想上、能力上、知识上进行必要的准备。长期生活在"象牙塔"下的大学生,一旦步入社会,展现在面前的将是一幅五彩缤纷的社会画面,令人目不暇接,若缺乏必要的思想准备,必然导致青红不分、皂白不辨。

1. 社会实践前的知识调适

参加社会实践的过程,既是接触工农、了解社会、认识国情、提高觉悟的过程,也是运用知识、理论联系实际、服务社会的过程。因此,大学生合理的知识结构,直接影响社会实践活动的效果。所谓知识结构,是指一个人知识体系的构成状况与组合方式。就大学生个体而言,无论在知识容量上,还是在知识构成上都是有限的,要按照社会实践的需要调节知识结构。从实际出发、从社会需要出发,坚持缺什么补什么的方针。

2. 社会实践前的能力调适

知识不等于能力。歌德曾尖锐指出:"单学知识的人仍然是蠢人。"建立合理的能力结构,是提高实践有效性的关键之一。在社会实践活动中,最关键、最能起作用的能力是社会适应能力、实践动手能力、言语表达能力、组织管理能力和分析观察能力等。

3. 社会实践前的心理调适

一旦走向社会,许多难题就会摆在大学生面前。一是生活,衣、食、住、行都要自理,这对自理能力较差的学生而言是一大难关。二是活动,在社会上开展的活动与学校不同,时间有限,加上人生地不熟,对此若没有必要的心理准备,过分地理想化,一旦碰到难题,就会无所适从,进退两难。

(二)抉择

抉择即选择,指从众多方案中挑选最佳方案的过程。在众多方案中如何选出最佳方案,直接影响着社会实践活动的实际效果。在选择活动目标时应注意:目标不宜太低,但也不宜太高。社会实践活动的内容是丰富多彩的。要选好活动的内容,必须选好活动的主题,在鲜明的主题下可以容纳丰富的活动内涵。主题提出后,必须具有可行性,要让人们看得见,摸得着,只有这样才能引起人们的心理共鸣。大学生在校时间是有限的,在参加社会实践活动的时间安排上,应根据学习的松紧程度给予合理安排,大规模的、难度大的、任务重的活动,一般应安排在假期,并要坚持就近、就便的原则。

（三）策划和实施

策划和实施是社会实践中的一个重要环节，策划是对社会实践目标、内容和方法的设计。强化社会实践策划活动，可以将对社会实践活动的指导提前，帮助我们更好地完成社会实践活动。

社会实践策划和实施对实现大学生全面发展具有重要作用。策划不同于实践活动计划。计划是为达成具体目标所确定的实施步骤与方法，而策划是针对所要实现的目标，根据实际情况，确定实施的内容和方法，包括目标、内容和方法，是目标与内容的统一、内容与方法的统一、理论知识与实践情况的统一。在策划中，我们应注重的不仅包括步骤和方法，还包括目标与内容本身。实施社会实践的内容能够帮助大学生树立正确的人生观、世界观和价值观，能够帮助大学生将理论知识运用到具体的实践中，提高大学生用理论知识分析问题、解决问题的能力，并提高大学生理论研究的热情和主动性。做好社会实践策划是高质量完成社会实践的基础，应注意以下两个环节：首先，社会实践策划应当尽量做到全面；其次，社会实践策划还要具有一定的现实意义，即大学生策划社会实践活动要贴近生活、贴近群众，符合群众和社会的需求。我们不仅要在社会实践中学知识、长才干，还要通过社会实践，做出自己的贡献。社会实践策划要在现实中执行，还必须具有可行性。可行性是策划书得以执行的基础，也是比较容易忽视的问题。

（四）升华

社会实践的根本宗旨在于人才和社会的双重效益。要使人才效益达到最佳，一个不可缺少的环节就是升华。所谓升华，就是要使思想觉悟、知识能力等诸方面在社会实践中得到提高和凝练。升华过程可有净化阶段、深化阶段和升华阶段三个阶段，我们的思想应发生飞跃，为成为新时代的建设者做好准备。

课堂活动

"返家乡"暑假社会实践活动

为深入学习贯彻习近平新时代中国特色社会主义思想，全面贯彻党的二十大和历次全会精神，深入领会落实习近平总书记关于青年工作的重要思想，聚焦抓好党的事业后继有人这个大计，坚持"受教育、长才干、作贡献"的宗旨，组织学校大学生返回家乡参与社会实践，帮助青年学生不断提升社会化能力，建立在外高校学子与家乡联系的制度化渠道，同时也希望争取家长的监督力量，和家长一同鼓励、指导学生参加"返家乡"暑假社会实践活动。鼓励同学们进行企事业单位、公益社区服务社会实践，完成暑假社会实践调查报告书，修正个人职业生涯规划目标。开学后，我们将评选出优秀假期社会实践者参与到实践经验交流与职业探索成果的分享当中，促进大家互相学习、共同成长！同时，学生在校期间参加的历次假期调查和实践活动，将作为今后评奖评优、推荐就业的依据之一。现将组织开展本年度"返家乡"暑假社会实践活动的有关事项通知如下。

一、活动对象

全校学生。

二、活动主题

学习二十大 永远跟党走 奋进新征程。

三、活动时间

暑假期间任意两周时间（连续两周）。

四、活动方式

由校团委科技实践部总牵头，各二级学院团总支科技实践部和各班级具体落实。

（一）职业探索性质暑假社会实践活动（原有的专业实习、兼职等）

核定时长≥15天，上交的实践报告中必须包括工作照片以及公司公章盖章，照片中必须出现本人正脸以及公司名称。

1. 政务实践。组织学生深入地方党政机关、事业单位一线岗位，承担具体工作。尤其在党的二十大精神宣讲、党史学习教育、政策宣传解读等方面积极发挥作用。学生可依据自身情况，酌情参加"青少年模拟政协提案征集活动"。

2. 企业实践。通过大学生专业方向与企业岗位需求的双向匹配，组织学生参与家乡企业实际工作。鼓励涉农专业学生到合作社、农村企业等参加实践。

3. 兼职锻炼。结合当地具体情况，组织安排符合条件的学生担任乡镇团委及村、社区团组织等基层团组织的兼职干部，参与相关工作，积极发挥作用。

（二）公益志愿服务社会实践

核定时长≥15天，动员学生主动去村、社区等基层一线场所报到，在乡镇团委和村社区等组织的统一领导和调度下，开展扶贫济困、扶弱助残、服务群众等工作，弘扬"奉献、友爱、互助、进步"的志愿精神。

1. 公益服务。组织学生通过志愿服务等方式，在农村、社区以及青年之家、四点半课堂等基层一线场所，开展扶贫济困、扶弱助残、敬老爱老、生态环保、课业辅导、服务群众等工作，弘扬"奉献、友爱、互助、进步"的志愿精神。

2. 社区服务。动员学生主动向村、社区和青年之家报到，在乡镇团委和村、社区团组织的统筹下，就近就便编入志愿者组织、青年突击队等，通过多渠道力所能及地参与基层治理日常工作。组织大学生参与社区青春行动，每个社区青春行动的实施社区安排不少于10名大学生开展社会实践。

（三）乡村振兴"云实践"活动

核定时长≥15天，动员学生积极参与乡村振兴战略实施，充分发挥移动互联网和智能网络平台的作用，在乡镇团委和村、社区团组织的统筹下，灵活开展"云调研""云实践"等活动，形成乡村调查报告等实践成果。

1. 网络"云实践"。动员学生充分发挥移动互联网和智能网络平台的作用，从地方经济社会发展特别是乡村振兴等领域入手开展社会调查，常态化开展"云组队""云调研""云实践"等活动，形成乡村调查报告等实践成果。

2. 乡村振兴。动员学生积极参与乡村振兴战略实施，在乡镇团委和村团组织的统筹下，参与开展乡村社会治理、公共服务、文化建设、生态文明建设等领域的实践活动，讲好乡村振兴故事，助力美丽乡村、文明乡村、善治乡村建设。

3. 文化宣传。组织学生探究家乡特色文化，用好家乡丰富资源，讲好家乡生动故事，开展多种形式特别是生动活泼的理论宣讲、文化宣传和网络直播等活动，高扬主旋律、传播正能量。

五、注意事项

为了同学们能顺利完成此次调查和实践，请同学们按以下要求做好工作。

1. 取得家长支持，实践期间和家长保持密切联系，交流实践状况。

2. 认真选择个人实践单位，实践职位及实践项目，保障好自我安全。

3. 本活动为必修（"三下乡""逐梦扬帆计划""返家乡"暑假社会实践活动，任选其一参加），决定参加的同学应积极履行相关承诺和实践义务。

4. 按照项目规定的时间进行相关实践。

5. 有任何问题及时联系家长、辅导员。

6. 认真填写《职业探索性质暑假社会实践调查报告书》（如表6-1所示）、《公益志愿服务社会实践调查报告书》（如表6-2所示）、《乡村振兴"云实践"活动调查报告书》（如表6-3所示）中的任意一项。

7. 务求实效。按照"受教育、长才干、作贡献"的原则，进一步严实作风，有针对性地开展此次"返家乡"暑假社会实践活动；要力求实效，反对"形式主义""摆拍走秀"；要深入实际，力戒走马观花、蜻蜓点水甚至观光旅游；要帮忙不添乱、增彩不增负，不给基层增加负担。

8. 全程务必确保安全。以保证学生健康安全为首要前提，严格遵守当地治安要求。

9. 认真参与并完成职业探索性质暑假社会实践、公益志愿服务社会实践活动和乡村振兴"云实践"活动中的任意一项报告（注：《职业探索性质暑假社会实践调查报告书》《公益志愿服务社会实践调查报告书》《乡村振兴"云实践"活动调查报告书》均为手写）。经审核通过，方可加社会实践素质拓展基础分2分/人，以及第二课堂必修0.2分/人。

请家长们按以下要求做好支持工作。

1. 协助学生完成假期实践活动。

2. 完成报告书中"家长意见反馈"一栏的填写。

3. 实践期间负责学生的生命财产安全。

特别提醒：

班级报告书、统计数据提交时间：开学报到后三个工作日内。

学院报告书、统计数据提交时间：开学报到后七个工作日内。

最后，预祝各位同学度过一个充实有意义的暑假假期！

附件：

1. 《"返家乡"暑假社会实践报告相关流程及评优交流细则（修订版）》（此处略）；

2. 《假期社会实践数据统计模板》（此处略）；

3. 《"返家乡"暑假社会实践活动相关方案及具体要求》；

4. 《职业探索性质暑假社会实践调查报告书》；

5. 《公益志愿服务社会实践调查报告书》；

6. 《乡村振兴"云实践"活动调查报告书》；

7. 创青春公众号"返家乡"岗位注册报名步骤（仅供参考，此处略）。

附件3

"返家乡"暑假社会实践活动相关方案及具体要求

一、实践形式

（一）职业探索性质暑假社会实践活动（原有的专业实习、兼职等）

核定时长≥15天，上交的报告中必须包括工作照片，照片中必须出现本人正脸以及公司名称，且要在公司内部拍摄，如若有工作牌也需要拍下工作牌进行证明。上交报告中的心得体会必须在600字以上。心得体会必须使用稿签纸书写，假期实践报告上盖章必须使用公司公章，不得使用财务章以及发票章。如果个人要进行心得体会推优则需至少1 000字，且须附带照片（彩印即可）。

（二）公益志愿服务社会实践

核定时长≥15天，上交的报告中必须包括工作照片，照片中必须出现本人正脸以及社区名称，且要在社区内部拍摄，上交报告中的心得体会必须在600字以上。心得体会必须使用稿签纸书写，假期实践报告报上盖章必须使用社区公章。如果个人要进行心得体会推优则需至少1 000字，且须附带照片（彩印即可）。

（三）乡村振兴"云实践"活动

核定时长≥15天，上交的报告中必须包括实践照片，照片中必须出现本人正脸以及乡镇团委或村、社区团组织名称，需在所属乡镇内部拍摄，上交报告中的心得体会必须在600字以上。心得体会必须使用稿签纸书写，假期实践报告上盖章必须使用乡镇团委或村、社区的公章。如果个人要进行心得体会推优则需至少1 000字，且须附带照片（彩印即可）。

二、注意事项

为了同学们能顺利完成此次调查和实践，请同学们按以下要求做好工作。

1. 取得家长支持，实践期间和家长保持密切联系，交流实践状况。

2. 认真选择个人实践单位，实践职位及实践项目，保障好自我安全。

3. 本活动为必修（"三下乡""逐梦扬帆计划""返家乡"暑假社会实践活动，任选其一参加），决定参加的同学应积极履行相关承诺和实践义务。

4. 按照项目规定的时间进行相关实践。

5. 有任何问题及时联系家长、辅导员。

6. 认真填写《职业探索性质暑假社会实践调查报告书》《公益志愿服务社会实践调查报告书》《乡村振兴"云实践"活动调查报告书》中的任意一项。

7. 务求实效。按照"受教育、长才干、作贡献"的原则，进一步严实作风，有针对性地开展此次"返家乡"暑假社会实践活动；要力求实效，反对"形式主义""摆拍走秀"；要深入实际，力戒走马观花、蜻蜓点水甚至观光旅游；要帮忙不添乱，增彩不增负，不给基层增加负担。

8. 全程务必确保安全。以保证学生健康安全为首要前提，严格遵守当地治安要求。

9. 认真参与并完成职业探索性质暑假社会实践、公益志愿服务社会实践活动和乡村振兴"云实践"活动中的任意一项报告（注：《职业探索性质暑假社会实践调查报告书》《公益志愿服务社会实践调查报告书》《乡村振兴"云实践"活动调查报告书》均为手写）。经审核通过，方可加社会实践素质拓展基础分2分/人，以及第二课堂必修0.2分/人。

附件 4

表 6-1　《职业探索性质暑假社会实践调查报告书》

姓名			学号	
学院			班级	
实践单位名称			性质	
联系方式				
工作职位名称				
实践时间	从_____年____月____日至_____年____月____日，共____工作日			
实践单位评语	主管评价 优势： 不足： 建议： 签名 同事评价（可一个或多个）： 优势： 不足： 建议： 签名 实践单位证明（盖章）　　　　　　　　证明人联系方式（必填）：			

续表

	日期	实践期间工作大事记
工作日志（可另附纸）		

一典型工作日流水账（以一个工作时段为单位）
（自评等级优/良/中/差）

时间段	地点	工作内容	绩效自评

心得感言（可另附纸）

第六章 社会劳动实践

续表

职业探索项目（选取实习单位中你所感兴趣的职位进行调查）	工作内容	□多涉及与人打交道　□多涉及观念　□多涉及数据 □多涉及事物
	工作环境 （室内外、场所 人际环境、竞争等）	
	工作报偿 （年薪、奖金、提成等）	
	应具备的资格 （学历、认证、经验等）	
	应具备的能力 （胜任该职位的基本能力）	
	与学院专业的联系 （与哪些专业有哪些联系）	
	职位发展走向 （职位发展方向/上升空间）	
	可能的压力来源 （该职位将面临的压力）	
	就业形势 （当前该类职业的就业 形势）	

续表

职业探索项目（选取实习单位中你所感兴趣的职位进行调查）	与个人价值观联系 （该职位最吸引你的地方）	
	其他 （其他想补充的）	

同行访谈项目	采访对象签名： 采访对象联系方式（必填）： 请附纸记录下列问题的回答（注意不要遗漏项目）： 1. 你对你所从事的工作领域的描述是什么？ 2. 从事这份工作，你最大的收获是什么？ 3. 工作中，你做的最有成就感的事是什么？ 4. 所遭遇到的艰难时刻是怎样的？如何走过来的？ 5. 在你的工作发展过程中，你曾抓住过怎样重要的机遇？ 6. 回顾过去，你的发展有过重要的转折点吗？是什么样的经历？ 7. 你曾结识些什么样的人，他们在你的生活中是否起了非常大的帮助和促进作用？ 8. 为以后能顺利地找到一份适合自己的工作/考研/出国，在大学期间应该做哪些事情？ 9. 在选择职业的时候，你认为最应该考虑的是哪些因素？ 10. 在求职的时候，应该做哪些准备？特别是针对长期准备而言？ 11. 现在找到一份令人满意的工作不容易，能和我们分享一下你的求职故事吗？
家长或亲人意见反馈	

附件 5

表 6-2 《公益志愿服务社会实践调查报告书》

姓名			学号	
学院			班级	
实践单位名称			性质	
联系方式				
工作职位名称				
实践时间	从_____年____月____日至_____年____月____日，共____工作日			
实践单位评语	主管评价 优势： 不足： 建议： 签名 同事评价（可一个或多个）： 优势： 不足： 建议： 签名 实践单位证明（盖章）　　　　　　　证明人联系方式（必填）：			

续表

	日期	实践期间工作大事记
工作日志（可另附纸）		

一典型工作日流水账（以一个工作时段为单位）
（自评等级优／良／中／差）

时间段	地点	工作内容	绩效自评

心得感言（可另附纸）

续表

社区服务项目（选取实践社区中你所感兴趣的工作进行调查）	工作内容	☐多涉及与人打交道　　☐多涉及观念　　☐多涉及数据 ☐多涉及事物	
	工作环境 （室内外、场所、人际环境等）		
	应具备的能力 （胜任该工作的基本能力）		
	与个人价值观的联系 （该工作最吸引你的地方）		
	其他 （其他想补充的）		
同行访谈项目	采访对象签名： 采访对象联系方式（必填）： 请附纸记录下列问题的回答（注意不要遗漏项目）： 1. 你对你所从事的公益志愿服务领域的描述是什么？ 2. 从事这份公益志愿服务，你最大的收获是什么？ 3. 工作中，你做的最有成就感的事是什么？ 4. 所遭遇到的艰难时刻是怎样的？如何走过来的？ 5. 回顾过去，你的发展有过重要的转折点吗？是什么样的经历？ 6. 你曾结识些什么样的人，他们在你的生活中是否起了非常大的帮助和促进作用？ 7. 为以后能顺利地找到一份适合自己的工作/考研/出国，在大学期间应该做哪些事情？ 8. 在选择工作的时候，你认为最应该考虑的是哪些因素？		
家长或亲人意见反馈			

附件 6

表 6-3 《乡村振兴"云实践"活动调查报告书》

姓名		学号	
学院		班级	
乡镇名称		性质	
联系方式			
工作职位名称			
实践时间	从_____年____月____日至_____年____月____日，共____工作日		
实践单位评语	乡镇负责人评价 优势： 不足： 建议： 签名 同事评价（可一个或多个）： 优势： 不足： 建议： 签名 实践单位证明（盖章）　　　　　　　　证明人联系方式（必填）：		

续表

	日期	实践期间工作大事记
工作日志（可另附纸）		
	一典型工作日流水账（以一个工作时段为单位）			
	（自评等级优/良/中/差）			
	时间段	地点	工作内容	绩效自评
	心得感言（可另附纸）			

续表

社区服务项目（选取实践社区中你所感兴趣的工作进行调查）	工作内容	☐多涉及与人打交道　　☐多涉及观念　　☐多涉及数据 ☐多涉及事物	
	工作环境 （室内外、场所、人际环境等）		
	应具备的能力 （胜任该工作的基本能力）		
	与个人价值观的联系 （该工作最吸引你的地方）		
	其他 （其他想补充的）		
同行访谈项目	采访对象签名： 采访对象联系方式（必填）： 请附纸记录下列问题的回答（注意不要遗漏项目）： 1. 你对你所从事的乡村振兴实践活动的描述是什么？ 2. 从事这份乡村振兴实践活动，你最大的收获是什么？ 3. 工作中，你做的最有成就感的事是什么？ 4. 所遭遇到的艰难时刻是怎样的？如何走过来的？ 5. 回顾过去，你的发展有过重要的转折点吗？是什么样的经历？ 6. 你曾结识些什么样的人，他们在你的生活中是否起了非常大的帮助和促进作用？ 7. 为以后能顺利地找到一份适合自己的工作/考研/出国，在大学期间应该做哪些事情？ 8. 在选择工作的时候，你认为最应该考虑的是哪些因素？		
家长或亲人意见反馈			

第三节 "三下乡"社会实践

一、"三下乡"社会实践活动的背景及基本类型

"三下乡"是指"文化、科技、卫生"下乡。大学生"三下乡"活动是各高校开展的一项旨在提高大学生综合素质的社会实践活动。1996年12月，中宣部等10部委下发《关于开展文化科技卫生"三下乡"活动的通知》，号召高校大学生结合农村发展和社会实际需要，发挥自己的知识技能优势，开展各类文化科技卫生服务活动，在社会实践中受教育、长才干、作贡献。

由此，大学生"三下乡"社会实践活动正式拉开帷幕。经过20多年的努力，大学生"三下乡"活动已成为我国高校普遍开展的最具影响力的社会实践经典项目之一。大学生将自己学的科学文化知识带到农村，开展丰富多样的支农助农服务，为高等教育努力服务新农村建设起到了促进作用。

在文化下乡方面，大学生可以开展文化宣传、文艺展演、教育帮扶等活动。在科技下乡方面，大学生可以结合自身的专业优势，在教师的指导下开展科技成果推广与应用、科技咨询服务、农业人员科普培训等活动。在卫生下乡方面，大学生可以开展健康普查、医疗卫生知识普及宣传、基层医务人员培训等活动。

"三下乡"基本类型主要有考察调研类、公益服务类和职业发展类三大类。

（一）考察调研类

考察调研类的"三下乡"是指通过观察、调查农村社区的真实情况，对收集到的相关材料进行整理、分析和研究，从而得出某种结论或揭示某种规律的社会实践活动。在考察调研活动中，学生需要深入社会、深入基层、深入群众，通过自身观察和体验，对社会的某些领域或某些现象进行客观全面的了解和学习，从而深化对国情、社情和历史的认知。通过考察调研活动，学生可以开阔自己的眼界，促进自身全面发展，形成正确的世界观、人生观和价值观。例如，医学专业学生利用课余时间到医疗资源相对匮乏的地区，开展专业相关的体检、义诊工作，除了全面了解农村卫生医疗情况外，还能促进实习锻炼，并进一步为学生毕业后深入农村发展卫生医疗事业提供动力，增强信心。

（二）公益服务类

公益服务类的"三下乡"是指学生利用课余时间到工厂、社区、乡村等地方，帮助他们开展一些力所能及的生产劳动或服务工作等。例如，学生利用课余时间到农村、社区，围绕环境污染、资源保护、垃圾处理、气候异常等主题开展环境保护的科普宣讲工作。

（三）职业发展类

职业发展类的"三下乡"是指学生为提升自身职业素养、了解专业领域的情况、促进

职业发展而开展的到农村或乡镇企业进行学习参观、实习锻炼、创业实践、创新发明等实践活动。

二、"三下乡"的重要意义

"三下乡"不仅是一次文化、科技、卫生的下乡,也是一次爱的下乡。它具有很重要的现实意义。

(一)磨炼意志,促进了大学生综合素质的提高

大学生"三下乡"活动的开展,不仅磨炼了大学生的意志,奉献了爱心,还提高了大学生的组织协调能力、独立思考能力以及分析解决问题的能力,从而大大提高了大学生的综合素质,为大学生将来走上工作岗位打下了良好的基础。借着"三下乡"活动,大学生可以直接与农民接触,深刻体验农村和农民的生活现状,对端正大学生的思想认识,帮助他们树立艰苦奋斗的思想,培养他们尊重劳动成果、热爱劳动和尊重劳动人民的情感有促进作用,同时也极大增强了大学生的团结协作精神,提高了大学生的社会活动能力、独立工作能力和社会适应能力。

(二)了解国情,增强了社会责任感和使命感

很长一段时间,大学生都生活在象牙塔里,对国情认识不够,对政策把握不透。而"三下乡"活动在学校与社会之间架起了一座桥梁,通过这座桥梁,大学生对社会有更深的了解。"三下乡"活动主要是去农村,这就使大学生可以通过自己的切身实践,去知晓民情、国情,进一步思考、理解和拥护党的路线、方针、政策。同时,大学生"三下乡"活动,也有利于大学生形成强烈的社会责任感。通过组织丰富的社会实践活动引导大学生深入社会、深入基层、深入群众,到改革和建设的第一线去、到条件艰苦的环境中去,让他们在社会的大课堂中正确认识国情、民情,培养为人民服务的责任意识,进一步明确当代青年学生所肩负的历史使命,进而树立国家主人翁的责任感和使命感。

(三)服务农村,传播了先进的科学技术和文化知识

大学生"三下乡"活动是大学生以集体的形式走近农村、服务农村的实践活动。利用大学生文化、科技、卫生"三下乡"的活动,来帮助农民解决一些生产生活中的实际问题,提高科技文化素质,对于服务"三农"具有十分重要的意义。大学生"三下乡"不但能把党的政策和温暖带到农村,把文明新风和民主法制带到农村,而且能将先进的科学技术和文化知识传播到农村中,协助培养新型农民,提高农村人口素质,将巨大的农村人口压力转化为人力资源优势,帮助农村培训科技人才,解决生产技术难题。

课堂活动

本年度暑期"三下乡"社会实践活动

为深入学习宣传贯彻习近平新时代中国特色社会主义思想,全面贯彻落实党的二十大精神,切实发挥共青团作为广大青年在实践中学习中国特色社会主义和共产主义的学校作用,引导和帮助广大青年学生在与现实相结合的"大思政课"中"受教育、长才干、作贡献",引领学生立志做有理想、敢担当、能吃苦、肯奋斗的新时代好青年。本年度学校将继续组织开展大中专学生志愿者暑期文化、科技、卫生"三下乡"社会实践活动(以下简称"三下乡"社会实践活动)。现将相关事宜通知如下。

一、活动主题

学习二十大 永远跟党走 奋进新征程

二、团队类别

学校征集理论普及宣讲团、乡村振兴促进团、发展成就观察团、党史学习教育团、民族团结实践团、普通话推广实践团和其他实践团等七个方面的实践团队。

(一)理论普及宣讲团

认真学习宣传贯彻党的二十大精神,组织学生走进基层、边远山区、社区、农村、军营等,精心设计开展有内涵、有人气的宣传教育活动,引领广大青年学生更加深刻领悟"两个确立"的决定性意义,更加信心满怀地紧跟党的核心、人民领袖奋进新征程、建功新时代。结合学习贯彻习近平新时代中国特色社会主义思想主题教育,把理论学习、调查研究贯通起来,坚持读原著学原文悟原理,坚持多思多想、学深悟透,全面学习领会习近平新时代中国特色社会主义思想的科学体系、精髓要义、实践要求,做到整体把握、融会贯通。

(二)乡村振兴促进团

深入贯彻落实习近平总书记给中国农业大学科技小院学生的重要回信精神以及总书记关于"三农"工作的重要论述,引领学生将课堂学习与乡村实践紧密结合,发扬实事求是精神,掌握密切联系群众方法,脚踏实地,为加快推进农业农村现代化、全面建设社会主义现代化国家贡献青春力量。要深入乡村一线,特别是160个国家乡村振兴重点帮扶县,广泛实施教育关爱、爱心医疗、科技支农、基层社会治理、生态文明建设等领域的重点项目,帮助发展乡村产业,改善基础设施,美化乡村环境,提升乡风文明,促进乡村公共服务,讲好乡村振兴故事。

(三)发展成就观察团

聚焦党的十八大以来党和国家取得的历史性成就、发生的历史性变革,以中国大地为课堂,以脱贫攻坚重大历史性成就、全面建成小康社会决定性成就等为现实教材,组织学生在国情考察、社会观察、调查研究、学习体验、志愿服务中了解国情社情民情,感受全过程人民民主的生动实践,引导学生深刻领悟党的领导、领袖领航、制度优势、人民力量的关键作用,坚定紧跟党奋进新征程的信心决心。

(四)党史学习教育团

持续深入学习贯彻习近平总书记关于党史学习教育的重要论述,推进党史学习教育常态化长效化。持续深化建党百年激发的爱党爱国爱社会主义热情，继续组织学生广泛学习宣传党的百年奋斗重大成就和历史经验，依托各地红色资源，开展重走红色足迹、追溯红色记忆、访谈红色人物、挖掘红色故事、体悟红色文化等多种形式的活动，以重要时间节点为契机深化仪式教育，引导学生弘扬伟大建党精神，让红色基因、革命薪火代代传承。

（五）民族团结实践团

贯彻落实党中央关于西藏、新疆工作的重大决策部署和中央民族工作会议精神，组织西藏籍、新疆籍学生开展"民族团结我践行"社会实践活动，组织学生到西藏、新疆等民族地区开展国情考察、地球第三极保护行动等社会实践活动，帮助和引导学生通过实地调研和观察，深入了解民族团结进步呈现的新气象，充分感知民族地区发生的新变化，当好民族团结进步的宣传者、示范者和践行者，不断铸牢中华民族共同体意识。

（六）普通话推广实践团

实践团队深入学习贯彻落实党的二十大精神，贯彻落实习近平总书记关于教育的重要论述和关于语言文化的重要指示批示精神，加大国家通用语言文字推广力度，服务铸牢中华民族共同体意识，助力乡村振兴战略实施。

（七）其他实践类

除以上类别外，实践团队可结合学科专业开展相关领域实践活动。

三、活动对象

学校在读本科生、专科生。

四、活动流程

（一）第一阶段：团队立项阶段（6月—7月）

立项流程为自主申报、学院推荐、学校组织评审。立项备案表见附件1。重点团队申报表见附件2，如表6-4所示。

（二）第二阶段：实践开展阶段（7月—8月）

组织团队开展社会实践活动，注重在活动实施阶段做好宣传工作，充分利用团组织微博体系、微信公众号等新媒体和大众传媒、校园媒体等，加强对活动中优秀个人和事迹的宣传报道，加强工作品牌推广和媒体综合传播。注重做好配套服务工作，及时处理活动开展中出现的特殊情况。

（三）第三阶段：通报表扬阶段（9月—10月）

本年度秋季开学后，将适时开展"三下乡"社会实践活动总结工作，对表现优异和成果突出的组织、团队、个人等进行通报表扬。

附件1：《学生实践项目立项备案表》

编号：_____

学生实践项目

立 项 备 案 表

项目名称 _____（队名）_____
申 请 人 _____队长_____
联系电话 _____
申请日期 _____

共青团某大学
二〇二三年制

一、基本信息

项目名称			队名			
负责人姓名		性别		出生年月		
专业年级		学号		联系方式		
项目类别	A. 志愿服务	B. 课题调研	C. 挂职锻炼	D. 培训咨询	E. 其他项目	
团队成员	姓名	性别	出生年月	专业年级	联系方式	爱好专长
预计需要时间			天	最终成果形式		
预算经费总额		元	同学缴纳费用		元	外部赞助	元

二、项目设计论证

1. 选题意义：项目选题的背景介绍，活动目的和意义。
2. 活动内容：本项目的主要活动内容。
3. 活动方式：拟采用的活动方式、策划方案及可行性分析。

三、项目实施和完成条件

1. 参加者的分工情况，组织能力介绍。
2. 实践活动安全性分析、保障措施。
3. 项目经费预算报告。

四、审核意见

指导教师意见（就选题意义、价值等签署具体意见，并提出活动方式建议）：

签字：
年 月 日

申请人所在学院意见：

学院团总支书记签字：
年 月 日

附件 2

表 6-4 "三下乡"社会实践活动重点团队申报表

团队基本情况			
团队名称		团队人数	
指导老师		职务		联系方式	
团队领队		职务		联系方式	
活动开展情况			
活动类别	□理论普及宣讲团 □党史学习教育团 □乡村振兴促进团 □发展成就观察团 □民族团结实践团 □普通话推广实践团 □其他实践团		
活动起止时间		活动地点	
服务人数		服务对象	
是否捐赠物资	是□ 否□	物资类型	
		物资数量	
活动内容	（过多可另附）		
预期成果	类型：□调研报告 □论文 □视频 □其他 （过多可另附）		
学校团委意见	（盖 章） 年 月 日		

（资料来源：西南财经大学天府学院，2023-06-28，https://eqsta.tfswufe.edu.cn/article-tzgg-7278）

第四节 社会调查

一、社会调查的概念

社会调查是社会"调查"和"研究"的简称。社会调查是指人们为达到一定目的，有意识地通过对社会现象的考察、了解和分析、研究，来了解社会真实情况的一种自觉认识活动。

（一）社会调查的内涵

（1）社会调查是一种自觉认识活动。
（2）社会调查的对象是社会现象。
（3）社会调查要使用一定的方法。
（4）社会调查有一定的目的。

社会调查的程序包括，选题阶段；准备阶段（准备调查内容，准备调查工具，准备调查对象）；调查阶段（收集资料，实施调查）；分析阶段（审核、整理、统计、分析）；总结阶段（调查报告）。

（二）社会调查的意义

1. 意义

社会调查有助于大学生认识社会生活的真实情况和因果联系，揭示社会现象的本质及其规律，寻求新方法。研究问题、制定政策、推进工作，不能刻舟求剑、闭门造车，更不能异想天开，必须进行全面深入的调查研究。只有深入调查研究，才能真正做到一切从实际出发、理论联系实际、实事求是，保证我们在工作中尽可能防止和减少失误，即使发生了失误也能迅速得到纠正而继续前进。经常开展调查研究，有益于深刻了解群众的需求、愿望，有助于培养创造精神，有助于积累实践经验。

2. 作用

社会调查可以反映社会现象与问题，揭示事物发展的规律。社会调查注重发现社会矛盾，解释其原因并提供解决措施，从而为有关部门提供决策依据，并为科学研究提供社会信息。其作用可以归纳为以下三个方面。

（1）反映作用。社会调查可以反映和描述社会现象的一般状况、过程和特点。例如，针对失业率的调查可以准确反映失业率的高低，失业时间长短分布，失业者的地区分布、年龄分布、性别分布、文化程度分布等基本情况。这种客观、精确反映信息的方法可以帮助我们加深对社会现象的认识，从现象的表现中寻找现象之间的有机联系，发现规律。

（2）解释作用。在理论的指导下，社会调查可以解释社会现象的产生、发展和变化，揭示社会现象的本质，回答社会现象"为什么是这样"之类的问题。例如，在关于失业率的社会调查中，研究者可以探讨失业与地区经济、失业者文化程度、性别、年龄等方面的关系。从而对失业现象进行较为准确的解释。随着社会统计分析方法的发展，社会调查在解释社会现象方面的能力也越来越强。

(3) 预测作用。在对社会现象进行准确反映和正确解释的基础上，社会调查可以对社会发展趋势加以预测。例如，如果调查表明，文化程度越低越容易导致失业、那么研究者可以预计，对失业者的培训有助于降低失业率。

二、社会调查的一般过程

(一) 选择调查课题

1. 选择调查课题的意义

调查课题是指某一社会调查研究所要反映或解释的具体社会现象和社会问题。爱因斯坦曾说道："提出一个问题往往比解决一个问题更重要，因为解决一个问题也许仅是一个数学或实验上的技术而已，而提出新问题、新可能性、从新角度去看旧问题都需要创造性的想象力，而且标志着科学的真正进步。"爱因斯坦的这段话表明了选题（即选择调查课题）的重大意义。调查课题是调查的灵魂，决定了调查研究的方向，体现了调查者研究的水平，限制了调查过程，影响着调查质量。

2. 选择调查课题的要求

(1) 选题的范围应大小适中。调查的主题切忌范围过大，越大的主题越难以入手。很多初学调查研究的人以为主题越大越容易获取材料。但在对大的主题进行研究时看似组织了一堆材料，实际上不成系统、浮于表面、东拼西凑，不是概括的描述，就是自相矛盾的理论。主题的范围适中，则易于收集与整理资料，形成较为集中、鲜明的观点，问题可得到深入论述。所以选题的范围与其宽泛不如适中为好。

例如，对于以下的几个选题：辍学儿童问题调查、山区辍学儿童现状与成因调查、山区农村辍学儿童现状与成因调查、广西贫困山区农村辍学儿童现状与成因调查。最后一个范围最为狭窄，有利于调查者掌握，容易出成果。

(2) 选题应切实，不应笼统。选题通常要比某一社会现象或社会问题更为具体明确。它往往由宽泛的研究主题开始，逐步缩小到具体、集中的研究问题。在实际选题过程中，部分研究者容易选择一个比较宽泛或者比较笼统的课题领域，甚至是某一类社会现象或社会问题而不是一个明确、具体的调查课题，因而所收集的资料多是无用的、残缺的。例如，"农村外出务工人员问题研究"这一题目实际上并非研究问题。而是问题领域，它包含若干个子问题。如"农村外出务工人员心理状态研究""农村外出务工人员消费水平研究""农村外出务工人员性行为研究"等。甚至在每一个子问题中又包含若干小问题。虽然"农村外出务工人员问题研究"具有重要的现实意义，但其内涵过于宽泛，所以在调查研究的可行性上比较欠缺，研究者只能进行探索性分析，难以对问题提供满意的答案，或者只能进行描述性分析，无法深入分析社会问题。

(3) 选题应独特且有价值。选题首先应具有意义，对解决社会问题、对科学发展具有促进作用。选题的价值体现在实践价值和理论价值两个方面，应用价值或理论价值越大的课题越是好课题。调查研究主题如果独特新颖，能合乎现实的需要，或者能发现新的科学知识和原理，则可以凸显调查研究的价值。如果选择过旧的问题，在前人的研究足够深入的情况下，本次调查研究则可能只是简单重复，不能增加新的社会科学发现，也不能提出新的看法和观点，失去了调查研究的价值。研究旧的问题，要先考察前人研究有什么不足之处、是否仍有缺陷或补充，重新研究能否采用新的方法、获得新的知识、取得新的突破。

（4）选题宜适合调查者的兴趣与能力。俗话说："兴趣是最好的老师。"兴趣不仅是研究工作的动力，也是创造力的源泉。选择符合自己兴趣的课题，就容易克服调查中的困难，更可能取得高质量的成果。同样，调查应选择自己能够把握的，最好是自己熟悉领域的课题。在相关领域的知识准备越多、研究能力越强，调查取得成功的可能性就越大。反之，在一个毫不熟悉的领域进行研究，则可能陷入盲人摸象的境地。

（二）设计调查方案

调查方案是社会调查实施前所制订的计划，是整个调查过程的指导性文件，是调查工作有计划、有组织、有系统进行的保证。调查方案的主要内容包括以下六项。

（1）明确调查的目的和意义。具体明确地说明调查的目的和意义，包括要解决的问题、要达成的成果及成果的预期价值。

（2）明确调查的范围和分析单位。

（3）确定调查的方式、方法。

（4）确定调查内容。

（5）确定工作计划。包括调查场所、时间、进度及人员安排，可以用流程图来表述。

（6）物质保障和经费预算编列，包括需要的设备和资源、经费规划等。

（三）实施调查方案

调查方案实施阶段也叫资料收集阶段。这个阶段的主要任务是，根据调查方案所确定的调查方式和方法，以及调查设计的具体要求，进行资料的收集工作。

常用的调查方式有普遍调查（对调查对象的每个单位毫无遗漏地逐个调查）、典型调查（选择一个或若干个具代表性的单位进行全面、系统、周密的调查）、个案调查（对社会的某个人、某个人群或某个事件、某个单位进行的调查）；常用的调查方法有问卷法（合理设计问卷，采用开放式、封闭式或混合式问卷收集信息）、文献法（通过书面材料、统计数据等文献对研究对象进行间接调查）、访谈法（通过交谈获得资料）、观察法（现场观察，凭借感觉的印象搜集数据资料）。

这一阶段的主要工作是：进入调查地区或单位、实施调查工作、收集调查资料。对于大学生而言，在实施调查方案之前，要请专家进行必要的培训。

（四）整理与分析资料

资料收集完毕以后，首先应对资料进行审核、整理与分析，甄别真伪。消除资料中的虚假、错误、缺漏等现象，保证资料真实、准确和完整。

对审核整理后的材料和统计分析后的数据进行逻辑分析与加工，揭示社会问题的本质，说明社会现象的因果关系，预测其发展趋势，进行相应的理论阐述。这一过程是社会调查的深化阶段，是调查者从感性认识向理性认识发展的阶段。社会调查成果的质量与该阶段的工作紧密相关。

（五）撰写调查报告

报告应着重说明调查结果或研究结论，并对研究过程、方法以及研究中的一些重要问题等进行系统叙述和说明。

三、社会调查报告的撰写

（一）社会调查报告的作用

社会调查报告是社会调查成果总的体现，它的主要作用是为决策提供依据、为理论创新提供素材。

（二）社会调查报告的特点

1. 真实准确性

社会调查报告应该真实反映调查情况，不能虚构事实和隐瞒真相，不能对客观事实随意发挥渲染。调研数据和资料应经过认真核对和鉴别，力求准确无误后才能写入调查报告。

2. 逻辑性

调查报告不应只是简单的数据和材料陈述，而应对数据和材料进行深入的逻辑分析和论证，从而探明社会问题产生的原因，寻找事物发展的规律，找到问题的本质和解决办法。

3. 应用性

调查报告应能反映和解决实际问题，观点鲜明，不可模棱两可；应对社会行为有客观深刻的评价。调查报告应将矛头直接指向社会问题，分析原因、寻找对策。

4. 新颖性

社会调查报告的选题、材料、论点、论证方法应注重新颖性，用收集到的新材料反映新问题，提出论点时力求新的立意，论证方法、工具力求创新。

5. 时效性

调查报告应注重时效，及时反馈，便于相关部门及时掌握情况和进行相应决策，最大限度地发挥调查报告的作用。

（三）社会调查报告的结构

社会调查报告写法很多，一般可分为标题、概要、正文、结尾、附件五个部分。

1. 标题

标题可以起到画龙点睛的作用。"题好一半文"，撰写调查报告时应高度注重标题的斟酌，力求给读者留下深刻的第一印象。标题的写法通常有以下几种方式。

（1）陈述式。直接反映调查对象或调查范围的标题。如《××县××乡留守儿童心理健康状况调查》《××省××县贫困山区初中生辍学情况调查》《××地区"民工荒"现象调查》。这类标题比较简明、客观，但显得比较呆板，缺乏吸引力，多用于专业性较强的调查。

（2）提问式。用提问的方式作标题，如《××市色情产业屡禁不止的原因何在?》《顺丰速运为何进军电商?》，这种标题提出了问题，设置了悬念，给读者追问和想象的空间，具有较强的吸引力，但一般看不出调查的结论。

（3）判断式。用结论式的语言作为标题，如《"保护伞"的存在是黑恶势力屡打不绝的主要原因》《创新能力差导致制造业发展缺乏后劲》。这类标题揭示了研究主题，表明了作者观点，但调查对象一般在标题中不容易看出，多用于总结经验、政策研究。

（4）双行标题式，即主标题与副标题相结合的复式标题。对于这类标题，主标题多用判断式或提问式表达，副标题多用陈述式。如《被误读的城管——以××地区城管和小贩的关系为例》《明晰产权起风波——对××市一集体企业被强行接管的调查》。这类标题既做出了判断，又揭示了调查的主题，是使用得比较多的一种表达形式。

2. 概要

概要即调查报告的内容摘要，主要包括以下三方面内容：第一，简要说明调查目的；第二，简要介绍调查的对象和调查内容，包括调查时间、地点、对象、范围、调查要点及所要解答的问题；第三，简要介绍调查研究的方法，介绍调查研究的方法可以使读者增强对调查结果可靠性的信任，并可以对此研究方法提出建议。

3. 正文

（1）前言。前言又称导言或绪论，是调查报告的开头部分。前言的主要内容有：进行本次调查的目的和意义，怎样进行调查，调查的结论如何。前言有以下几种主要写作方法。

①开门见山。首先阐明调查的目的或动机，直奔主题。

②结论先行。先阐明调查结论，再进行逐步论证。这种形式观点明确，读者能直接得到结论等有用信息。

③逐层分析。先介绍背景，然后逐层分析，得出结论；也可先介绍调查时间、地点、对象、范围，然后进行分析。

④用问题引入正题。提出人们所关注的问题，引导读者进入正题。

开头部分的写法很多。但开头部分应围绕这几个问题进行说明：为什么要进行调查，怎样进行调查，调查结论是什么。

（2）论述。论述部分的主要内容大致可分为基本情况和分析两部分。基本情况部分要真实地反映客观事实，对调查资料有关背景资料进行客观介绍与说明，或者是提出问题，其目的是要分析问题。分析部分是调查报告的主要部分，在这一部分要对资料进行质和量的分析，通过分析了解情况、说明问题和解决问题。分析一般有三类情况：第一类是成因分析；第二类是利弊分析；第三类是发展规律或趋势分析。

由于论述涉及的内容很多，篇幅一般较长。论述部分的写法经常用概括性或提示性的小标题来突出文章各部分内容和中心思想。

4. 结尾

结尾部分是调查报告的结束语。结束语一般有以下三种形式。

（1）概括全文。综合说明调查报告的主要观点，深化文章的主题。

（2）形成结论。在对真实资料进行深入细致的科学分析的基础上得出报告结论。

（3）提出看法和建议。通过分析，形成对事物的看法，在此基础上提出建议或可行性方案。

5. 附件

附件是对调查报告正文的补充和详细说明，包括各种问卷、数据图表、背景材料和必要的技术报告。

> 课堂案例

青春闪耀长江源

2022年7月24日至25日，参加中国地质大学（武汉）第二次大学生长江源科考活动的师生相继回到湖北武汉。经过为期10天的科学考察，科考队在青海完成了岗加曲巴冰川、长江源沱沱河和尕尔曲流域的一系列科考任务。

长江源作为长江生态最敏感的区域，关系到整个流域的生态变化，其河流规律和生态指标对长江流域具有重要的指示和参考意义。为此，中国地质大学（武汉）利用暑假组织了大学生长江源科考活动，这也是该校时隔20年第二次组织大学生深入长江源区腹地进行科学考察。

据该校地球科学学院地理系教授李长安介绍，此次开展的长江源地质、地理、水文、生态、环境的本底调查，将为该校长江源长期科考打下基础，预计将形成科考调查报告、社会实践调查报告等系列科研成果。

此次大学生长江源科考活动由中国科学院院士殷鸿福、王焰新、谢树成等领衔指导。科考队由17名学生和19名教师组成，分为地质组、地理组、水文与生态组、人文与社科组、冰川勘测组5个小组，分别前往岗加曲巴冰川、沱沱河流域、尕尔曲流域，从冰川、地貌、地质环境、水资源、冻土、生态、经济社会等不同领域开展全面科考，同时进行野外教学活动、地球科学知识科普和生态环境保护宣传。

在青藏高原的可可西里，科考队考察了一处当地罕见的大规模"红山脉"。对这一特殊地质现象的考察，有助于加深对青藏高原隆升过程的科学研究。据科考队介绍，可可西里的"红山脉"地质景观包含的丰富地质信息与青藏高原隆升过程密切相关，将为深入研究青藏高原演化提供重要实证。在长江源地区的沱沱河，水文与生态组对沱沱河干流和支流的流速、流量及水化学指标进行了测量，并采集了水样和土样。

2004年，按照三江源生态保护和建设要求，青海省海西蒙古族藏族自治州唐古拉山镇的牧民告别草原，搬迁到400多千米外的格尔木市南郊。科考期间，队员们来到格尔木市和唐古拉山镇开展入户调查，探访了长江源村牧民的生活之变。

同时，科考队地理组对长江源附近露头良好的沙丘进行了取样，根据观察和最近30年遥感影像的分析，发现长江源附近的沙漠化日益严重。"光释光样品采样及测年分析，可帮助揭示两万年间长江源沙漠化的地质历史演变过程，进而为最近几十年的沙漠化问题寻找解决的途径。"该校地理与信息工程学院2020级本科生张越森期待自己能用专业知识，认识长江源、保护长江源，做"长江大保护"的践行者和宣传者。

科考期间，该校还在唐古拉山挂牌成立了长江源生态文明与绿色发展研究基地，以此为平台持续开展长江源生态人文等特色研究。此外，师生们还走进"中国少数民族特色村寨"，与高原牧民共话乡村振兴。

目前，地质组、地理组、水文与生态组、人文与社科组已陆续完成科考任务，冰川勘测组正在开展海拔5000米以上户外生存锻炼，并将为格拉丹东雪山主峰测量"身高"，利用更先进的技术，首次在格拉丹东冰川钻取冰芯，以期破解长江源的"密码"。

（来源：学习强国，2022-07-28, https://www.xuexi.cn/lgpage/detail/index.html?id=7077618845449033220&item_id=7077618845449033220）

课堂活动

撰写哲学社会科学类社会调查报告

一、主题

崇尚科学、追求真知、勤奋学习、锐意创新、迎接挑战。

二、组别

围绕全面建设社会主义现代化国家的目标任务,分为"发展成就""文明文化""美丽中国""民生福祉""中国之治"五个组别,形成有深度、有思考的社会调查报告。"发展成就"可以着眼于构建高水平社会主义市场经济体制、建设现代化产业体系、全面推进乡村振兴、促进区域协调发展、推进高水平对外开放、科技自立自强等;"文明文化"可以着眼于强化社会主义意识形态、社会文明建设、促进文化事业和文化产业、文化传播等;"美丽中国"可以着眼于绿色低碳、污染防治、生物多样性保护、能源清洁利用等;"民生福祉"可以着眼于建设高质量教育体系、完善分配制度、促进就业、健全社会保障、推进健康中国建设等;"中国之治"可以着眼于全过程人民民主、全面依法治国、维护国家安全、完善社会治理等。

三、总体要求

认真学习党的二十大精神,把握习近平新时代中国特色社会主义思想的世界观和方法论,积极弘扬社会主义核心价值观,结合对经济建设、政治建设、文化建设、社会建设、生态文明建设等方面的要求,用建设性的态度和改革发展的眼光,贴近实际、贴近生活、贴近群众,典型调查,以小见大,独立思考,了解新情况,反映新问题,体认新实践,研究新经验,深刻认识国情,拓展时代视野,加深对中国特色社会主义道路、理论、制度和文化的理解和把握,树立正确的世界观、人生观、价值观,培养实事求是、以人为本、与时俱进、艰苦奋斗、勇于创新和科学严谨的精神,锻炼运用科学理论认识、分析和解决实际问题的能力。

每篇报告在15 000字以内,可自选上述五个组别中的一个进行撰写。

第五节　勤工助学

一、勤工助学概述

(一) 勤工助学的概念

勤工助学是指学生在学校的组织下利用课余时间,通过自己的劳动取得合法报酬,用于改善学习和生活条件的社会实践活动。勤工助学是学校学生资助工作的重要组成部分,是提高学生综合素质和资助家庭经济困难学生的有效途径。

学校设置校内勤工助学岗位,并为学生提供校外勤工助学机会。家庭经济困难学生优先考虑。

(二) 勤工助学的意义

1. 勤工助学实现了"济困"的功能

目前，大学中很大一部分时间是由学生自由支配的，勤工助学能够让学生在业余时间展示其价值，通过自己的劳动来获取报酬，从而帮助贫困学生缓解经济压力，已成为学校实现"济困"的重要手段。

2. 勤工助学锻炼了当代学生的思想品格

当下，有的大学生害怕吃苦，缺乏服务精神和团队意识，责任意识不强。勤工助学实践活动能够让学生感受到生活的艰辛，懂得什么是责任和担当，明白什么是感恩和奉献，有利于他们树立自信心、形成劳动光荣的观念，有利于他们树立正确的人生观、世界观和价值观。在团队中学会面对激烈的竞争，提高他们的心理承受能力并培养危机意识。同时，长期的勤工助学实践，有助于培养学生的自我约束力、劳动意识和职业道德，为他们以后的人生路积累宝贵"财富"。

3. 勤工助学提高了学生综合能力和素质

通过勤工助学实践活动，学生的学习能力、社会能力及内省能力可得到进一步提高。从校内岗位到校外岗位，从懵懂跟从到独立选择，从忐忑上岗到独当一面，学生们的实践能力、创新意识和独立分析解决问题的能力等明显提升。学生提前接触社会，了解社会规则，调整自己的预期，改正自身缺点，契合社会需求，团队意识、自律能力、心理素质明显提升，社会适应能力显著提高。另外，通过勤工助学，学生的学习能力和专业素质也得到了增强。学生把学到的专业知识很好地运用到实践中去，边学习边实践，不仅可以让自己的专业知识更扎实与稳健，同时还可以从专业出发去扩展专业相应的特长，增强个人能力。

4. 勤工助学增强了学生创新创业能力

勤工助学引导带动学生从课堂到课外，从学校到企业，从学生到职员，从兼职到就业创业，开阔了视野。学生在自己熟悉的领域经过长期实践已趋于理性，从创新的角度重新审视身边的各种资源，寻求资源的更佳配置，谋求更大的发展。学生在勤工助学过程中容易迸发出创新想法和创业激情，结合团队管理、项目运作、人际管理、目标管理等，进入一个融会贯通、将所学所思转化为所想所为的新境界，创新创业能力大大提升。

5. 勤工助学促进了学生就业

勤工助学能够不断提升学生的管理组织能力和待人处事能力，使学生的职业素质和职业能力全方位提升，帮助他们储备优质就业和自主创业所需要的身心素质和技能。

(三) 勤工助学相关政策要求及权益保护

1. 活动管理

学生在学有余力的前提下，向学校提出勤工助学的申请，接受必要的勤工助学岗前培训和安全教育，再由学校统一安排到校内或校外的岗位上进行勤工助学活动。学校不得安排学生参加有毒、有害和危险的生产作业以及超过身体承受能力、有碍健康的劳动。任何单位和个人未经学校同意，不得聘用在校学生。

2. 劳动报酬

学生参加校内固定岗位的勤工助学，其劳动报酬由学校按月计算。每月 40 个工时的酬金原则低于当地政府或有关部门制定的最低工资标准或居民最低生活保障标准，可以适当浮动。学生参加校内临时岗位的勤工助学，其劳动报酬由学校按小时支付。每小时酬金原则上不低于 8 元人民币。学生参加校外勤工助学的酬金标准不低于学校所在地政府或有关部门规定的最低工资标准，具体数额由用人单位、学校与学生协商确定，并写进聘用协议。

3. 权益保护

学生在开始勤工助学活动前应当与有关单位签订协议，以保护自身的合法权益。学生在进行校内勤工助学前，应当与学校的学生勤工助学管理服务组织签订具有法律效力的协议书。学生在进行校外勤工助学前，应当与代表学校的学生勤工助学管理服务组织、用人单位签订具有法律效力的三方协议书。协议书应当明确学校、用人单位和学生三方的权利和义务，意外伤害事故的处理办法以及争议解决方法。

当前，不少高校制定了勤工助学相关文件，以规范勤工助学活动。《××大学学生勤工助学工作管理办法》见本章附录。

> **课堂案例**
>
> **勤工助学，筑梦育人**
>
> 来自湖北省恩施土家族苗族自治州的 2009 届毕业生孔小藤既是勤工助学学生，又是勤工助学管理中心的学生干部。"这些经历提升了我的个人能力，增强了我的感恩、奉献精神，激励我在不同的工作岗位上不断超越，用实际行动回报社会，它是我圆梦的助燃剂。"
>
> 大学毕业后，孔小藤放弃台资企业的优厚待遇，选择到农村当大学生村官，很快脱颖而出获得组织的认可。在老师的帮助和支持下，孔小藤成为安徽省大学生村官创业致富的先进典型，先后获敬业奉献"中国好人"、省创先争优"优秀共产党员"、安徽省青年五四奖章、安徽省"优秀大学生村官标兵"等荣誉，被选为共青团第十七次全国代表大会代表、省、市两级人大代表和安徽省芜湖市青年联合会委员。他的事迹受到人民网、《农民日报》、《安徽日报》、《安徽新闻联播》等多家新闻媒体关注和报道。
>
> （来源：安徽省教育厅，2021-10-13，http://jyt.ah.gov.cn/tsdw/xszzglzx/wmcj/cjhd/40477951.html）

二、勤工助学的岗位设置

（一）勤工助学岗位设置原则

勤工助学岗位设置，以增强学生的劳动观念，提高学生的自我服务、自我管理、自我教育能力，培养学生的自立、自强、自律精神，帮助家庭经济困难学生顺利完成学业为目的，以不影响学生学习为原则，鼓励学生积极参加与专业技能相关的社会实践，实现理论与实践的有机融合。

学校应积极开发校内资源，以满足学生参与勤工助学的需要。校内勤工助学岗位设置应以校内教学助理、科研助理、行政管理助理和学校公共服务等为主。按照每个家庭经济困难学生月平均上岗工时原则上不低于20小时为标准，测算出学期内全校每月需要的勤工助学总工时数（20工时×家庭经济困难学生总数），统筹安排，设置校内勤工助学岗位。

（二）勤工助学的岗位要求

1. 勤工助学要实现劳务型和智力型相结合

要促进勤工助学劳务型和智力型相结合，实现内容的多层次化。结合学生的年级和专业特点，充分发挥学生的知识和技能，开拓智力型勤工岗位。还可以与教师的科研工作相结合，这既有利于教师科研课题的完成，又有利于学生巩固知识、锻炼能力，特别是实验类型的科研项目，更能激发学生的兴趣，培养科研态度和科研能力。实地调研结果表明，目前各高校的勤工助学工作的主要内容是图书馆书籍整理、实验室仪器清洗维护、办公室卫生打扫、宿管科日常值班、教室座椅的摆放等。此外，勤工岗位可以向服务型方向发展，对于不同阶段、不同需求的学生进行协调安排。因为相对于智力型的工作而言，基层的服务型工作不仅可以培养学生待人接物的能力，还有助于他们更好地了解社会、适应社会，解决在学生中存在的眼高手低的问题，且这类工作一般要求较低，需求较大，适用于广大困难学生。

2. 勤工助学岗位设置及要求

校内岗位包括学校各类机构的办公室助理、技术助理、图书馆工作人员、校内会议临时工作人员以及一些学生机构的岗位。校外岗位主要包括展会翻译、员工培训、商场导购等。家教岗位，提供家教兼职机会，包括学生家教、成人家教、班教等。《高等学校学生勤工助学管理办法》要求勤工助学活动必须坚持"立足校园、服务社会"的原则，勤工助学要达到既向学生提供经济资助，又锻炼学生实践能力的目标。

勤工助学模式由传统型向创业型转变，是高校资助工作的内在要求和必然趋势。创业型勤工助学模式是指学校提供资金、场地支持，专业教师提供指导，通过校企合作，创建以学生为主体，由学生自主经营管理的勤工助学实体。学生既能通过创造性的劳动获取一定的报酬，又能参加专业实习和创业实践活动，提升专业技能和综合实践能力。创业型勤工助学让学生潜移默化地接受创新创业教育，形成"学生主导、教师指导、学校参与"的勤工助学与创业实践相结合的运行模式，推动资助形式的多样化发展，形成"资助—自助—助人"的良性循环，实现高校勤工助学的育人功能。

勤工助学的主要目的是帮助学生顺利完成学习任务，因而在完成勤工助学任务的时间安排上，更倾向于利用学生的课外休息时间。

三、勤工助学岗位应聘要求与技巧

（一）及时查看岗位申请指南

1. 查看学校发布的岗位信息

在资助中心网站上查看相关岗位信息。明确岗位名称、岗位类型、工作地点、工作时间、工作要求和薪酬待遇等。

2. 填写勤工助学申请表

在助学中心办公室登记、填写勤工助学岗位申请表（以下简称申请表）。中心根据申请人实际情况合理安排助学岗位。勤工助学岗位申请表一般包含姓名、班级、专业、个人特长、空余时间等信息，示例如表6-5所示。

3. 学院审批

学院根据分配的岗位情况按照一定比例安排学生到用工单位应聘，并在申请表上签署意见（需辅导员签字盖章）。

4. 面试

学院审批后，学生本人持申请表在指定的招聘时间内到用工单位应聘（注：学生需提前根据用工计划选择适合自己的岗位）。

5. 签订协议

被录用的学生将申请表交用工单位并与用工单位签订《校内用工协议书》（协议在用工单位领取）。被录用学生在指定时间根据用工单位要求报到上岗。

6. 勤工助学受聘对象及要求

（1）在校在册的家庭经济困难学生。

（2）能自觉遵守国家法律和学校各项规章制度，道德品质良好，吃苦耐劳，责任心强。

（3）学有余力，课余时间比较宽裕。

（4）前一学期受过纪律处分或两门以上课程成绩不合格者，原则上不安排上岗。

（5）每个学生只能应聘一个岗位。

表 6-5 勤工助学岗位申请表示例

姓名		性别		出生年月		贴照片处
学号		班级		寝室号		
移动电话			QQ			
申请岗位			是否服从调配			
申请原因						
曾经工作过的岗位						
家庭经济情况		家庭年收入/元		在校每月平均消费/元		
		家庭人均月收入/元				
		家庭收入主要来源				
在校期间获奖情况（需填写获奖名称、时间）						
在校期间受助情况（需填写贷款时间、金额以及（或）助学金名称、时间、金额）						
工作经历						
辅导员审核意见				校勤工助学中心审核意见		

（二）勤工助学岗位应聘技巧

勤工助学岗位应聘应该做好充分准备，根据岗位说明书准备材料。递交书面申请后及时询问并确认面试时间。面试中涉及的常见问题如下：大学期间的学习情况，如专业排名、获得奖学金等；家教、兼职经历；学习紧张程度、空余时间等具体问题。学生要根据这些基本问题做好充分的准备，对评委的问题尽量回答，对于自己应聘的岗位谈谈认知。而且，着装要得体，面试中讲文明礼貌，增加印象分。在语言表达方面，不要使用口头禅。在自我介绍时，要特色鲜明、有条不紊。

四、勤工助学与学习的关系

1. 合理选择和安排勤工助学

学生打算参加勤工助学，应该合理地安排自己的学习，有意识地选择能够锻炼自己的工作，不与正常上课学习时间冲突。学生参加勤工助学是应当鼓励的，但是要坚持以学习为主、锻炼能力、提高本领的原则。在时间安排上，不能影响课堂的学习，在助学认识上，正确认识自己勤工助学的目的，清楚学习和助学之间的关系。在职业院校，参加类似于勤工助学这样的活动是有可能得到锻炼自己的机会的，但是一定要根据个人情况来决定是否申请勤工助学。得到勤工助学机会后，要规划好自己的时间，合理安排学习时间和其他活动，这其实也有助于学生培养管理自己事务的能力。

2. 珍惜在校时间主攻学习

学生在校时主要还是学习理论知识。现在的教育资源给学生提供实践体验的机会较少，除了部分实践性质的专业外，其他文科专业基本很少实践，而缺少实践导致学习效率低下，要解决这个问题，勤工助学是一个不错的途径。学习与勤工助学是主次关系，应着重把握主要矛盾，抓学习这个重点，抓学习这个中心，当然又不能忽视勤工助学对贫困学生上学困难问题的解决，要统筹兼顾。勤工助学对学习是有一定影响的，关键在于学生怎么平衡两者之间的关系。

学生通过勤工助学能够将理论知识运用于实践，通过实践又检验理论知识。通过勤工助学，学生既可以获得相应的报酬，又可以学到不少东西。但是要谨记：学习是基础，实践是根本，理论服务于实践，实践是理论的来源，二者缺一不可，始终都是要相互促进的。

3. 理论与实践相结合培养综合能力

不同的用人单位有不同的录用标准，但总的来说，用人单位最看重的还是综合素质。在这之中，专业知识水平又是首要因素。但是对学生实际学习状况的考查又不能单纯地通过在校考试分数和名次来衡量，而应要更重视学生的实际水平和专业知识的应用能力。

从个人适应社会的角度来看，现代社会是一个学习型的社会。基于当前的就业形势，仅有学历是远远不够的，用人单位早已认识到员工工作能力的重要性，而工作经验和工作能力主要是靠实践获得的。勤工助学既是一个让学生安心学习书本知识的途径，又是一个调节学生心理的机会，更是一个学生锻炼自己的平台。为使学生更好地适应未来的社会，应提倡学生好好学习自己的专业课，在学好专业课的同时适当参加勤工助学来锻炼自己的能力、提高自己的素质。

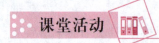

资助诚信教育主题活动

一、指导思想

诚信教育主题活动要以习近平新时代中国特色社会主义思想为指导，全面贯彻落实党的二十大和二十届一中、二中全会精神，认真贯彻落实习近平总书记关于教育的重要论述精神，坚持和加强党对学生资助工作的全面领导，紧紧围绕立德树人根本任务，深入推进资助育人，增强当代大学生的诚信意识和责任担当。要坚持把促进家庭经济困难学生成长成才作为学生资助工作的出发点和落脚点，通过加强对受助学生的诚信教育、感恩教育、励志教育，引导他们珍爱信用、理性消费，提高其征信意识、风险意识和感恩意识，树立其正确的消费观和价值观，增强其社会责任感，帮助他们成长成才。

二、活动主题及时间

活动主题："扬诚信之帆 做时代新人"学生资助诚信教育主题活动暨宣传作品征集活动。

活动时间：本学期第二学月。

三、参与对象

全校教师和在校学生。

四、活动内容及形式

1. 诚信公益短片。拍摄制作手法不限，微电影、动画、漫画均可，时长在5分钟以内，需生成MP4文件（H.264编码），分辨率为1 920×1 080，每秒25帧，码流10 Mbps。要求画面清晰不抖动，无杂音；漫画作品可为单个或系列作品，系列漫画不超过10张，需上交72 dpi、A4大小的JPG格式预览图及源文件（PSD、UI等格式）。

2. 诚信公益宣传画。电脑制作或手绘形式均可。电子作品：源文件、JPG格式，尺寸841 cm×594 cm，图片分辨率不低于300dpi，含设计说明。手绘作品：手绘作品为纸质A3，含设计说明。报送作品不用装裱。

3. "诚人之美"故事。寻找身边的诚信榜样或真实发生的诚信故事，以记叙文形式讲述，字数不超过3 000字。报送作品为Word文档格式，标题使用宋体小二号字加粗、居中，副标题使用宋体三号字、居右，学院和作者姓名使用楷体小三号字、居中，正文使用宋体仿三号字、单倍行距。

附录：

××大学学生勤工助学工作管理办法

第一章 总 则

第一条 为规范学校学生勤工助学管理工作，促进勤工助学活动健康、有序开展，保障学生合法权益，帮助学生顺利完成学业，发挥育人功能，培养学生自立自强、创新创业精神，增强学生社会实践能力，根据教育部财政部《关于印发〈高等学校勤工助学管理办法（2018年修订）〉的通知》要求，并结合我校实际制定本办法。

第六章　社会劳动实践

第二条　本办法适用于取得我校正式学籍的全日制在校生。

第三条　本办法所称勤工助学活动是指学生在学校的组织下利用课余时间，通过劳动取得合法报酬，用于改善学习和生活条件的实践活动。

第四条　勤工助学是学校学生资助工作的重要组成部分，是提高学生综合素质和资助家庭经济困难学生的有效途径，是学校各用工部门实现"三全育人"的有效平台。勤工助学活动应坚持"立足校园、服务社会"的宗旨，按照学有余力、自愿申请、信息公开、扶困优先、竞争上岗、遵纪守法的原则，在不影响正常教学秩序和学生正常学习的前提下有组织地开展。

第五条　勤工助学活动由学校统一组织和管理。学生私自在校外兼职的行为，不在本办法规定之列。

第六条　学校勤工助学岗位是指由学校提供的，由学生承担工作并由此获得报酬的为解决贫困学生经济困难而设立的岗位。其目的是让学有余力且家庭经济困难的学生，利用课余时间通过自己的劳动，促进德、智、体、美、劳等方面全面发展，增长才干，并取得一定的报酬，以改善学习和生活条件。

第七条　在学校的统一领导下，由学生资助管理中心牵头负责勤工助学岗位的统筹、管理、组织、协调、推荐等工作。各用工单位要积极配合学校统一部署，具体负责勤工助学岗位的提供、人员培训、考评、计酬等工作。

第八条　勤工助学活动必须坚持"培养能力，立足校园，服务社区，面向社会"的宗旨，在遵守国家法规和学校规定，维护校园风貌，不影响学生正常学习的前提下有组织地进行。学校提倡、支持并依法组织学生开展勤工助学活动，保护学生以诚实劳动和服务获得的收入。

第二章　组织机构

第九条　学校学生资助工作领导小组全面领导学校勤工助学工作，学生资助管理中心负责全面管理和协调各用工部门开展勤工助学工作，勤工助学中心负责各项工作的开展和实施。各用工部门配合学生资助管理中心，全面做好勤工助学相关工作，并指定专人负责本部门的勤工助学工作。

第三章　工作职责

第十条　学校学生资助工作领导小组职责：

统一领导全校的勤工助学工作，在勤工助学相关政策制定、工作安排、人员配备、资金落实、办公场地和活动场所保障及岗位设置等方面给予统筹和协调，为学生勤工助学工作提供指导。

第十一条　学生资助管理中心职责：

（一）开设勤工助学岗位。协调校内各单位确定校内勤工助学岗位，统筹管理学校勤工助学活动。

（二）全面管理学生勤工助学岗位，为学生和用工单位提供及时有效的服务。

（三）加强对勤工助学学生的思想政治教育，开展必要的岗前培训，帮助学生树立正确的劳动观，培养学生热爱劳动、自强不息、创新创业的奋斗精神，增强学生综合素质，促进学生全面发展，充分发挥勤工助学育人功能。

（四）制定校内勤工助学岗位的报酬标准，并负责酬金的发放和管理工作。

（五）检查、指导用工单位对勤工助学学生的日常管理工作。对在勤工助学活动中违反勤工助学管理办法和校纪校规的学生，按照学校管理规定进行教育和处理。

（六）保障参加勤工助学活动学生的合法权益，及时帮助并协调解决勤工助学活动中出现的问题。

（七）对因参加勤工助学活动而影响专业学习或违反校规校纪及不遵守勤工助学管理办法的学生，有权调整或暂停其所参加的勤工助学活动；问题严重的，可取消或终止该学生参加勤工助学活动的资格。

第十二条 学生所在二级学院职责：

（一）接受学生参加勤工助学活动的申请，承担初审、推荐工作并配合学生资助管理中心和用工部门安排学生参加勤工助学。

（二）加强对勤工助学学生的思想政治教育和日常管理，及时了解勤工助学学生的具体情况。

（三）协助学生资助管理中心和用工部门处理关于勤工助学活动中的各项具体问题。

第十三条 用人单位职责：

（一）根据用工需求，每学年向学生资助管理中心进行岗位申报，申报表经部门负责人审批签字。

（二）负责勤工助学岗位招聘工作。也可根据实际情况，由学生资助管理中心协助招聘工作开展。

（三）安排勤工助学岗位，优先考虑家庭经济困难的学生。

（四）根据"三全育人"原则，对勤工助学学生进行思想政治教育和日常管理，负责学生的劳动安全。

（五）对勤工助学学生进行岗前培训、业务指导、工资核定、过程考核，并提供必要的勤工助学设备设施保障，保证学生顺利参加勤工助学活动。

（六）制订本单位勤工助学岗位的考核办法，对勤工助学学生工作进行月度考核，可评价为优、中、差三个等级，"优"和"差"两个等级人数须相等，评为"优"等的当月工资上浮1元/小时，评为"差"等的当月工资下浮10元/小时。

（七）选聘负责任的勤工助学学生，由其负责每月工资表的制作。

（八）不得组织学生参加有毒、有害和危险的生产作业以及超过学生身体承受能力、有碍学生健康的劳动。

第四章 岗位设置

第十四条 设岗原则：

（一）学校应积极开发校内资源，保证家庭经济困难学生参与勤工助学的需要。

（二）勤工助学岗位既要满足学生需求，又要保证学生不因参加勤工助学而影响学习。学生参加勤工助学的时间原则上每周不超过8小时，每月不超过40小时。

第十五条 校内勤工助学岗位分固定岗位和临时岗位。

（一）固定岗位是指持续一个学期以上的长期性岗位；

（二）临时岗位是指不具有长期性、通过一次或几次勤工助学活动即完成任务的工作岗位。

（三）学校各单位如需新增固定岗位或设临时岗位，须事先向学校提出申请，经批准后报学生资助管理中心。

第五章　岗位招聘与岗位管理

第十六条　勤工助学招聘方法：招聘与录用遵循学生自愿、贫困生优先、工作适量安排的原则。

（一）家庭经济困难的学生有权申请勤工俭学岗位，每名学生原则上每次只能申请一个勤工助学岗位。受警告（含警告）以上处分尚未撤销，或一学期不及格科目在二门以上（含二门），或在校期间累计不及格科目在四门以上（含四门）的学生，原则上不安排勤工助学岗位。

（二）申请勤工助学工作的同学必须具备以下条件：

1. 遵守国家法律及学校各项规章制度，道德品行良好，有强烈的责任心；
2. 学习努力，积极上进；
3. 身体健康，能胜任工作；
4. 有一定的课余时间，能保证按时参加勤工助学工作。

（三）勤工助学人员由招聘产生。招聘中用工单位和应聘同学采取双向选择方式，接到用工单位录用通知后方可到用工单位参加勤工助学工作。

第十七条　各用工单位采取学年与学期相结合的聘任原则，用工期间，如无重大失职行为，中途不解聘，用工满后自行解除聘任。如需续聘的，须重新办理勤工助学岗位申请手续。如有特殊情况岗位需要变动，须经用人单位与学生资助管理中心协商解决。

第十八条　学生上岗前，用工单位必须对其进行短期培训，进行安全、技术、岗位要求和职业道德的教育。学生上岗后，必须遵守用工单位的劳动纪律，按要求完成工作任务。若与用工单位发生纠纷，由学生资助管理中心协调解决。

第十九条　在期末考试前半个月以及考试期间（或其他重要活动期间），暂停学生勤工助学工作。

第二十条　参加勤工助学的同学在工作期间如有事不能上岗，需主动和用工部门或工作点负责老师联系说明原因，经同意后，方可离岗。对擅自脱岗的同学，停发当月工资，取消其本学期的勤工助学资格，并将视其所造成的后果，给予相应的处罚。

第二十一条　参加勤工助学的同学要严格按照用工部门工作要求完成工作。对工作不认真的同学，提出警示，并视其以后的工作情况，决定其去留。对因工作不认真导致的不良后果，给予相应处罚。

第二十二条　参加勤工助学在岗的学生均有权提出申请退出勤工助学岗位，但需提前一周向用工部门提出申请。

第二十三条　参加勤工助学的学生，工作一学年以上，且一学年内被用工部门评为优秀等级5次以上者，可申请年度勤工助学优秀个人。每个用工部门推荐人数不得高于用工人数的5%，用工人数较少的部门，可推荐1名。学生资助管理中心将于每年7月为优秀学生颁发荣誉证书。

第六章　劳酬审核与发放

第二十四条　固定岗位劳酬标准由学生资助管理中心根据岗位的工作时间、劳动强度、劳动性质确定并报学校资助工作领导小组审批。用工单位根据劳酬标准制定岗位劳酬明细表，报学生资助管理中心审核备案。（具体工作岗位和工资标准见每学期招聘通知）

第二十五条　勤工助学工资按月发放，每月10日前各用工部门经用人单位领导和经办人签字盖章后，提交上月工资发放表至学生资助管理中心，学生资助管理中心报学校审批，月底前发放工资到学生本人银行卡，工资表由各用工单位负责学生按时提交，逾期者将缓发工资。

第七章　附　则

  第二十六条　本办法自颁布之日起施行。
  第二十七条　本办法解释权归××大学学生资助管理中心所有。

××大学
20××年×月×日

第七章

劳动助力乡村振兴

学习目标

1. 了解农业生产与常见农作物相关知识及农产品质量标准分类，了解农作物的种植、田间管理及收获的基本流程。
2. 了解现代农业科技，熟悉现代农业的各种科技手段。
3. 了解中国传统工艺的价值与意义，及其对乡村振兴的促进。

案例导读

杨致宇：80后小伙返乡创业振兴乡村

"我和我的团队立志扎根乡村，将继续以百折不挠的态度为乡村振兴贡献力量。"江西省宜春禅农庄园有限公司董事长杨致宇说道。

杨致宇是80后，2006年大学一毕业，他就在沿海地区从事外贸出口工作，一干就是8年。从初出茅庐到游历各国，他发现国内沿海城市与发达国家的城市发展水平差距越来越小，但乡村发展水平的差距却依然巨大，由此他认为，国内农业蕴藏着巨大的机会，发展前景广阔。于是在家人的支持下，在2015年，他返乡开始投身农业，创办了宜春禅农庄园有限公司。

公司成立以来，经营规范，社会信誉良好，依法纳税，劳动关系和谐。公司以农产品种植、配送，畜禽水产养殖，乡村旅游，山泉水生产及销售为主营业务。公司承担开发的禅农庄园省级田园综合体，已投入各项资金1.2亿元，建有1 500亩富硒蔬菜种植基地、朴门农艺花园、祈年广场、1 000亩茶叶种植基地、300亩富硒果园（葡萄、桑葚、梨园、红心火龙果）、200亩苗圃、60亩基围虾苗繁育基地、3 000平方米富硒生态餐厅（禅农阁）、客房、宴会厅、2 400平方米农产品配送中心，完成喷、滴灌等灌溉工程300余亩；建成连栋温室5万平方米；智能化玻璃温室3 200平方米；山泉水厂一间。年产番茄、茭白、茄子、辣椒、苦瓜、毛豆、莴笋等优质蔬菜1 200余吨、优质稻谷2 000余吨。

同时，公司产品通过国家无公害、绿色食品、富硒农产品认证。注册了"月之南""绿浓田园"商标，商标覆盖稻米、酒、水、豆腐乳、蔬菜、蔬菜制品、植物油等数十种产品。开发出"富硒瑞禾米""富硒紫米""富硒蔬菜"等特色优质农产品。凭借对农业产业的热情及贡献，杨致宇于2017年荣获中华农业科教基金会"凤鹏行动·新型职业农业"的项目资助。

在乡村振兴战略的指导下，杨致宇积极引进新技术、新模式，通过和以色列耐特菲姆公司合作，在种植基地部署了耐特菲姆物联网水肥一体化灌溉系统及环境智能控制系统，大幅提升了50亩连栋温室的用水、用肥、用工效率，同时提升了农产品品质。

在销售端，通过上线蔬东坡生鲜配送ERP系统，将基地的订单、分拣、物流实现数字化管理。通过累计的订单数据安排农业生产，大幅降低了产销不对路的风险；通过数字化的流程管控，大幅减少了蔬菜在流通过程中的损耗。由于对农业物联网的应用水平较高，公司基地于2021年获评江西省省级农业物联网示范基地。

杨致宇认为这些还远远不够，他在发展现代农业的同时，还致力于发展乡村旅游产业，建造了全省唯一以"禅农"为主题的庄园，获评全国青少年农业科普示范基地及研学实践基地。

他深受党和政府振兴乡村的感召，深刻认识到乡村振兴离不开产业兴旺，而产业兴旺的核心又在于人才。因此，他不惜重金打造高标准办公生活环境，让青年人才在乡村能留得住，干得久。目前，企业已陆续招收15名大学生，为下岗失业人员及农村就业困难人员提供了200余个就业岗位，为23户贫困户连续发放了多年分红。

（来源：中国就业，2021-08-06，https://chinajob.mohrss.gov.cn/c/2021-08-06/319078.shtml）

阅读上文后，请思考以下问题：党的乡村振兴战略有哪些重要意义？

第一节　现代农业概述

一、农业生产与常见农作物

（一）农业生产

农业生产是指种植农作物的生产活动，包括粮、棉、油、麻、茶、糖、菜、烟、果、药、杂（指其他经济作物、绿肥作物、饲养作物和其他农作物）等农作物的生产。中国农业的生产结构包括种植业、林业、畜牧业、渔业和副业，但数千年来一直以种植业为主。由于人口多，耕地面积相对较少，粮食生产占主要地位。在传统观念中，种植五谷，几乎就是农业生产的同义语。

现代农业文明带给当代人类的不仅仅是一种种新技术，更是继工业革命之后的又一次经济形态转型的新革命。中国农业精神来自中国传统农业，精耕细作，轮种套种，是它的典型工作生产模式。随着中国农业的发展，越来越需要有文化、懂技术、会经营，有较强市场意识、有较高生产技能、有一定管理能力的新型农民。

（二）常见农作物

我国农作物主要分为七大类：粮食作物、经济作物、蔬菜作物、果类、野生果类、饲料作物、药用作物。粮食作物以小麦、水稻、玉米、大豆、薯类为主要作物；经济作物以油籽、蔓青、大芥、花生、胡麻、大麻、向日葵等为主；蔬菜作物主要有萝卜、白菜、芹菜、韭菜、蒜、葱、胡萝卜、菜瓜、花菜、莴笋、黄花、辣椒、黄瓜、西红柿、香菜等；果类有梨、青梅、苹果、桃、杏、核桃、李子、樱桃、草莓、沙果、红枣等品种；野生果类有酸梨、野杏、毛桃、山枣、山樱桃、沙棘等；饲料作物有绿肥、紫云英等；药用作物有人参、当归、金银花、薄荷、艾蒿等。

二、农产品质量标准分类

我国将农产品大致分为普通农产品、绿色农产品、有机农产品和无公害农产品，不同农产品的生产标准各不相同。

（一）普通农产品的质量标准

（1）说明标准所适用的对象。这是指首先要说明该标准应用于什么农产品，采用的是什么工艺以及分类或等级，有的还要指出农产品的用途或使用范围。

（2）规定农产品商品的质量指标及各种具体质量要求。这是农产品标准的中心内容，包括技术要求、感官指标、理化指标等方面的规定。

（3）规定抽样和检验的方法。抽样方法的内容包括每批农产品应抽检的百分率、抽样方法和数量、抽样的工具等；检验方法是针对具体的指标，规定检验的仪器和规格、试剂种类及量和规格、配制方法、检验的操作程序、结果的计算等。

（4）规定农产品的包装、标志以及保管、运输、交接验收条件、有效期等。值得特别指出的是，大多数农产品是人们日常生活中必不可少的主要食品，为了保障人民群众的身体健康，必须坚决贯彻执行国家《食品安全法》的规定。在制定和推行农产品标准时应当把国家制定的食品卫生标准作为重点，以确保农产品安全服务。

（二）绿色农产品的标准

绿色农产品是指遵循可持续发展原则、按照特定生产方式、经专门机构认定、许可使用绿色农产品食品标志的无污染的农产品。可持续发展原则要求生产的投入量和产出量保持平衡，既要满足当代人的需要，又要满足后代人同等发展的需要。绿色农产品在生产方式上对农业以外的能源采取适当的限制，以更多地发挥生态功能的作用。

（三）有机农产品的标准

有机农产品是指根据有机农业原则和有机农产品生产方式及标准生产、加工出来的，并通过有机食品认证机构认证的农产品。它的原则是，在农业能量的封闭循环状态下生产，全部过程都利用农业资源，而不是利用农业以外的能源（化肥、农药、生产调节剂和添加剂等）影响和改变农业的能量循环。有机农业生产方式是利用动物、植物、微生物和土壤四种生产因素的有效循环，不打破生物循环链的生产方式，生产纯天然、无污染、安全营养的"生态食品"。

（四）无公害农产品的标准

无公害农产品是指产地环境、生产过程和产品质量均符合国家有关标准和规范的要求，经认证合格获得认证证书并允许使用无公害农产品标志的未经加工或者初加工的农产品。无公害农产品执行的是国家市场监督管理总局发布的强制性标准及农业农村部发布的行业标准。产品标准、环境标准和生产资料使用准则为强制性国家或行业标准，生产操作规程为推荐性行业标准。

三、大学生应掌握的基本农业劳动知识

（一）农作物种植基本流程

1. 整地

整地要求做好整地保墒、备足底肥。学生在教师的指导示范下，对土地进行深翻、整平。有关农具的使用可以在老师的演示下体会学习，主要有铁耙、铁锹、锄头等的使用。根据学生情况，有选择地让学生进行工具使用练习。在练习过程中，教师要加强对学生操作的指导，尤其注意工具的使用安全问题。

2. 播种

在整好整平的土地上，老师示范种植，讲解要领。可以根据具体农作物进行教学，分墩种植或按垄种植，并且视具体作物施肥。

（1）处理种子。根据土地虫害现象不同，适量加拌农药，注意农药的使用安全问题。

（2）刨坑。根据按墩种植的情况和作物的特性精心准备，注意坑的密度要均匀，深度、大小视具体情况具体操作。

（3）起垄。根据按垄种植的作物实际作业，根据种植物的不同注意沟的深度、开口宽度及垄间距。

（4）浇水。在准备好的坑或沟内浇适量水。抬水过程中注意安全，不要溅湿衣服。

（5）播种。根据物种的特性进行点种，根据作物要求调整密度，均匀种植。

（6）填埋。填埋时加盖土量要适中，不能过多或过少，要均匀。

3. 播种后镇压

播种后镇压的时间和工具，视土壤水分而定。一般应随播随压。但土壤过湿的麦田，应适当推迟镇压时间，以防板结，影响出苗。劳动时尽量不要踩到刚种好的地，并注意铁耙的使用安全。

（二）农作物田间管理的基本流程

作物的田间管理分苗期管理和中后期管理。以苗期管理为例。

1. 查苗补种，确保苗全、苗匀

苗期管理是整个繁殖技术中最复杂的一个环节。苗期时，引发失败的因素特别多，同时受威胁的时间又太长。针对作物种植后出现的情况和苗情，对基肥施用不足、苗黄、苗瘦、苗弱的田块施用人粪尿和氨肥、磷肥，促进幼苗根系发育，增强抗性。密植苗距应一次比一次稍大，不能为了少移几次而栽得很稀，这样反而长不大。

2. 追肥与松土

苗期的营养，主要由床土供应。为了弥补养分的不足，往往要在苗期进行追肥。尽管苗期需肥量不大，但苗期追肥仍然是很必要的。由于苗期幼苗的根量较少，多不采用根际

追肥，而用根外追肥。根外追肥可分两次进行，第一次在幼苗第二片真叶展开时，第二次在定植前 5~7 天进行。根外追肥可结合浇水同时进行。苗期根外追肥多追施磷肥，即追施过磷酸钙，也有追施硝酸铵的，其浓度一般控制在千分之一以下，选晴天上午，均匀地喷洒在苗上。如浓度较大时，可在喷完肥料水之后，再立刻喷洒一次清水冲洗叶面，防止出现伤害。育苗期间，如发现床土过分板结或湿度过大，可以松土，加速水分蒸发，提高地温，促进根系发育。苗期松土深度较浅，一般为 1~2 厘米。

3. 松土和拔除苗床内杂草

松土后，可再在床面上覆盖 1 厘米厚的湿土，使之与床土结合，促进侧根发育。要抓住气温回升较快的有利时机，结合田间杂草的实际情况，选准药剂，及时做好杂草清除工作，减轻杂草危害。

（三）农作物的收获流程

（1）收获时间介绍。过早或过晚地收获农作物，对产量和品质都会造成一定的影响。收获过早，籽粒尚未充分成熟，这样既会降低籽粒品质，又会减少粒重，降低产量；收获过晚，则造成籽粒脱落在地，收成减少。因此，要做到增产丰收，就必须掌握各种农作物的最佳收获期，以防伤镰和落镰，而影响增产。

（2）开始收获。教师示范农具的使用要领，在田地里说明具体到每种作物的收获要求。各组同学在老师的带领下到自己的田地开始收获，实际操作使用工具，老师指导并介绍注意事项，熟练掌握技能后可以独立地开始干活。特别注意使用农具时的安全问题，老师在整个过程中注意观察并及时解决出现的问题。

（3）收获完成后收集劳动果实。在收获完时在地里集中收获的粮食，组织学生检查有无遗漏后把其运回场地。

（4）对带回农场的作物进行晾晒、脱粒、摘果等，对具体的物种进行处理。各环节中，由老师讲好干活的流程和注意事项，选几个学生示范作业后进行工作。

（5）储藏粮食。

> **课堂案例**

四川农业大学学子暑期走进农村
——厚植"三农"情怀赋能乡村振兴

"产业发展可以以奖代补，在发展初期采用'1+N'形式，即养殖大户带动农户的形式推动产业发展。"在四川省凉山彝族自治州雷波县千万贯乡石板滩村养殖业发展研讨会上，四川农业大学产业经济学研究生曹怡沛等实践团成员与全体村组干部一起开展研讨。

四川农业大学的 200 余名师生深入四川省凉山彝族自治州雷波县大杉坪村、千万贯乡青杠村、西宁镇西宁村等地，聚焦"乡村治理"，以"融合赋能"为切入点，通过深入调研、定点帮扶等方式，深度参与雷波地方建设，为巩固脱贫攻坚成果与乡村振兴有效衔接贡献青春智慧。

一、聚焦党建引领　为乡村振兴注入领跑动能

104 名四川农业大学学子聚焦雷波乡村治理中的痛点、难点、阻点，深入乡村一线，助力基层党组织，发挥彝族同胞在乡村治理中的积极作用，充分展现农林高校学子的"三农"情怀，为雷波乡村振兴铸魂赋能。

"你们来开展实地调研，我们就能更清楚老百姓真正的需要，就好有目标、有计划地开展工作。"雷波县彝族村党支部负责人对"环行循兴，科技赋能"乡村振兴实践调研团成员说。该团队线上线下齐头并进，通过问卷调查、实地采访等方式，了解当前发展中的短板与村民的期待，探索"县—乡—村"三级组织引领乡村振兴的能力及现状，为新时代乡村治理提供新思路。

在学校乡村治理模式与机制探索专家科技服务团带领下，"木犀花"团队对雷波县乡村治理和产业发展进行了深入调研。在参观石板滩村产业基础、走访养殖大户和农户后，团队成员提出的发展乡村特色产业的思路得到认同，"实践团队结合自身调研经历，将省内外优秀的产业发展模式结合雷波县本地产业发展特点提出的建议非常有价值，值得我们进一步去实践和研究"。

"我们希望能够加强校地的基层党组织联动，资源共享，优势互补，将党建的优势、资源、活力有效转换为乡村振兴的动力。"建筑与城乡规划学院副院长张凌青带领的专项实践团队有3名教师党员与10名学生党员，大家以党建引领为抓手，发挥专业优势，通过为民宿建设提思路、为文旅项目绘地图、为农产品拓销路等方式，有效满足地方现实需求。

"我们重点围绕民宿改造建设进行规划调研，并打算长期服务此地，帮助村民打造出更贴合村民住宅特色、更能吸引旅客驻足、更舒适的民宿。""翊彝"团队队长游今说，很高兴团队能在老师带领下探索"党建+专业+乡村治理"的新模式。他们实地调研20余户，将乡土文化和民族文化融入规划设计中，同时还以彝族的艺术表达技巧为基础，创绘党建文化墙，为当地村落增添党建亮色。

二、拓展帮扶成效　为乡村振兴注入发展动能

在青杠村，"脚踏彝土，情系三农"团队成员步履不停，他们来到大堰沟。"我们通过走访调研发现，大堰沟仍存在运输水量不足、工程韧性差等问题，需要进一步改造提升。"队长罗梓妍带领团队制作出雷波县农用地等级划分评价图、建设用地开发适宜性评价图等系列建设性图稿10余份，对大堰沟的修整升级提出合理建议。

"EIA"团队精准对接雷波研学旅游产品开发需求，在商旅学院副院长郭凌教授的带领下，通过分析整合雷波县的自然资源、农业资源、民族文化资源，为当地开发旅游研学产品提供新路径，促进当地可持续发展。团队还对当地干部、村民进行专题培训，为当地自我发展赋能。

"喜迎二十大，青春向未来"专项实践团队前往雷波中学等学校及教育部门，走访当地重点帮扶家庭10户，进村入户介绍国家、学校资助政策和育人体系，将学校的关爱和支持送进家庭。

三、讲好红色故事　为乡村振兴注入提速动能

"我们团队以青马骨干为主力军，用广泛化、特色化、互动化的方式带头进行红色宣讲，体现青马学员的导向作用，吸引带动彝族基层干部、老党员、优秀团员等群体积极主动参与到红色宣讲当中。""青马燎原"团队负责人张芮槐说。团队挖掘当地红色文化，打造"三位一体"的宣讲体系，建立雷波当地的红色宣讲队伍，同时通过持续宣传，吸引更多力量把党和国家的惠民政策送到基层，将党史学习教育成果落到实践中，助力乡村振兴。

"你们的生活条件跟前几年比有什么变化呀?有没有印象深刻的红色故事呢?""红色乡旅"团队走访雷波县青沟村的 246 户村民,对彝族居民的生活条件、当地乡村建设情况等方面开展全面调研。"农村建设还需要更有针对性、有效性、科学性的方案策划,我们要以精神文明建设为抓手,着力提高彝族村民红色文化素养,推动红色精神深入人心、传承不止。"

四川农业大学青年学子紧密围绕国家和区域发展战略,发挥专业优势,走进农村,走向田间地头,为实现乡村振兴贡献青春力量。

(来源:中国青年报,2022-08-22)

"行动之路——爱心助农" 实践活动

一、活动目标

帮助农民们减轻劳作压力,加深大学生对现代农村的理解,锻炼并提高大学生的综合素质。

二、活动时间

建议 4~6 小时。

三、活动流程

1. 本次活动分为动手实践和交流总结两部分。

2. 学生按照学校或老师的安排到达指定村庄的农田与农户们进行交流,并在交谈中帮农户们清除杂草。除完杂草后,志愿者们严格按照农户们的要求采摘成熟的农作物,并运往农户们家中。

3. 活动结束后,教师将学生按照 6~8 人划分小组,通过头脑风暴讨论自己的感悟和收获,并齐心协力写一份心得体会。

4. 每组选派一名代表分享小组的心得体会,其他小组成员可以对其进行提问,小组内其他成员也可以回答提出的问题。通过问题交流,将每一个需要研讨的问题都弄清楚。

5. 教师进行分析、归纳、总结,并根据各组在整个活动过程中的表现点评并赋分。

第二节 科技服务助推现代农业

一、现代农业,科技先行

新中国成立以来,特别是改革开放后,我国农业、畜牧业、渔业依靠政策、科技和投入迅速发展,基本形成了 5.0 亿吨粮食、650 亿千克肉类和 450 亿千克水产品的农业综合生产能力。尤其是农业科技,成为现代农业建设的决定力量。2023 年我国农业科技进步贡献率超过 63%,2012 年为 54.5%,2013 年为 55.2%,2022 年为 62.4%,逐年增长明显,且主要农作物良种覆盖率在96%以上，自主选育品种面积超过95%，从总体上看，我国种业科技已处于世界先进水平。2023年农作物耕种收综合机械化率达73%，科技助力我国农业生产效率持续提升。

我国现行农业科技发展分为两个体系，一是农业科技创新体系，二是农技推广服务体系。农业科技创新体系，从知识创新、技术创新、成果创新和产品创新四个方面进行系统设计。目前，我国已进入世界农业科技大国行列，我国的矮化水稻、杂交水稻、超级稻、杂交玉米、矮败小麦、转基因抗虫棉、畜禽品种改良和规模化养殖、名特优新水产品养殖等领域技术在国际上保持着竞争优势。农技推广服务体系，实行中央、省级、市级、县级、乡镇五级逐级管理制度，建立农技、农机、水产、畜牧、农经五个推广体系，从业人员约269万人。

国家在倡导在工业化、城镇化、信息化深入发展中同步推进农业现代化的发展战略，未来我国农业将通过科技进步，确保把14亿多中国人的饭碗牢牢地端在自己的手中。

二、科技服务振兴乡村

（一）现代化新型农业栽培方式

（1）墙式栽培。墙式栽培是采用墙体与PVC管组合的一种栽培方式，PVC管内放置基质供作物生长。在无土栽培项目中，该栽培方式可作为隔断墙来使用，同时也有美化墙体的作用。

（2）三层水培。三层水培以水为作物生长的主要载体，同时配以营养液给作物提供生长所需的养分，该模式栽培设施封闭性、保温隔热性好，而且纯水培养，非常适合现场直接采摘食用。

（3）管道式无土栽培。管道式无土栽培是一种新型的水培设施，可采用立体、平铺等结构方式，以种植叶菜类作物为主。该栽培模式生产的蔬菜洁净、无污染，可直接进行采摘食用。

（4）立柱式栽培。立柱式栽培是柱子上安装多个类似花盆的栽培槽，里面放入基质进行栽培。立柱式栽培大多种植无公害草莓，草莓挂果后分布在栽培槽的四周，非常美观，采摘也非常方便，而且可以直接食用。

（5）A字架栽培。A字架栽培结构呈A字形分布，有利于作物的采光，也极大地方便了工作人员的日常操作。A字架式栽培结构灵活，可根据不同需要进行合理搭配。因A字架栽培操作简单、洁净，而成为时下阳台农业和屋顶农业的新宠，适合A字架栽培的蔬菜有生菜、小白菜、油菜、木耳菜、香菜等。

（6）气雾式栽培。气雾式栽培是将混合了营养液的水进行高压雾化后直接喷到作物的根系上的一种新型栽培模式，作物的根系直接悬挂于栽培容器的空间内部，通过根部接触气雾来满足生长所需的条件。气雾式栽培的优点是无公害、科技含量高、可直接食用，非常具有实用和观赏价值。

（7）蔬菜树。"蔬菜树"是采用多杆整枝的栽培方式和合理的调控手段，将一棵普通的伏地苗培养成覆盖面积数十平方米的"树体"，大大提高产量。它展示了单株高产的惊人潜力，在栽培学研究和农业观光方面具有重要价值。

（8）空中栽培。空中栽培是利用深液流栽培模式，将农产品由传统的栽培转变成水培栽培。水生根系为植株提供充足的水肥，压蔓产生的不定根成为储藏根，实现了根系的分工合作,一次种植,多年采收。这种新型的栽培方式有非常高的观赏价值和科研价值。

(9) 沙生栽培。沙生栽培是一种仿沙漠环境的栽培方式,它是人为地将在沙漠中生长的植物移栽到温室内,用现代农业种植技术模仿沙漠干旱高温的环境,从而使没有去过沙漠的人也能在温室中看到这些新奇的植物。

(10) 鱼菜共生。鱼菜共生是一种新型的复合耕作体系,它把水产养殖与水耕栽培两种原本完全不同的农耕技术,通过巧妙的生态设计,达到科学的协同共生,从而实现养鱼不换水而无水质忧患、种菜不施肥而正常成长的生态共生效应。

(11) 草莓天瀑。将草莓种植在升降式栽培槽内,以基质培养和营养液为载体,草莓挂果后会主动垂到栽培槽的两侧,并一直向下垂挂,形成一个"瀑布",故取名为"草莓天瀑"。游客置身于草莓下,可观赏,可采摘,具有极高的经济价值和观赏价值。

(二) 采摘果蔬技能

农作物采摘的关键是参照节气和植物生长规律,做到正确合理,适时采收,实现增产增收。采摘时要确保成熟度合适,太嫩会影响产量,太老则影响质量。一般采收适期为7~8分熟时,这时蔬菜嫩脆,纤维少,品质优,每天具体采收时间以上午9时前、下午6时后为宜。采收时,要用中指顶住花梗,然后用食指和拇指捏住,轻轻地掰下来,不要强拉硬扯,不要折断,不要采半截,要有顺序地从上到下、从内到外依次采净粗细、长短、成熟度一致的农作物,不能漏采和强采。另外,随着科技的发展,农业机器人也可以担当采摘重任,它以农产品为操作对象,兼有人类部分信息感知和四肢行动功能。

> 课堂案例

智能采茶机器人让采茶工当"甩手掌柜"

又到一年春茶采摘最忙碌的时节。在西湖边茶园里,一个引人注目的"采茶小工"正忙碌着。这个"采茶小工"的研发团队正是浙江理工大学农业机器人与装备创新团队。由他们研发的第五代智能采摘机器人能自主识别茶树芽叶并进行采摘。

从2019年开始,国家茶叶产业技术体系岗位科学家、浙江理工大学教授、浙江省科协副主席武传宇教授带领团队,经过不断尝试、改进,研发出了自主识别茶树芽叶的采茶机器人。智能采茶机器人要攻克的难点之一就是"识别难"。"茶树芽叶不像水果蔬菜,形状规则、颜色差别大并易识别,茶树新长的芽叶和老叶的区别很小,形状又不规则,这是非常难的。"团队成员贾江鸣副教授介绍。"我们采用的是深度卷积神经网络的识别模型,前期我们会向采茶机器人系统输入大量的茶树芽叶照片,通过处理和分析,采茶机器人就会记住并归纳出照片中芽叶的特征,输入的照片越多,机器人的知识库就越丰富,对芽叶识别的准确率也就越高。"团队成员、识别组桂江生副教授解释。

除了聪明好学的"脑袋",采茶机器人还有一双厉害的"眼睛"。经过不断的探索和实验,智能采摘机器人使用双目摄像头扫描茶叶,实现3D定位,从而精准找到芽叶所在位置。怎么样才能快速、无损地把茶叶采摘下来,这就需要机械臂。"相比于工业机器人处于一个人造的稳定环境,农业机器人面对的是一个非结构化、千变万化的环境。这就对机械臂提出了很高的要求。"团队成员、定位组贺磊盈副教授说,"风速、光照、坡度等因素都会影响机械臂的采摘动作。"一般来说,早春茶叶柄只有几毫米,所以对机械臂的操作精准度要求非常高。贾江鸣感叹研发不易:"我们就好比在农田里绣花,让采茶机器人完成毫米级的作业任务。"

目前,这台智能采茶机器人已经更新到第五代。"今年我们增加到两只机械臂,大大提高了采摘的效率。"团队成员、机械组李亚涛博士说,第五代智能采茶机器人已经实现了在1.5秒左右采一片芽叶。"今年这款第五代智能采茶机器人采用履带的方式前后移动,适应缓坡地面,实现了茶园全地形的覆盖。"贾江鸣说,"同时,机器人上面新加了6块太阳能板,可以做到自供电。"第五代智能采茶机器人的识别准确率已达到86%,采茶成功率在60%以上。相较于前几代机器人,其采茶精确度大大提高。"我们机器人采摘的茶叶已经得到中国农业科学院茶叶研究所专家的认可,采摘的茶叶已经可以做中高端龙井茶了。"贾江鸣说。"未来,我们还有很长的路要走。"团队党支部书记陈建能教授表示,目前这款机器人还处于实验室阶段,接下来浙江理工大学农业机器人与装备创新团队将继续实验、研发,从而提高其采摘效率、采摘质量。

(来源:学习强国,2023-04-19, https://article.xuexi.cn/articles/index.html?art_id=9136203170429560644&t=1681892441614&showmenu=false&study_style_id=feeds_default&source=share&to_audit_timestamp=2023-04-19%2014%3A36%3A47&share_to=wx_single&item_id=9136203170429560644&ref_read_id=051d5fee-ab97-4808-85f2-8f204af2317f_1703577009501)

(三)智慧农业,现代畜牧养殖

现代畜牧养殖是在传统畜牧业基础上发展起来的,用现代畜牧兽医科学技术和配备及运营理念武装,基础设施完善,营销体系健全,管理科学,资源节省,环境友好,质量安全,优质生态、高产高效的产业。

现代畜牧养殖是否成长为农村经济的支柱产业,是衡量一个国家农业发达程度的首要标志。在吃饭问题没有解决的时候,粮食出产特别是满足十多亿人的口粮问题就是最大的方针。一旦这一方针基本完成,在确保人们口粮供给的基础上,满足人们食物上的多种需求,就成为新的方针。与种植业相比,畜牧业为人类供给了更有营养和更受喜爱的食物,所以,在中国大力开展畜牧养殖具有广阔的远景。建造现代畜牧养殖,是走中国特色农业现代化道路的重要任务。大力推进畜产品品牌建造,开展优质安全的品牌现代畜牧养殖,是建造现代畜牧养殖的有效途径,也是未来畜牧养殖的开展趋势。

(四)数商兴农

电子商务是我国数字经济的重要源头,是数字经济最活跃、最集中的新产业新业态新模式,是数字经济最重要的组成部分。实践证明,农村电商是发展数字经济、乡村振兴和数字乡村建设最好的抓手。2016年至2020年,农村电商进入规模化专业化发展阶段。2021年以后,农村电商发展进入"数商兴农"高质量发展新阶段。2021年印发的《"十四五"电子商务发展规划》突出电子商务与一、二、三产业的融合,推动乡村产业振兴、数字乡村建设,大力实施"数商兴农"行动,加快完善农村电商生态体系。2022年《中共中央、国务院关于做好2022年全面推进乡村振兴重点工作的意见》进一

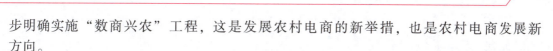

第七章　劳动助力乡村振兴

步明确实施"数商兴农"工程,这是发展农村电商的新举措,也是农村电商发展新方向。

从 2005 年中央文件第一次提到"电子商务",到 2022 年提出实施"数商兴农"工程,中央把握农村电商发展规律和趋势,发展农村电商的工作思路逐步明确。"十四五"时期,数字化生活消费方式变革将重塑农村市场,农村电商生态要素将加速整合,农村电商对农业生产和农村消费的巨大潜能将加速释放,成为推动乡村振兴取得新进展、农业农村现代化迈出新步伐的重要引擎。"科技是第一生产力,人才是第一资源。农业发展离不开科技和人才支撑。"高等院校是人才培育的摇篮、杰出人才集聚的高地,也是科技创新的前沿阵地和成果转化的重要策源地。脱贫攻坚期间,全国各地高校作为一支重要力量,充分发挥学科、专业、人才、文化等优势,为如期打赢脱贫攻坚战做出了独特的贡献。

"在乡村振兴的浪潮中,高校师生以多种形式为推进乡村振兴奉献着智慧和力量。"国家和地方要进行资源统筹,充分发挥高校智慧,共同促进各地产业发展;发挥高校教育与文化资源优势,提升基层群体文化素养,开展乡情教育,引导人才回流;推动校地共建产学研基地,带动市县区在农林、地矿、水电、师范、医教等方面的发展,助力乡村振兴。

> **课堂案例**

"云品甘味 数商兴农"甘肃特色产品线上促销季启动

为活跃消费市场,促进消费提质升级,2023 年 11 月 10 日,省商务厅联合省农业农村厅、省乡村振兴局和省供销合作社联社,利用"双十一""双十二"网络促销有利时机,组织开展"云品甘味 数商兴农"甘肃特色产品线上促销季活动。

2023 年以来,全省商务系统联合相关部门深入实施"数商兴农""互联网+"农产品出村进城工程,开展贯穿全年的"云品甘味 数商兴农"系列活动,通过头部平台领跑、追时令赶季节、网货品牌先行、电商人才培育、文旅融合发力等举措,持续扩大全省农产品线上销售规模,不断提升"甘味"品牌影响力,助力乡村振兴。2023 年前 10 月,甘肃省农产品网上销售额达 210.92 亿元,同比增长 11.31%。

本次活动将持续近两个月。活动期间,全省各级商务部门将统筹区域优势资源,结合当地特色产业,积极组织动员企业开展形式多样、内容丰富的网上促销活动,营造浓厚促销活动氛围;携手省外电商 O2O 体验馆开展促销活动,与"浙里云购 App"建立合作关系,开设"浙里云购甘肃好物专场",通过直播、短视频、图文等形式互动、推广,吸引更多的消费者关注和购买,进一步拓宽甘肃省特色产品销售渠道;联合阿里、京东、美团、拼多多、抖音等国内知名电商平台,"臻品甘肃""邮乐购""漠迹""子荐"等本土电商平台,通过满减、抽奖、优惠券发放、限时特惠等促销形式,让利消费者,提高消费者的参与度和购买意愿,进一步提升甘肃特色产品知名度。

(来源:新华网,2023-11-13,http://gs.news.cn/20231113/cbd36d83b7a8419093de081999570fe2/c.html)

课堂活动

深入乡村开展专业技术服务

一、活动目标

引导学生能正确认识所学专业可提供的专业技术服务方向，理解创造性劳动的重要性，找到个人努力的目标。

二、活动时间

建议利用课余时间，可持续1~2个月。

三、活动流程

1. 教师要求学生根据专业特点，网上搜集相关资料，列出可提供的服务项目。
2. 班内组织大讨论，最后根据易操作性、服务人群特点和准备工作的难易程度确定具体的服务项目。
3. 教师将学生按照5~7人划分小组，每组选择合适的服务项目。
4. 组成义务科技服务小分队，利用课余时间到农村开展科技服务活动。
5. 活动结束后每小组总结经验，找出其中的问题并列出问题清单。
6. 教师帮助各组学生答疑和解决问题，并根据各组的表现给予点评并赋分。

第三节　传统工艺促进乡村振兴

一、中国传统工艺的价值与意义

中国的传统工艺有着悠久而灿烂的历史，在整个中国文化艺术发展史中占有重要的地位，在文化史、美术史、设计史的发展过程中，工艺是贯穿其中的主要内容之一。它形式多样，主要包括烧造、铸锻、锻造、錾刻、金属焊接、髹饰、雕刻等门类。中国工匠们利用不同材质的原料创造出丰富多彩、巧夺天工的各类手工艺品。

传统工艺是一种凭借创意装点人们生活的文化，但随着人类现代生活方式的改变，许多曾经非常熟悉的手工艺已离我们远去。本质上讲，传统工艺，尤其是手工艺是一种满足人的物质及精神生活需要的造物艺术。在农业社会向工业社会，传统社会向现代社会转型的过程中，丰富的商品不仅极大地改变了人们的生活方式和思想观念，也使传统工艺所赖以存在的物质基础和文化基础受到了极大的动摇，衰退之势不可逆转。面对传统工艺的衰落，从20世纪六七十年代起，西方就开始了范围广泛的"手工艺复兴运动"。虽然传统工艺的复兴作为文化上的一种思潮，不可能从根本上改变社会生产的大趋势，但充分肯定了手工艺品在人们生活中的地位和作用，同时启发人们进一步思考如何避免工业化对社会文化环境带来的冲击。

20世纪后期以来，保护和发展民族民间文化已成为各个国家文化发展的重要课题。20世纪90年代的"乌拉圭回合"谈判中，法国提出"文化例外"的原则。澳洲地区重视文化人类学的研究，反对外来文化的侵略。新加坡开展"华语运动"以维护东方文

第七章　劳动助力乡村振兴

化。日本、韩国把传统民间艺人视作国宝，称为"文化财"。我国台湾则实施了"民间艺术保存传习计划"，将民间艺术教育纳入中小学教学课程。由此可见，对传统工艺的保护体现了人类的一种文化自觉，保护了这种文化就保护了民族文化的尊严。我国社会主义现代化建设，离不开本民族优秀的传统工艺文化根基，舍此就会迷失方向，丧失民族精神支柱。

二、中国传统工艺介绍

（一）竹编工艺

竹编是将毛竹劈成篾片或篾签并将其编织成各种用具和工艺品的一种手工艺。工艺竹编不仅具有很大的实用价值，更具有深厚的历史底蕴。竹编行业历史上多以世代相传或以作坊依托的师徒关系为主，学徒学成后，自立门户，再招徒弟，口传身教，一般做生活用品、农业用具。我国南方地区竹种丰富，有淡竹、水竹、慈竹、刚竹、毛竹等约20种。

竹编首先要把竹子立在院中暴晒，晒干后进行淋雨（水），再暴晒，然后存放起来。用时，取一根竹子先刮去竹节、竹毛，再一分为二剖开，然后在河里或渠中浸泡，泡48小时，待竹子变软后捞出来，这时竹子的柔韧性得到大大提高，适宜加工，然后用刀将竹片剖成匀称的细条，再将竹条刮光，就可用于编织。

竹编工艺流程复杂，作为一种重要的文化载体，它蕴涵着丰富的科学技术基因，是一份极其宝贵的历史遗产。

> **课堂案例**

> **文化传承发展在福建｜莆田：下郑竹编工艺，用心编织美好生活**
>
> 竹编工艺是一项以竹丝、篾片挑压交织编成各种用具和工艺品的传统手工艺，具有实用性和美观性，以其深厚的历史文化底蕴，在全国各地均有流传。
>
> 在莆田市，传统的竹编工艺与日常生产、生活有着密切的联系。作为莆田规格最高的贺礼——"十盘担"的担盘，就是用竹编精心制作而成。
>
> 所谓"盘"，即用竹编成、涂以桐油和朱红油漆的有盖容器，其形似鼓，主要用于盛放礼品。其成品大小不一，最大的直径约50厘米。再将五个由小到大的盘，依序摞成梯台状的套盘，用代表红色喜庆的网绳套住，或红色大麻袋盛放，主要用于重大民俗活动，如祭祀、嫁娶、祝寿、乔迁及传统节日。
>
> 秀屿区笏石镇下郑村是一个有悠远历史传承的传统手工艺村，素以"草竹编"传统工艺闻名。2009年，"笏石下郑竹编工艺"被列入莆田市第二批非物质文化遗产保护名录。
>
> 该村的陈国童是下郑竹编工艺的主要传承人之一。从17岁开始，他就跟随叔父学习竹编，通过数十年的练习，他练就了一手过硬扎实的竹编技术。其编织的担盘、花篮，不仅工艺精细、外形美观，还具有不变形、防虫蚀、经久耐用等特点，远近驰名。
>
> 陈国童告诉记者，下郑竹编工艺品类很多，以竹木为主要基材，经过精心设计，可以制作成蒸笼、花篮、箩筐、筛等各类生产、生活器具或工艺品。在陈国童家中，记者看到多种设计精巧的手工艺品，最小的一个担盘仅仅手掌大小。"竹编工艺品看似简单，

195

但要从一根竹子到一件成品，需要剖篾、分丝、编织等数十道工艺流程。"陈国童介绍道，剖篾是整个编织过程中的关键环节，要求厚薄均匀。剖篾时，左手捏着竹条，右手拿竹刀并捏紧竹条，同时用嘴衔竹条撕拉，一根竹条迅即便可剖成4层薄厚均匀、厚度0.5毫米左右的竹篾。剖好的竹篾，经匀刀分丝后就可进入编织阶段。

拼装，也是竹编花篮极为重要的一道工序。篮身编织完成后，用剪刀进行修剪，再用竹圈将篮身和篮底、篮盖拼装起来，此后经上漆、上油、风干等多道工序，一件精美的竹编花篮便制作完成了。陈国童说，竹篮的拼接，是费时费力的技术活，要做到紧凑不留缝，才能确保竹篮经久耐用不变形。

陈国童感叹，竹编工艺品受到很多人的欢迎，但也面临无人传承的现状。传统竹编工艺繁复精细，短时间内很难学成。

同时，手艺人的收益普遍不高，很难吸引年轻人。最高峰的时候，下郑村有数百户村民从事竹编行业，如今只有少数几户还在坚持这项手艺。

为了保护、传承好这项技艺，近年来，陈国童时常带着工艺品参加各类展销会，让更多人了解下郑竹编工艺。他说，希望通过自己的努力，将这门手艺更好地传承下去。

(来源：学习强国，2023－08－31，https://article.xuexi.cn/articles/index.html?art_id=17619170838266827502&t=1693471819144&showmenu=false&cdn=https%3A%2F%2Fregion-fujian-resource&study_style_id=feeds_opaque&source=share&share_to=wx_single&item_id=17619170838266827502&ref_read_id=21ee2b78-c999-43a9-8849-dd02ca0d38d2_1703577299532)

（二）传统制秤手艺

杆秤制作是中国历史悠久的传统手工技艺。根据民间传说，木杆秤是鲁班发明的，根据北斗七星和南斗六星在杆秤上刻制13颗星花，定13两为一斤；秦始皇统一六国后，添加"福禄寿"三星，正好十六星，改一斤为16两，并颁布统一度量衡的诏书；直到20世纪50年代，国家才实行度量衡单位改革，把秤制统一改为10两一斤。

传统杆秤的手工制作工艺：

（1）选取秤杆木料：大号秤一般选择楠木，中小号的秤多数使用秦巴山中阳坡所产的"红子"木，木材经阴干一年以上，据所要做杆秤的衡量要求，用锯截成适当的长度。

（2）刨秤杆：先用正刨根据手工艺人的经验刨圆，达到合适的尺寸，再用反刨将毛刺处清理干净，对秤杆进行初步的打光。

（3）定"叨口"：两位匠人合作使用墨斗，以线绳在秤杆上弹出几条纵向等分墨线。

（4）安"叨子"：一手持刀从下往上支托秤杆，经过测量在秤杆上找出三个"叨子"的位置；将秤杆固定，在杆身安装"叨子"的部位分别打出垂直的穿孔（曾经用手上的钻子，后用电钻），并试装三个"叨子"。

（5）铜皮包焊：秤杆两头需要包铜皮，将预先准备好的铜皮根据所需的尺寸剪裁，将剪裁出的铜皮磙圆，套在秤杆的端头上比对、进行再修剪，接下来用焊锡将铜皮焊接。为方便起见也可使用小钉固定法将铜皮包好。为了美观，事先要对秤杆两端拟包裹铜皮的部位加工，使其直径略小于其余部位，并用钣锉稍作打磨。

（6）安装"叨子"、秤盘：秤盘是预制的，将盘上的三根系绳挽结到秤杆大头最外侧的"叨子"上。

（7）校秤定星：用"叨子"将秤悬提，秤盘中依次放上不同重量的砝码，在秤杆上测定其距离，以两脚规分割并仔细标出星花位置。

（8）钉星花：按照上一步骤所标记的位置用皮带手钻钻出每个小花点，在钻洞中以细铜丝嵌插而后割断、锤实。

（9）打磨、清洗：使用钢锉、油石顺纵向对秤杆进一步打磨光滑；给刚做好的秤杆均匀地刷上一层石灰水以去除油污。石灰水自然风干后即用清水冲洗净。

（10）秤杆施染着色：楠木秤杆利用其自然的木质颜色即可。红子木秤杆则在石灰水清理后刷上一层皂矾液，再晾干；而后均匀地刷上事先调制好的五倍子液，然后再次把秤杆挂起来，使其完全干透，这次一般需要 12 个小时。

（11）修整抛光：待着过色的秤杆完全风干后，对秤杆再进行最后一次抛光，让秤杆光润，上面的刻度即"星花"更易辨识。

（12）辅助工艺：能够完整掌握杆秤制作技术的人还必须具备打制铁秤钩的能力；打制铁钩实际就是铁匠工具，所用煤炉、铁砧、长钳、手锤和大锤等工具设备及其技术均与铁匠相同。

（三）篆刻印章

中国篆刻是书法（主要是篆书）和镌刻（包括凿、铸）结合来制作印章的艺术，是以石材为主要材料，以刻刀为工具，以汉字为表象并由中国古代的印章制作技艺发展而来的一门独特的镌刻艺术。从明清流派篆刻算起已有近 500 年的历史。而明清流派篆刻是由古代印章发展而来的，古代印章以独特的风貌和高度的艺术性，为篆刻艺术奠定了优良的基础。篆刻艺术史可以上溯到 2000 多年前的春秋战国时代（公元前 770—前 221）。2009 年，中国篆刻被联合国教科文组织列入《人类非物质文化遗产代表作名录》。

> **课堂案例**
>
> **沈阳故宫展出西泠印社社员作品 展现传统书画篆刻艺术**
>
> 西泠印社建社 120 年之际，由沈阳故宫博物院、西泠印社联合主办的"印痕·艺事——西泠印社社员作品艺术展"2023 年 3 月 14 日在沈阳故宫开展，59 件（组）作品展现百年西泠的底蕴与风貌。
>
> 西泠印社创立于清光绪三十年（1904 年），以"保存金石、研究印学、兼及书画"为宗旨，是海内外研究金石篆刻历史最悠久、成就最高、影响最广的艺术团体，被誉为"天下第一名社"。1913 年，吴昌硕出任首任社长。此后，西泠印社迅速发展，李叔同、黄宾虹、丰子恺等均为西泠印社社员，其均为精擅篆刻、书画、鉴藏、考古、文史学的大家。
>
> 本次展览展出作品均为西泠印社社员所作，作品涵盖篆刻、书法与绘画，其中印章 26 方、书法 29 幅、绘画 4 幅。展览中，印章品质上乘，朱文印、白文印俱全，所用石料囊括中国四大印章石——寿山石、青田石、昌化石及巴林石，篆刻内容既有诗词文句印、格言箴言印等传统题材，也有紧扣时代主题的全新创作。如西泠印社执行社长刘江的"光辉的历程"白文寿山石方印等。

书法方面，展出作品包括篆书、隶书、行书、草书等书体，所书内容有王维、陆游、石涛等名家诗词，有"高山仰止""德厚流光"等喻义品德的成语，还有五言、七言对联等。绘画方面，展出的4幅作品在绘画技法之外，将诗、书、画、印合而为一，展现了传统艺术的审美追求。

（来源：中新社，2023-03-14，https://www.chinanews.com.cn/cul/2023/03-14/9971137.shtml）

（四）手工剪纸

手工剪纸是一种源远流长的传统民间艺术，它以剪刀或刻刀为工具，通过对纸张的剪刻，创造出富有韵律和美感的图案。民间剪纸善于把多种物象组合在一起，并产生理想中的美好结果。无论用一个或多个形象组合，皆是"以象寓意""以意构象"来造型，而不是根据客观的自然形态来造型，同时，又善于用比兴的手法创造出来多种吉祥物，把约定俗成的形象组合起来表达自己的心理。追求吉祥的寓意成为意象组合的最终目的之一。地域的封闭和文化的局限，以及自然灾害等逆境的侵扰，激发了人们对美满幸福生活的渴求。人们祈求丰衣足食、人丁兴旺、健康长寿、万事如意，这种朴素的愿望，便借托剪纸传达出来。

中国剪纸是一种用剪刀或刻刀在纸上剪刻花纹，用于装点生活或配合其他民俗活动的民间艺术。在中国，剪纸具有广泛的群众基础，交融于各族人民的社会生活，是各种民俗活动的重要组成部分。其传承赓续的视觉形象和造型格式，蕴涵了丰富的文化历史信息，表达了广大民众的社会认知、道德观念、实践经验、生活理想和审美情趣，具有认知、教化、表意、抒情、娱乐、交往等多重社会价值。

2006年5月20日，剪纸艺术遗产经国务院批准列入第一批国家级非物质文化遗产名录。2009年9月28日至10月2日举行的联合国教科文组织保护非物质文化遗产政府间委员会第四次会议上，中国申报的中国剪纸项目入选《人类非物质文化遗产代表作名录》。

手工剪纸工艺制作步骤如下。

（1）设计草图。剪纸的第一步是设计。艺人会在纸上勾勒出图案的草图，这个草图是剪纸的蓝图，决定了最终作品的形态。设计时，艺人会考虑到图案的对称性、平衡性和美观性，同时也会融入寓意吉祥的元素，如莲花代表纯洁、蝙蝠象征福气等。

（2）选材准备。剪纸的纸张通常选用质地细腻、韧性适中的宣纸或红纸。这些纸张易于剪刻，且成品效果佳。工具则主要包括剪刀、刻刀、针锥等，这些工具是剪纸艺人施展技艺的基础。

（3）剪刻过程。在剪纸的过程中，艺人会根据草图，用剪刀或刻刀在纸上进行精细的剪刻。这一过程需要极大的耐心和精准的手法，稍有不慎就可能导致图案的线条不流畅或破损。艺人们通常会先从图案的边缘开始剪起，逐渐向内，精细地处理每一个转折和细节。

（4）剪刻完成。随着最后一刀的落下，剪纸作品逐渐呈现出完整的形态。艺人们会轻轻展开纸张，露出中间的空隙和边缘的线条，这些线条交织在一起，形成了一个个生动、立体的图案。

（5）装饰展示。剪纸完成后，根据用途和装饰需求，艺人们会对其进行适当的装饰和展示。例如，可以将剪纸贴在窗户上，利用阳光的照射，使剪纸的影子投射到室内，形成一道独特的风景线，或者将剪纸悬挂在室内，作为装饰品，增添室内的艺术氛围。

整个剪纸工艺环节中，每一个步骤都体现了艺人对美的追求和对生活的热爱。剪纸艺术不仅是一种装饰艺术，更是一种文化的传承，它承载着中华民族的智慧和情感，是民间艺术宝库中的瑰宝。

（五）蜡染

蜡染是我国民间传统纺织印染手工艺，古称蜡缬，与绞缬（扎染）、灰缬（镂空印花）、夹缬（夹染）并称为我国古代四大印花技艺。蜡染是用蜡刀蘸熔蜡绘花于布后以蓝靛浸染，既染去蜡，布面就呈现出蓝底白花或白底蓝花的多种图案，同时，在浸染中，作为防染剂的蜡自然龟裂，使布面呈现特殊的"冰纹"，尤具魅力。由于蜡染图案丰富，色调素雅，风格独特，用于制作服装服饰和各种生活实用品，显得朴实大方、清新悦目。

蜡染工艺环节包括以下步骤。

（1）准备工具和材料。蜡染工艺需要准备布料、蜡（常用蜂蜡或石蜡）、植物或动物染料、熔蜡器、铜制蜡刀、染缸、水桶等工具和材料。布料一般选用棉布或丝绸。应根据需要选择不同规格和颜色的布料。

（2）画样。在布料上用铅笔或炭笔勾勒出要染制的图案。图案要简洁明快，线条流畅。画样时可根据需要加入一些设计元素，如几何图形、花卉、动物等。

（3）上蜡。将蜡加热熔化后，用铜制蜡刀将蜡液涂抹在画好的图案上。涂抹时要控制好蜡的温度和厚度，避免蜡层过厚或过薄。同时要注意蜡的渗透性和防水性，以便后续染色时能产生独特的纹理效果。

（4）染色。将上好蜡的布料放入染缸中，加入植物或动物染料，根据需要选择不同的染色时间和温度。染色时要控制好染料的浓度和酸碱度，以获得所需的颜色和纹理效果。

（5）去蜡。染色完成后，将布料从染缸中取出，用热水或蒸汽去除蜡层。去蜡时要小心处理，避免破坏染制好的图案。

（6）清洗和晾干。去蜡后，将布料清洗干净，晾干即可。晾干时要避免阳光直射，以免影响颜色效果。

（7）后处理。根据需要，可以在晾干后进行一些后处理，如熨烫、压平、修剪等，从而使蜡染作品更加美观和实用。

三、中国传统工艺与乡村振兴

中国传统工艺是中华民族文化重要的组成部分，与当前乡村振兴的发展息息相关。钟敬文先生曾说过，民俗就是指一个国家或者民族中广大民众所创造、享用和传承的生活文化。乡村传统工艺作为民众日常生活的一种生活文化，不仅仅能丰富当地人的生活兴趣，也为当地人增加了经济收入。如何让优秀的传统文化为人民群众服务，使它成为振兴乡村的一种途径，是至关重要的。

1. 中国传统工艺对乡村振兴的作用

中国传统工艺来自群众与乡村，对社会发展起到推动作用，在乡村形成产业化可拉动当地经济的发展，加快乡村振兴的步伐。传统工艺产业化发展，可为当地群众增加经济收入,并改善当地群众的生活环境,提高群众的生活方式,为建设新农村、推进绿色发展做出重大的贡献。传统工艺的产业化发展,有助于提高当地的就业质量和人民的收入水平,使当地人通过自己的辛勤劳动实现自身的发展,同时实现乡村振兴。

2. 中国传统工艺对乡村文化的促进

文化是一个国家、一个民族的灵魂。中国传统工艺作为中华民族文化重要的组成部分,在促进乡村文化的发展上起到重要的作用。中国传统工艺往往以父子、夫妻、师徒等方式进行传承,从而让手艺一直保持活跃性。从文化内涵来说,传统工艺具有较高的文化审美价值,艺术来源于生活,而传统工艺更是对生活的直观表现。传统工艺作为乡村文化的灵魂,应该与学校相结合,在学校进行教学,让更多的青少年理解、喜爱传统工艺,在丰富当地学生课余生活的同时让他们了解民族优秀的传统文化,树立文化自信,推进乡村文化的发展。

3. 中国传统工艺有助于乡村情感的调节

民族优秀文化蕴含丰富的文化基因,是中华民族文化的体现。在传统文化中可以体会到群众的个人情感,和他们对身边事物的看法。广西素有"歌海"之称,唱歌是广西人的一种情感抒发方式,从歌词中可以看出广西人对生活的热爱。传统工艺比如剪纸,作为乡村特色文化,同样具有对乡村情感的调节作用。从甘肃庆阳的剪纸艺术传承方式可以看出,当地人的关系融洽,只因这项传统工艺在当地起到了凝聚人心的作用。同时,传统工艺也是个人情感的一种体现,包括创作者对生活的理解,他们对于文化的自信与喜爱。一些传统工艺品在市场上出现后,吸引了各地游客的目光,有些游客尤其喜欢购买某些手工艺品。这也使得更多的人学习传统工艺,从而使乡村整体的学习氛围提高,形成浓厚乡村艺术气息。

课堂活动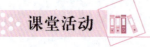

传统工艺成果展示

一、活动目标

用短视频的方式展示传统工艺的结果,养成爱劳动的好习惯。

二、活动时间

建议25分钟。

三、活动流程

1. 每名学生把自己认为做得最好的传统工艺的过程录制下来,并剪辑成5分钟以内的视频。

2. 教师将学生按照5~7人划分小组,小组成员观看组内成员的视频并选出最成功的传统工艺成果。

3. 将每个小组选出的最成功传统工艺成果对全班学生进行播放,并邀请这几名学生分享个人劳动的经验和体会。

4. 教师对分享者的经验和体会进行归纳、分析和总结。

5. 教师对展示的这几项传统工艺劳动成果进行点评并赋分。

第八章

劳动与就业创业

学习目标

1. 了解职业选择的内涵，认清大学生职业选择的形势与问题，形成正确的择业观。

2. 了解劳动与专业教育、与实习实训过程的融合；熟悉劳动教育与实习实训安全教育、与实习实训法律法规教育、与实习实训师资建设，以及实习实训基地建设四方面的融合。

3. 了解劳动教育中的创业、劳动教育与创业教育并举的相关知识，熟悉大学生创业风险和创业准备。

案例导读

部署春季促就业攻坚行动，推进高校毕业生尽早就业

2023年春季学期教育部部署开展春季促就业攻坚行动，推动各地各高校抢抓春季开学后促就业工作关键期，全力促进高校毕业生顺利就业、尽早就业。当前高校毕业生就业难现状，除了供求关系等外部因素之外，毕业生自身因素也是重要原因。据报道，薪资待遇仍是一些高校毕业生权衡、纠结的问题，认为高薪资、高待遇是高质量就业的唯一必备要素，就业薪酬预期和实际薪酬之间普遍存在差距。一些大学生对就业比较茫然和焦虑，选择花钱求助职业规划咨询，付费求职咨询热潮渐起，但他们反映，市场上的就业咨询水平参差不齐，花钱咨询也不一定找到好工作。在当前日益严峻的就业形势下，强化高校职业规划教育课程、服务、师资三个体系建设，帮助大学生树立正确的就业观，明确个人职业发展规划，对促进大学生高质量就业具有重要意义。

一要完善职业规划教育课程体系。职业规划教育课程是高校人才培养工作和毕业生就业工作的重要组成部分。高校要加强校本特色教材建设，打造"全员覆盖、分时分段、各有侧重、贯穿大学"的职业规划课程体系，并作为必修课纳入学生培养方案。

二要优化职业咨询指导服务体系。针对就业困难学生群体，提供"一人一档""一人一策"精准帮扶服务，增强学生求职信心，提升就业竞争力。创新职业咨询指导服务方式，通过信息化数字化推动工作升级，提高职业咨询指导服务效度。

三要建设职业规划师资培养体系。扩大专业化职业规划人才培养规模是解决日益增长的全程化职业规划教育的必要措施。

（来源：教育部网站，2023-02-28，https://www.gov.cn/xinwen/2023-02/28/content_5743649.htm）

阅读上文后，请思考以下问题：当前高校毕业生就业难的原因是什么？如何提高自身就业能力？

第一节 劳动与职业发展

一、职业选择的内涵

俄国教育学家乌申斯基曾说："劳动是人类存在的基础和手段，是一个人在体格、智慧和道德上臻于完善的源泉。""如果你能成功地选择劳动，并把自己的全部精神灌注到它里面去，那么幸福本身就会找到你。"在时代发展的潮流之中，每个人都应当认真思考劳动之于个体和社会的意义。职业差异对应着劳动具体形态的区别，慎重选择职业本质上就是为了提升个体劳动能力与职业劳动需求的匹配度，从而更加充分地释放自己的劳动潜能，创造更丰裕的物质和精神财富，实现自己的人生价值，服务社会的稳定发展。

（一）职业选择与人生发展

职业选择是个体结合自身特点，对职业类别、发展方向等各方面因素综合考虑后进行的职业挑选与确定的过程，是个人进入社会生活领域的重要行为。对于大多数人来说，职业选择意味着人生由过去对知识和技能的单纯吸收转换到边学习边输出阶段，是每个人成长道路上的一个关键节点，对于个体成长、成才具有重要意义。

从职业选择的方式来看，我国的就业机制历经从"统包统分"到"自主择业"变化的过程。1977年重新恢复高考制度，国家规定高等学校实行统一招生，毕业后由国家统一进行分配，个体不能自主选择职业，由此形成了"统包统分"的就业机制。在这种机制作用下，高等学校毕业生的就业工作由政府包揽，毕业生分配主管部门根据中央指示编制分配计划，各部门、各省对中央计划进行层层分解，最终落脚到学校和用人单位，按照"一个萝卜一个坑"的原则将毕业生一一对号入座。个人对职业地点、从业方向的选择完全取决于政府的安排，而且一旦确定就很难更改，职业与人生几乎绑定在一起，职业平稳安定，生活波澜不惊。例如，一位北京高校管理学专业的大学生，毕业后被分配到山东某高校任教职，"教师"从此成为了他一生的职业，少有的变化也都是围绕"教师"职业本身的职级晋升或者职务延展，政府统包的职业选择方式对个体人生发展的影响是单一的。随着改革开放的深入以及经济环境的变化，我国就业制度也出现了明显的调整，职业选择机制逐渐从改革初期的"统包统分"过渡到20世纪90年代末期的"自主择业"，其特点是在国家就业方针的指导下，高校毕业生根据个人意愿自主选择职业，用人单位择优录取，由此产生了真正意义上的职业选择问题。

职业选择是个体一生中的重要决策内容之一，这种决策一旦做出，就会像石子落入水中激起涟漪，迅速向我们生活的方方面面扩展。面对不同的职业，你每天早晨几点起床，选择什么交通工具上班，到单位后要先处理哪一类工作，下班后要不要参加同学聚会等大大小小的日常选择，都会受到显著的影响，甚至直接决定着我们每天的生活以及未来的样子，正如"你是谁、你将成为谁很大程度上取决于你做出的每一个决策"。在自主择业背景下，职业选择与个体未来生活环环相扣、互相连接的关系更为紧密，上文那个北京高校管理学专业毕业的湖北籍大学生，毕业后的职业选择可以有很多种，他可以继续留在北京圆他的教师梦，也可以通过参加考试进入湖北的公务员系统，还可以进入一家深圳企业做人力资源主管的助理……比起"统包统分"时代的职业选择，此时他的人生将彻底更换轨道。事实上，当"统包统分"的就业政策未被打破之前，那些当年被分配到政府部门工作的大学生中，有为数不少的人选择下海经商，最终走出了不一样的人生轨迹。

（二）职业选择与劳动价值观

劳动价值观是劳动者对劳动的根本看法，决定着人们对劳动的价值判断与价值选择，是个体世界观、人生观、价值观在劳动过程与职业选择过程中的生动体现。

作为整体价值观的一个重要组成部分，劳动价值观在马克思主义理论体系中占据十分重要的位置。劳动价值观是劳动者对劳动的根本看法，决定着人们对劳动的价值判断与价值选择，是个体世界观、人生观、价值观在劳动过程与职业选择过程中的生动体现。

习近平总书记在 2014 年同北京大学师生座谈时特别强调："青年的价值取向决定了未来整个社会的价值取向。"初入职场的大学生群体是劳动力市场的生力军，是经济运行机体中的新鲜血液，代表了未来社会的发展方向。培养正确的劳动价值观念，有助于帮助其树立正确的择业观，从而选择更加恰当的职业，更好地成就自我和服务社会。

中国劳动关系学院课题组对本校 2019 届 1 448 名本专科毕业生进行了"劳动价值观"主题调研，有效调研对象占该校实际毕业生总人数的 70% 以上。调研发现，绝大多数毕业生在日常生活中具有积极的劳动价值取向。其中，九成大学生认同我国传统劳动文化与新时代劳动价值导向；约八成大学生能够认识到劳模精神、劳动精神和工匠精神对自身学习和工作的重要性，并表示愿意在自身实践过程中积极践行；除对劳动文化的认同外，近九成学生接受"一分耕耘，一分收获"的逻辑，并表示会珍惜自己和他人的劳动成果；约七成受访大学生具有一定的公共责任意识并表示愿意参加力所能及的公益劳动。除对我国大学生劳动价值观水平总体表示肯定外，上述调研同时也发现了大学生劳动价值观存在的问题：部分大学生仍然存在劳动意识淡薄、价值取向功利化、追求个人主义、以自我为中心等问题；有些大学生缺乏崇尚劳动的精神，不喜欢劳动甚至厌恶和逃避劳动，还有一些人过分看重劳动待遇、工作条件、社会地位等，忽略了劳动的实际价值与意义，对个人的职业生涯和整个大学生群体的就业都造成了诸多负面影响。

当代大学生要真正提升自己职业选择的能力，改善实际工作中的能力与匹配度。首先要树立马克思主义劳动观，把服务社会、报效祖国放在与个人成长同等重要的地位。在实际职业选择时充分考虑自己的劳动偏好、劳动能力和工作目的，制定清晰完整的职业生涯规划，清楚地认识到求职过程中哪些因素对自己是重要的，哪些是不重要的，哪些是需要优先考虑和选择的，进而选择与自己劳动价值观最相近的职业类型和最适合自己的工作领域，这将有助于激发个体的工作热情，获得更大的事业成就和更好的个人发展，也能为社会发展做出更多的贡献。

(三) 就业与择业

从 20 世纪末开始，我国高等院校开始大规模扩招。2021 年，我国大学毕业生数量达到 909 万，大约是 20 年前的 10 倍。2022 年，我国高校毕业生人数达到 1 076 万人，比 2021 年增加了 167 万，2023 年更是达到了 1 158 万人，创下了历史新高。日趋增多的大学生走出校门自主择业，给就业市场带来了很大压力，尤其近年来我国经济增速放缓，大学生就业问题进一步成为社会关注的焦点。与大学生就业难题同时出现的是大学生频繁换岗的现象，一边是求职困难，一边是屡屡"跳槽"，看似矛盾的两种现象正体现了大学生职业选择过程中"就业"与"择业"的关系。

就业与择业是职业选择中两种不同的考察视角，"就业"是确定了具体的工作并通过劳动获取报酬，而"择业"的重点在于选择的过程。职业可以有多种选择，但最终只能认准一个职业、就职于一个职位。究竟会确定哪个作为自己实际从事的职业，我们通常会考虑地域、行业、薪水、兴趣等多种因素。与中小城市相比，大城市各种就业资源丰富，但生活成本高、竞争激烈；与传统行业相比，新兴行业薪资待遇优厚，但能力要求高、工作强度大。此外，单位的规模、岗位的稳定性、企业的文化等都在不同程度上左右着求职者的选择。那么，对于初次就业的大学毕业生来讲，应该如何找准自己的定位呢？究竟应该"先就业，后择业"还是"择业在先，就业在后"呢？这实在是一个老生常谈但又很难把握的话题。

之所以存在不同的声音，主要是因为无论先就业还是先择业都有其逻辑上的合理之处。"先就业，后择业"依照的是循序渐进的稳妥原则，更强调大学生求职的行动力，可以理解为：先别饿着，再说吃饱；先得吃饱，后说吃好。先确定一个岗位，再进行深度的职业选择。通过"先就业"的方式，大学生能够更多了解职场、积累工作经验，为以后职业发展打下一定基础。特别是在目前严峻的就业形势下，社会提供的就业岗位难以满足每一位求职者的需求，"先就业，后择业"就是建议大学生着眼当下，注重在工作岗位上提升自身素养，逐步寻求理想的职业。"先就业，后择业"的就业策略较好地适应了目前乃至未来很长时间的就业形势，同时也更加切合大学生群体的实际，符合生命的成长规律，有利于其积累经验和长远发展。但这种方式受到推崇也从侧面反映了当前大学生职业规划的缺失，在校学习期间未能做好必要的就业准备，致使专业学习与服务社会之间出现一定的断档，也降低了用人单位对应届大学生整体的期望值，反过来又增大了大学生职业选择的难度。

将职业选择的过程提前，"先择业，再就业"符合人力资源管理中的"人格匹配"理论，强调在专业探索下，大学生根据自己的专业特点和个体特征选择适合的职业。这就要求大学生首先对职业发展做出方向性的选择，确定自身的职业发展方向、锁定职业目标，从而更有效地控制自己的职业发展大趋势，职业生涯也就能获得更大的空间。此外，"先择业，再就业"也符合社会及用人单位对求职者的预期，有利于人尽其才，最大限度提高企业的人才利用率和工作效率。不可否认，在全面认识自身的情况下，初次就业便能进入适合自己的职业岗位无疑是高效的，但也是需要运气的。在现实就业状况本来就不乐观的背景下，"先择业，后就业"方式大面积推广的难度极大。

职业选择是大学生迈向社会甚至后半生的关键节点，"先就业"与"先择业"的差异不仅仅体现在职业选择的先后顺序上，背后更多反映的是对待职业乃至人生的态度差别，但二者在本质上并无优劣之分，只有适合与否之别，甚至于就业与择业本就是相互依存的。对于广大接受过高等教育的天之骄子来说，与其纠结二者的关系，倒不如将更多精力用于提升自身能力和认真做好职业规划上。

二、大学生职业选择的形势与问题

（一）大学生就业形势

1. 北京、上海就业竞争激烈

中国就业市场景气指数（CIER）采用智联招聘全站数据分析而得，用以反映就业市场整体走势。该指标通过监测不同行业、城市职位供需指标的动态变化，来展示劳动力市场上职位空缺与求职人数的比例变化。当 CIER 指数小于 1 时，表示就业市场中劳动力供过于求，市场处于饱和状态。2022 年第三季度《中国就业市场景气报告》显示，景气指数从第二季度的 1.35 增加至 1.63。景气指数较高的职业为技工、烹饪/料理、影视/媒体等，景气指数较低的主要是高级管理、广告/会展、公关/媒介等职业。北京、上海等一线城市 CIER 指数小于 1，就业竞争仍然激烈。

2. 结构性矛盾突出

由于学科专业、学历水平以及地域之间的不平衡等因素，高校毕业生就业存在较为突出的结构性矛盾。大学生"找不到工作"与用人单位"找不到人才"情况并存。《2019 中国劳动力市场发展报告》指出，大学生就业的结构性矛盾主要体现在文科毕业生就业困难、理工科人才短缺。浙江大学《2019 年毕业生就业质量报告》显示，从来校招聘的 3 290 家单位所在行业的分布情况来看，制造业、信息传输、软件和信息技术服务业，科学研究和技术服务业的数量最多，占总数的 50.46%。此外，学历水平的差异以及地域的不平衡也是造成大学生就业结构性矛盾的主要因素。2023 年，我国就业总量的压力依然存在，结构性矛盾仍然突出，但随着经济的好转，就业需求的扩大，岗位会相应增加，就业形势可总体改善。

3. 首次就业质量不高

尽管经济快速增长为高校毕业生创造了越来越多的就业岗位，但在激烈的竞争面前，职业成长环境与个人期望相比总会存在或多或少的差距。这导致部分毕业生对自己的第一份工作满意度偏低。大学生就业满意度整体不高的原因同时来自供需两个方面：一方面，大学生自身对工作的期望较高，却存在眼高手低的情况，既期望企业提供有吸引力的薪资等，又渴望减少工作任务和降低职业压力；另一方面，在激烈的市场竞争下，企业的立足点始终是控制成本，而劳动力成本是重中之重。就业市场的这种供求双方的预期矛盾在数量相对失衡的状态下会更加突出。

（二）大学生职业选择的影响因素

大学生就业过程中遇到的各种问题都与其职业选择的能力和方式有关，而影响大学生职业选择的因素又是多方面的，职业选择的差异有些是由个人因素造成的，有些则是由社会、高校或家庭因素造成的，还有些直接由劳动力市场状况所导致。

1. 社会因素

社会因素是影响大学生整体职业选择的普遍因素。社会经济结构的战略性调整、产业结构的重组使就业结构发生相应变化。近年来，智能制造、社会服务等新兴行业的从业比例显著上升，而高校专业人才的培养未能快速适应社会因素的转变，导致人才培养与用人需求匹配不佳，成为影响大学生就业的重要因素。另外，受地区发展规划、体制政策的影响，当前经济发达地区、有稳定编制的事业单位和政府机关仍然对毕业生就业有绝对的吸引力。

2. 劳动力市场状况

劳动力市场状况决定着大学生就业难易程度与就业质量。大学生职业选择是在特定劳动力市场中进行的，由于制度性因素，劳动力市场被分割为不同的类型——收入高、待遇好、管理规范的主要劳动力市场以及与之相反的次要劳动力市场。受个体人力资本的积累程度，如受教育水平、技能水平、知识能力等因素影响，那些受教育水平较高的大学毕业生通常有更多进入主要劳动力市场的机会。

3. 高等教育人才培养模式

高校肩负着高等人才培养的重任，以招生为起点，从培养方案的制订、具体的培养模式，再到整个大学期间对学生的就业指导等各个环节都影响着学生未来的职业选择。高等教育扩招致使毕业生逐年增加，高校若不能根据社会需求及时调整人才培养方案或者教学模式等，与时代脱节，会直接导致学生的知识结构与思维方式无法满足市场需求，从而产生学校人才培养与社会人才需求的结构性矛盾。

4. 家庭因素

家庭对大学生职业选择的影响是潜移默化的。家庭作为个体社会化的第一站，对每个人将来的职业选择都会产生内生影响力。家庭经济条件、家庭职业传统、父母受教育程度、父母期望与教养方式等都是影响大学生职业选择的重要因素。以经济条件为例，家庭条件越好，子女的受教育质量就会越高，无论是基础教育阶段的奠基，还是高等教育阶段的深造，都直接影响孩子未来的就业平台。

5. 其他因素

自身的性格、兴趣、价值观、受教育水平以及自我定位等都会对职业选择产生直接影响。以性格因素为例，每一个人都是独一无二的，正如"世界上没有两片完全相同的树叶"那样。沉稳内敛的人更具有钻研精神，可能更适合对专注力要求高的科学研究类工作；性格开朗的人往往善于沟通表达，可能更青睐于媒体、新闻类的工作。除个人特质与能力外，大学生的自我定位对其职业选择也有显著影响：当个人职业期望过高时，职业规划就会倾向于追求完美，择业过程中的每一步都可能过于理想化。此时，如果足够幸运就会一步到位甚至一步登天，但大多数时候更可能会贻误时机，能力徘徊在岗位要求之下，最终出现"高不成低不就"的结果。

（三）大学生职业选择的主要问题

随着市场经济的发展，"静态"职业选择不断向"动态"转化，个人的职业选择更加自由，但各种就业压力也相伴而来。《2019年中国大学生就业报告》显示，2018届本科毕业生"受雇工作"的比例为73.6%，连续五届持续下降；除去"出国深造"与"准备考研"的群体外，本科生待就业比例为4.2%，而2018届高职高专毕业生待就业比例则高达7.5%。最新数据显示，2023年大学毕业生就业率为57.6%，较2022年的50.4%有明显上升，其慢就业比例也从2022年的15.9%上升到18.9%。大学生初入社会，就业压力不容小觑，职业生涯规划不清晰、自我定位不准确、没有清晰地认识到第一份工作之于个人的意义等择业问题，同样需要引起重视。

1. 职业生涯规划不清晰

在校大学生对职业的了解多来自他人的经验或者自己对外界的观察，很多人没有意识到实际就业形势的严峻，甚至还抱有"每个人都会有一份工作，我也不例外"的想法。部分大学生对职业生涯规划的认识存在明显误区，认为计划赶不上变化，职业规划在毕业找工作前做就可以了。一项针对百名大学生职业规划的调查结果显示，95%的学生认为自己有"清晰的职业规划"，并表示毕业后两年之内要做主管，五年后成为部门总监，实际上他们并没有真正理解职业生涯规划的含义。职业生涯规划的重点在于了解职场，根据职业需求弄清楚自己通过大学四年学习应当具备哪些能力，并能够围绕这些能力主动规划大学阶段的学习、实践与生活，为迎接未来的就业挑战做好充分的准备。说到底，职业生涯规划的重点是对工作能力提升的规划，而不是对未来职业前景的空想。

2. 自我定位不准确

很多大学生在求职过程中缺乏准确的自我定位，眼高手低，自认为在校期间已积累丰富的专业知识，并对未来职业条件期望过高。实际上，他们普遍缺乏"软实力"的积累，如沟通协调能力、环境适应能力、创新意识等。大学生个人期望与企业实际情况之间的巨大落差经常使他们感觉在职业选择过程中"力不从心"。此外，也有一些大学生采用"广撒网"的方式求职，即无论自己与目标职位是否合适，"先投了再说"。这样的低效求职方式对于自己与用人单位双方的精力而言都是一种损耗，对自己找到合适的职位也没有太多帮助。准确的个人定位需要大学生了解职位需求，更要清晰地认识自己。我想做什么？我更看重哪个领域？我更擅长什么类型的工作？我的核心竞争力是什么？我怎样向用人单位证明我的能力？客观准确地回答这些问题是合理定位自己职业生涯必须完成的工作，也是求职过程中更好地将自己"营销"出去的必修课。

3. 对第一份工作重视不够

很多大学生认为刚毕业时尚处于职业探索期，在毕业之初抱着"先找到一份工作再说"的心态，未能认识第一份工作对自己未来职业的重要意义。近年来，在"95后""00后"毕业生群体中出现"慢就业"甚至"懒就业"的现象，或许就与此有很大关联。一些大学生毕业后不着急工作或深造，而是选择游学、创业考察、在家陪父母等方式，在本该择业的关键期让自己休整。他们中的大多数人会以此作为逃避激烈市场竞争的借口，在"慢就业"的过程中逐渐形成惰性，甚至沦为啃老族，最终演变为"懒就业"。实际上，首次择业是大学生职业选择的黄金期，第一份工作在很大程度上决定了未来工作的范围和社交的圈子，对于个人职业习惯的养成也具有重要意义。

三、形成正确的择业观

（一）与劳动价值观相吻合

择业观与劳动价值观密切相连。为树立和培育正确的择业观，当代大学生应当首先明晰个人的劳动价值观，即个人对劳动的根本态度和看法，认识到劳动价值观对个体劳动行为的引领作用，并在正确认识劳动价值观的基础上，深入了解其与择业观之间的相互关系——前者是后者的根基，后者是前者的延展。在实习、择业过程中，大学生除了认识自己，还要了解现实，始终保持对劳动力市场的客观认知，正视劳动力市场愈加开放、就业形式愈加灵活的规律，有意识地形成自身价值取向，去芜存菁，在正确价值观引导下主动适应劳动力市场的激烈竞争，积极择业、择"好业"。

1. 合理定位择业目标

大学生择业前首先需要主动拨开个人与"职业"之间的层层面纱，对职业形成客观、正确的认识。在这一过程中，阻碍大学生"视线"的一大障碍是对自己的认知。因此，每一位求职者锁定职业方向前都应将"客观、全面地评价自身的现实条件与综合素质"作为实际求职的重要准备，同时增强自强自立意识、强化奋斗精神、清晰自身的劳动价值观念，在积极劳动价值观的引导下，逐步形成正确的择业观，主动探索自身职业理想与社会需求结合的环节与策略，最终在职业选择的过程中真正做到个人价值与社会需要的统一。

2. 正确把握就业形势

在劳动力市场灵活多变的背景下，一个人的视野会在很大程度上影响他的最终选择。即将步入职场的大学生应当有意识到扩宽就业观念，积极了解和适应多元化的就业形势，正确把握当前就业形势和人才市场发展基本规律，同时深入了解自身感兴趣职业的社会责任，理智判断自身劳动价值观与职业社会责任的一致性。然后在个体价值判断的基础上，克服外在环境因素的阻碍，积极调整心态，在提升自身能力的同时主动适应劳动力市场与用人单位的需求，以求寻找符合自己的就业之路。

（二）与个人能力相匹配

职业选择与个人能力密切相关。一个人之所以最终选择成为一名画家、程序员、飞行员或教育工作者，受多种因素包括求职机遇的影响，但归根结底取决于自己的综合能力。任何一位大学生在寻找工作之前，都应当首先客观全面地分析自身的能力优势和短板，由此大致圈定求职的边界和范围；然后多方了解备选职业的用人要求，结合国家或地方政府在相关职业领域的政策动向，分析待选范围内相关职业与自身能力的交集，择优明确几项重点择业领域；最后要综合考虑家庭、个人兴趣、做事习惯等其他因素，确定自身能力最能胜任的两三个就业方向重点突破。对于在校大学生来说，应在提前了解以上基本程序的基础上，在上学期间根据自身职业理想和规划，关注国家政策和工作的用人要求，重视并重点培养自身相对应的能力，以便将来花费较少精力就能找到与自己能力相匹配的工作。

1. 重视自身能力建设

个体能力对就业结果有直接影响，大学生既要重视自身一般能力（如注意力、观察力、想象力等）的培养，也应重视培养有别于他人的专业能力或"特长"，如计算能力、动作协调能力等。大学生在校学习期间，一方面要积极参加实践类活动，在实践中锻炼一般能力，通过增强个体行为的目标性，树立正确的择业观；另一方面要夯实专业基础，尽早了解企业人才需求，并根据社会与企业发展的需要有意识地丰富、建立自身合理的知识结构，使个人能力与岗位接轨，增加自己未来就业的筹码。大学生同步提高以上两种能力有助于其形成正确的择业观，同时极大提高自身的就业能力，为毕业就业做好充分的准备。

第八章　劳动与就业创业

2. 关注多方政策

大学生作为劳动力市场中的重要求职人群，应着重了解社会人才需求趋势、企业用人政策以及高校人才培养对个体能力的要求。大学生个体应敏锐地观察到国家经济结构转型发展对科技自主创新提出的新要求，在这一背景下，企业在招人、用人时也会偏向技能创新型人才。认识到这一客观现实，个体应当在大学期间有意识地培养和锻炼相应的能力，为未来就业"打有准备之战"。此外，作为高校人才培养的对象，大学生更熟知学校本身对个体能力素养的具体要求以及价值观培育的目标。以武汉大学为例，该校结合社会实际，在本科生培养方案中明确指出"加强学生探索、创新和实践能力培养"以及"培养学生领导能力与国际视野"。在校大学生可将学校培养方案中的具体要求作为衡量自身能力的标准和能力培养的指南针。只有充分了解多方政策对自身能力的要求，同时结合自身能力实际不断进行自我提升，大学生才能够获得持续的就业竞争力。

（三）与国家需求相连接

追求自我价值的实现是每一位大学生职业发展的最终目的，个人的价值与国家的需求紧密相连。大学生个人的职业选择应紧跟时代发展步伐、对接国家发展需求，唯有如此才能准确把握职业的发展潜力，使个人对职业的投入不断增值，确保未来发展有更好的保障。

1. 避免"功利化"求职心态

有的大学生在求职阶段存在"功利化"心态，这种心态极易造成求职结果的偏差。大学生在整个大学学习期间以及毕业求职阶段应当充分考虑国家发展需求、认真思考个人人生价值，认识到职业之于个体和国家发展的意义，避免"功利化"心态对求职结果造成负面影响。在校学习期间，大学生应当以专业提升为主线设定学习目标，夯实专业基础，避免在自我提升的黄金时期过早兼职或"费尽心思"争评各种头衔、名誉，要对未来职业有长远的规划，"放长线，钓大鱼"。在求职阶段，每一位大学生都应当将"自我人生价值的实现"与"国家发展需求"联系在一起，在职业选择的过程中充分体现出个人的使命感和责任担当，避免单纯地将工作条件、薪资或福利待遇作为职业选择的考虑因素，避免往一线、二线城市或者金融、房地产等行业扎堆。大学生应时刻牢记，在"功利化"择业观的支配下，个体未来职业很难有持续、长远的发展。个人与社会发展的统一才是职业选择的黄金法则。

2. 避免在求职过程中"盲目跟风"

由于大学生专业知识和社会经验都尚处于积累储备阶段，在求职过程中需要通过多种方式加强对自身和职场环境的客观认识，力争在步入社会前形成相对清晰的择业目标，避免因盲目跟风而走弯路或错失良机。一是要提前查阅各级政府出台的经济社会发展规划和战略部署，结合自身所学专业了解国家重点领域的政策动向，尤其是要熟悉针对大学生就业的方针政策，减少在求职过程中"人云亦云"的情况。二是利用各种机会虚心向"前辈们"求教，包括适当了解与自身职业目标相关领域专家们的看法，认真听取家长和老师的就业建议，多向已经就业的学长们咨询工作心得，自觉规避不符合自身条件的"出国热""创业热""公考热"等。三是多与身边的同学沟通交流，共享就业信息和找工作的经验教训，虚心倾听四年同窗的"战友"对自己的评价，理性分析自己的优势和不足，早着手、早规划，将个人的职业目标融入国家发展的大局之中，努力成为服务时代需要的人才，实现自己的理想抱负。

▶ 课堂案例

大学生求职烧饼店，人才红利真的来了

2022年，山东济南槐荫区一家烧饼店抛出以月薪8 000元到12 000元的收入招聘店员的消息，并且在要求中提到本科学历优先。这一招聘信息，引起了网友热议，"烧饼店居然能给这么高的薪水，做烧饼也有学历门槛了，真能招到人吗？"还真招到了，一位名叫王佳怡的25岁大学本科毕业的女孩，一个月前，她坐着火车来到济南应聘。大学学的是物流专业，她已毕业两年，之前在河南一家物流公司担任文书工作。王佳怡告诉记者，辞去原工作来到济南应聘烧饼店岗位，一是因为感到以前的工作并不适合自己，二是想寻求更好的发展。

这家烧饼店目前不仅有大学本科毕业的员工，曾经有一位硕士在家里荒废了很久，也在这个烧饼店工作过。王老板之所以高薪招聘大学本科毕业的员工，是希望高学历的年轻员工能给他们这家老店带来不一样的东西，在传统的基础上有所创新。

随着生育率的变化，有人担心中国的"人口红利"消失，其实"人口红利"并没有消失，而"人才红利"正在形成。2023年高校毕业生达1 100多万，从就业看，有一定压力；但从发展看，注入社会的是蓬勃的活力。如何进一步拓宽就业渠道，帮助年轻人通过劳动和奋斗，更好地实现自己的人生价值，是全社会需要面对的考题。烧饼店高薪招聘大学本科毕业生来就职，这体现了店主创业谋发展的"人才观"；而大学本科毕业生主动应聘烧饼店的岗位，更体现出当代大学生立足实际干事业的"择业观"。

大学本科毕业的王佳怡到烧饼店打工，她的家人比较开明，觉得只要踏踏实实付出了劳动，养得活自己，就是一份好工作。王佳怡也有自己的理想：未来回老家自己也开一个烧饼店，踏踏实实把看似简单的事情做到极致。

每一个人都可以选择并坚持自己的价值观，不必在意世俗的眼光，追求自己觉得值得追求的价值，在此引导下，去选择自己的路，去做自己喜欢的事。

随着一批又一批受过高等教育的年轻人到社会的各行各业去发挥才干，整个社会就会享受到"人才红利"带来的变化。

（来源：学习强国，2023-03-21，https://article.xuexi.cn/articles/index.html?art_id=16407658312246775656&t=1679383110709&showmenu=false&study_style_id=video_default&source=share&share_to=wx_single&item_id=16407658312246775656&ref_read_id=F3AD0C14-E004-4A1C-A5C2-8A328A44C12B）

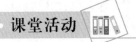
课堂活动

我的职业生涯规划

一、活动目标

了解专业前景，树立职业规划意识。

二、活动时间

建议 1~2 小时。

三、活动流程

1. 教师提出问题：

（1）每人根据自己所学专业所对应的职业意向进行选择，确定 3 个最适合自己的职业。

（2）每人做一份生涯规划时间轴。

2. 教师将学生按照 5~6 人划分小组，要求每组搜集资料后在小组内部进行讨论最终形成针对每一个组员的最合适的方案。

3. 每人分别陈述个人方案并进行小组内分享。

4. 教师对各组的规划进行分析、归纳、总结。

5. 教师根据各组在陈述过程中的表现给予点评并赋分。

第二节　劳动与专业实践

各高校应落实中共中央、国务院《关于全面加强新时代大中小学劳动教育的意见》精神，培养德智体美劳全面发展的社会主义建设者和接班人，努力构建德智体美劳全面培养的教育体系，形成更高水平的技术技能人才培养体系，把劳动教育纳入人才培养全过程，以实习实训课为主要载体开展劳动教育，从"以劳树德""以劳增智""以劳强体""以劳育美"出发，在实习实训教学中不断优化实习实训教学体系，逐步完善实习实训过程管理与考评体系，积极发挥企业协同育人作用，推动劳动教育与实习实训的高度融合，促进职业技能与职业精神高度融合，在学生中弘扬劳动精神、劳模精神和工匠精神，教育引导学生崇尚劳动、尊重劳动，懂得劳动最光荣、劳动最崇高、劳动最伟大、劳动最美丽的道理，努力提升学生的生产劳动技能。

一、劳动与专业教育融合

重视和发挥实习实训的劳动教育功能，制订专门的培养方案，明确培养内容、目标，从设计、实施到考评，全程注入劳动教育元素，遵循技术技能型人才培养的规律，按照整体性、应用性和递进性原则，科学设置实习实训类课程，开发新型活页式、工作手册式实习实训教材并配套开放信息化资源，实践性教学学时原则上占总学时数 50% 以上，根据教育部颁布的专业教学标准、1+X 证书要求、行业企业用人需求，以及新技术、新工艺、新规范的发展趋势，及时更新实习实训教学内容，加强综合性实践项目的开发和应用，将学科竞赛、创新创业、社会调查与社会实践等纳入实习实训教学体系，形成科学合理、系统优化、便于实施的实习实训教学方案，将劳动教育融入教学规范、质量标准和考核办法，使实习实训教学成为学习劳动知识和技能的主课堂，成为培养劳动价值观的主阵地，成为养成良好劳动品质的练兵场。

二、劳动教育与实习实训过程融合

加强实习实训过程管理，丰富劳动教育的形式，切实将实践教学纳入教学质量监控体系。学校充分利用实习管理平台，与实习实训单位共同加强实习实训过程管理，通过在线监控、定期检查、实地观察、资料抽查和学生评教等方式，对实践教学过程与教学成效进行全方位、全流程、实时动态化的过程管理。要在实习实训中强化劳动流程、劳动标准、劳动检查等制度的学习，通过劳动工具的改进、劳动组织方式的优化、新技术在传统劳动中的运用，增强对劳动观念、劳动习惯、劳动制度、劳动过程与成果的思考和劳动精神的培养。学生可以在企业师傅指导下参与企业生产和技术创新，提升劳动素养。

三、劳动教育与实习实训安全教育融合

加强实习实训安全教育，在确定实习单位前强化劳动教育保护，学校须对该单位进行实地考察评估并形成书面报告，内容包括单位资质、诚信状况、管理水平、实习岗位性质和内容、工作时间、工作环境、生活环境以及健康保障、安全防护等九个方面。实习单位应当会同学校对实习实训的学生进行安全防护知识、岗位操作规程教育和培训并进行考核，教育学生遵守安全操作规程，注意保密工作，严格遵守劳动纪律、工艺纪律、操作纪律、工作纪律，加强生产岗位安全，人身和财产安全，防盗、防抢、防骗、防传销、防网络犯罪的教育，强化实习实训学生劳动教育保护，增强学生安全生产、文明生产的意识，确保学生在履行岗位职责的同时，依法维护自己的合法权益。

四、劳动教育与实习实训法律法规教育融合

加强实习实训法律法规教育，防范化解劳动风险，学校在实习实训教学中要加强劳动法律法规、就业指导、职业生涯规划等内容的教育，帮助学生了解劳动与经济、与社会、与职业、与健康之间的关系，了解劳动合同订立的基本规定，劳动合同的履行、变更、解除与终止，劳动争议的处理等，有针对性地开展学生实习实训权益保障、学生劳动权益保障、工伤权益保障、劳动报酬权益保障、休息休假权益保障、就业权益保障方面的劳动法律知识指导。通过加强制度建设，制定学生实习工作具体管理办法和安全管理规定、实习学生安全及突发事件应急预案等制度性文件。在制定过程中，须充分征求实习单位意见。学生参加跟岗实习、顶岗实习前，学校、实习单位、学生三方应签订实习协议，明确各方的责任、权利和义务，协议约定的内容不得违反相关法律法规，切实保障学生权益、防范和化解劳动风险。

五、劳动教育与实习实训师资建设融合

加强实习实训师资队伍建设，为劳动实践教育赋能。学校和实习单位应着力构建专兼职结合的实习实训劳动教育教师队伍。学校应加强对双师型教师有关劳动教育的培训与指导，强化教师的劳动教育意识，引导教师在实习实训教学中，自觉强化对学生劳动实践和劳动责任感、使命感、荣誉感的教育。同时充分利用企业资源，建立企业兼职劳动实践指导教师队伍，将生产一线获得的经历、经验和案例融入教学中，引导学生在参与企业生产和技术创新的过程中，接受锻炼，磨炼意志，提升就业创业能力，树立正确择业观。聘请劳动模范、大国工匠等优秀社会人士，开展劳模精神、劳动精神、工匠精神专题教育，营造浓厚的劳动教育氛围，让学生具有到艰苦地区和行业工作的奋斗精神，懂得"空谈误国，实干兴邦"的深刻道理。

第八章　劳动与就业创业

六、劳动教育与实习实训基地建设融合

推动实习实训基地建设，拓宽劳动教育育人渠道，进一步深化产教融合、校企合作，"双主体"育人，依托原有基础，内建外联，因地制宜扎实推进实习实训劳动教育基地建设。推动建立功能完善、设备齐全的校内实习实训劳动教育基地，重视新知识、新技术、新工艺、新方法的应用，创造性地解决实际问题，丰富基地劳动实践教育内涵，使学生树立诚信劳动意识，积累职业经验。选择合法经营、管理规范、实习设备完备、符合安全生产法律法规要求的实习单位，共建企业实习实训劳动教育基地，运用企业的职业文化育人，强化安全生产、劳动流程、劳动规范、劳动保护等的教育，引导学生建立职业精神，形成良好的劳动习惯。

> **课堂案例**

"我对工匠精神有了全新认识"
——南京工业大学科产教融合培养工科人才

"在室内学习分类工程资料，在日头下学习绑扎钢筋，从竞赛学习到生产实践，我领略到结构设计的魅力，也更明确了未来的发展方向。"南京工业大学土木工程学院学生徐双的话道出了同学们的心声。南京工业大学土木工程学院309名学生分赴中建八局文旅公司等119建筑施工企业开展实习实践活动，在社会大课堂中巩固提升理论知识，在实战训练中锻炼能力。

近年来，南京工业大学以培养具有"初心、匠心、笃心"的创新型工程师和科技型企业家为目标，增加全要素产业参与体验，增强全景式职业理想教育，形成了科产教"三螺旋"融合工科人才培养体系。

每年9月开学，南京工业大学都会邀请名师、杰出校友等为新生上"开学第一课"。9月8日，全国五一劳动奖章获得者、杰出校友陆建新讲授"开学第一课"后，南京工业大学土木2023级大一新生不禁为学长41年扎根建筑施工一线的故事而动容："这堂课让我对工匠精神的内涵有了全新的认识。"

"在传统工科人才聚焦知识能力培养的基础上，我们增加了极具校本特色的价值塑造体系，将价值引领贯穿教学全过程，强化专业思想、职业理想、工程师价值观和伦理道德教育，激发学生扎根产业、创业报国的理想信念和学习动力。"南京工业大学党委书记芮鸿岩介绍。

在南京工业大学土木工程学院"土木工程施工"课堂上，中建二局苏宪新总工成为企业导师，带着新的工程项目，为大三的同学们带来"装配整体式框架结构施工技术"课程"大餐"。同学们反映，这样的课堂把生涩的理论形象化了。

"将科研成果转化为教学内容，将科研优势转化成教学优势，更好地帮助学生了解前沿新理论、新技术和新工艺。"南京工业大学科研院院长姜岷介绍，"十三五"以来，学校科研项目及成果获各级各类奖励400余项，已经有270多门专业核心课程融入了科技成果。

为锻炼学生解决实际工程问题的能力，南京工业大学以1个国家级创新创业学院、18个国家级科技创新平台和326家行业龙头企业为主体，构建"个十百"创新创业教育平台，联合产业、企业和政府建设"国家—省—校—院"四级现代产业学院12个、省级产教融合重点基地1个。

"近年来，我校与300多个龙头企业联合开展工科人才培养，引进产业导师、教授216名，他们走进课堂开展基于真问题实景项目的案例式、探究式教学150多项。"南京工业大学教务处处长陆春华介绍，该校实施"学科基础—专业基础—实习实训—工程设计"贯通的课程实践教学，30%以上课程从教室延伸至企业车间，学生全部进入生产企业一线开展真场景工程实训。

南京工业大学校长蒋军成介绍，该校长期坚持"学科融入行业产业，学院对接集团公司，团队服务特色企业，学生沉浸生产一线"，教师带领学生研究真问题、设计真项目，体验"科研创新—技术转移—效益评估—创业孵化—市场拓展"创业全过程。2023年以来，学生完成各类大学生创新创业训练计划项目7 600余项，取得自主知识产权629项。

（来源：学习强国，2023-11-24，https://www.xuexi.cn/lgpage/detail/index.html?id=14659957126248198578&item_id=14659957126248198578）

课堂活动

技能竞赛活动方案

一、活动目标

通过这次活动，对学生进行一次职业发展的就业教育，引导全体学生尽早规划职业生涯。

二、活动时间

建议20分钟。

三、活动流程

1. 教师提出问题：
（1）若根据所学专业参加技能竞赛，你认为最可行的技能有哪些？
（2）我们该如何策划技能竞赛？

2. 教师将学生按照8~10人划分小组，要求每组通过搜集资料并经小组内部讨论后形成方案。

3. 每个小组选出2名代表陈述本组方案，通过大幅白板展示策划书要点，小组内其他成员也可以补充资料。

4. 教师对各组的方案进行分析、归纳、总结。

第三节　劳动与创新创业

教育与生产劳动相结合是马克思主义经典论述，苏联教育理论家和实践家苏霍姆林斯基始终坚持"教育教学要与生产劳动相结合"，同时联合国教科文组织在北京召开的"面向21世纪教育国际研讨会"上，首次提出了"创业教育"的概念并指出"创业能力完全是从做中学来的,因此必须改变学习方式",可见创新创业教育概念的阐发是基于"劳动"这一基本观点,这也对创新创业教育与劳动教育相结合提出了根本要求。梅月平在《实现劳动教育与创业教育的同力同行》一文中,对劳动教育与创业教育进行了探讨。

一、劳动教育中的创业

(一) 青年劳动者要积极成为创业"领头羊"

构建知识型、技能型、创新型劳动者队伍,既要求劳动者延续敬业奉献、精益求精、艰苦朴素的传统劳动精神,又要求其敢于创新、追求理想,树立工匠精神,在新时代创业路上发挥无穷引领力。注重将创新创业教育融入劳动教育,成为中国青年劳动观教育的基本内容。随着时代的发展,劳动者不能局限于艰苦奋斗、默默奉献,而是要发挥个人特长,在劳动岗位上不断创新,敢于成为劳动岗位上的"领头羊",带领大家共同进步,坚持把简单的工作做到"出类拔萃",把复杂的工作做到"登峰造极",把创造性的工作做到"前所未有",坚持"做一行、爱一行、钻一行、精一行",利用从事岗位一线工作的优势,及时发现岗位中存在的问题,下定决心认真钻研,不断突破岗位瓶颈,争取获得优秀的成绩。近几年,倪志福、许振超、刘会珍等诸多劳动模范,都是在平凡岗位中承担起"创新先驱"的责任,不仅做到"能干",而且追求"巧干",不断探索岗位中的"新工具""新方法""新模式",从"敬业模范"转变为"创新模范"。事实上,"大国工匠"本就不应墨守成规,而是要利用创造性劳动改变社会,青年群体本来就具有知识文化的优势,又恰逢科技、政策良好发展环境,更要注重将创新创业与劳动相互结合,成为新时代有梦想的创业青年,以创新创业方式延续劳动精神,不仅为自身发展营造适宜环境,而且要带动更多青年参与创业,共同构建社会主义新生活。

(二) 劳动教育与创业教育同根同源

劳动教育与创业教育属性同根同源。劳动教育主旨是培养青年劳动者劳动能力,让劳动者树立正确劳动价值观,具备热爱劳动的品质,将劳动视为一种光荣义务,乐于利用自己的双手为社会主义建设做出应有贡献。劳动教育需先从精神入手,只有劳动者拥有正确的价值观念,才能进行能力、技巧等方面的提升。创业教育是培养劳动者正确创业观,掌握创业知识、提高创业技能、养成良好创业心态,给予正在创业的青年实际指导,帮助青年克服创业障碍,是一种不断更新思维、提高创业能力的教育活动。劳动教育与创业教育都具有教育属性,都是对劳动者价值观、精神、能力的一种培养活动,两者具有同源性。

(三) 劳动教育与创业教育目标相辅相成

劳动教育的目标在于,使劳动者具备知识、技能、创新能力。新时期,劳动者理应具备敢于拼搏、创新发展的执着精神,相信自己能够在劳动事业领域做出更多突出贡献,乐于在岗位中精益求精、专注执着,成为新时代合格劳动者。同时,创业教育以培养企业家为主,要求创业者具备企业家精神,着重关注诚信、合作、创新、敬业等品质,鼓励企业家成为推动社会发展的重要引擎。企业家精神和劳模精神相辅相成,两者相互促进、同频共振。

(四) 劳动教育与创业教育内容相通

劳动教育最直接、最有效的方式就是社会实践。青年群体通过在企业中实践,提高解决问题的能力。实践对于劳动能力的提升作用，是课堂教育所无法比拟的。创业教育的重点内容是鼓励青年开展具有挑战性的劳动，新时期，传统劳动方式只能延续社会生产，只有具有挑战性的劳动才能改变社会生产，而创业教育就是鼓励青年群体不断尝试创新劳动方式。劳动教育与创业教育都以实践劳动为核心，都是为了培养青年的劳动能力，创造性解决问题和挑战性劳动是相通的。

（五）劳动教育与创业教育实践共同一致

劳动教育方法已经从课堂教育向实践教育进行转变，社会实践对青年劳动能力提升具有重要作用，应鼓励青年"从书本中来，到实践中去"，在实践中检验课堂知识，切实提高自身劳动能力。创业教育更是以实践为前提，只有亲自展开实践才是真正的创业活动，纸上谈兵对于创业者毫无意义，只有通过实践取得的成绩才能验证创业的真实性、成功性。劳动教育与创业教育将实践置于首位，在教育方法上具有共同性，都要求青年群体尽可能地参与社会实践，通过实践持续提升自身劳动能力。

二、劳动教育与创业教育兼顾并举

创业是创业者将创新理念付诸实践的创造性活动，创业教育的实施关键在于"实践出真知"，即通过真实或虚拟的创业实践活动，激发大学生的创业热情，积累创业经验，感受创业过程，提升创业能力。

（一）确立一体化、层级式的教育目标

教育阶段随着社会对人才培养规格与要求的不断提高，高校教育内容越来越丰富。各种教育都有自己的教育目标，高校可以探索将其进行整合，而不是简单叠加。劳动教育与创业教育各自为政，将导致教育资源的重复投入与师生负担的加重。高校应统筹设计一体化层级式的教育目标，即确立以人的全面发展为根本，以正确的劳动价值观养成为基础，以创新创业素质形成进阶，以创造性劳动知识与能力的学习为核心，融工匠精神与企业家精神为一体的目标体系。

（二）设计差异化、融合式的教育内容

面对通识课程与专业课程的"学时争夺"，整合课程内容、优化课程结构成为当务之急。高校可以探索构建差异化、融合式的劳动教育与创业教育内容体系。差异化体现在劳动教育的普及化和创业教育的层级化。应充分统合两者的基础性内容，在大学低年级面向全体学生开设劳动通论类课程，其中包括劳动技能基础知识和创业基础知识，在高年级重点面向有创业意向和创业需求的学生进行高阶式创造性劳动教育，将开放性思维和挑战性实践、工匠精神与企业家精神培养等内容融入劳动教育。

（三）实施全程化、贯通式的教育方式

美国教育家杜威认为，"教育的各个方面与阶段彼此之间如果缺乏必要的联系和衔接将导致相互的矛盾冲突，甚至形成消极影响"。高校的劳动教育与专业教育实践活动，应统筹融入现有的人才培养全过程和全领域。纵向上，大学一年级重点开展课程学习、专题讲座等校内认识类实践活动，二年级重点开展勤工助学、创业项目等校内模拟类实践活动，三年级重点开展志愿服务、专业服务等校外体验类实践活动，四年级重点开展顶岗实践、创业企划等岗位创新类实践活动。劳动教育与创业教育要和高校思想政治教育、职业

第八章　劳动与就业创业

生涯教育、学科专业教育等不同领域相结合，根据各学科课程内容特点，有机互融，形成综合化、多样化、一体化的教育方式。

（四）营造全员化、协同式的教育环境

近年来，随着国家对劳动教育与创业教育的重视和加强，良好的育人环境氛围正在形成。首先，从顶层设计上明确劳动教育与创业教育结合的必要性、可行性及可操作性，从制度层面使两者的融合推进更有章可循。其次，从组织机制上协同推进，强化高校内部职能整合统筹、协调劳动教育与创业教育的管理。最后，为劳动教育与创业教育的场域提供条件保障。目前，劳动教育与创业教育的主战场还是在高校，优质社会资源并没有发挥应有功能。政府及各类群团组织应协同搭建各类资源平台，广泛调动社会各方力量，积极协调企业、社会组织，尤其是现代化高科技企业等，尽可能开放实践场所和生产空间，为学生的劳动实践和创业实践提供必要支持，让学生在社会这个"大课堂"中"学有所成"。

三、大学生创业风险和创业准备

（一）大学生创业风险

虽然大学生创新创业在当前我国政策上是有一定扶持的，但从实际操作来看，一个店铺，或者是一个公司，它是学生创造的，还是社会人士创造的，对于受众而言并不会产生情感上的倾斜。由于学生群体的资金有限，而其社会资源缺失、社会经验缺失的情况又非常普遍，学生独立创业的整体难度要高于在社会上打拼了相当长一段时间、对市场有一定的了解、有较为固定的社会关系甚至是客源、有可观的资金积累的社会人士。大学生自主经营创业可能的风险主要有以下几种。

1. 创业项目中途下马

由于很多大学生缺少对市场的真正了解，项目实施前制订的方案又脱离市场实际情况，凭借创业的激情盲目实施创业计划而缺少充分准备，市场环境发生的突然变化令创业者措手不及，这些都极有可能造成创业项目运作举步维艰，迫使创业者放弃经营而使创业计划中途流产。

2. 经营失误，项目夭折

任何创业项目要想成功都是需要创业者去认真经营的，成熟稳健的投资理念、正确规范的经营思想、灵活机动的经营方式、谦虚谨慎的经营态度、投入忘我的创业精神都是一个创业者走上成功之路需要具备的基本条件，刚刚走入社会的大学生在创业初期可能有很多不足，没有掌握正确的经营之道。创业者如果在创业项目实施中不能够及时学习提高并自我完善，创业之路会变得更加崎岖和漫长，创业前景也就更加难以把握。

3. 创业失败背负重担

任何企业或个人的创业项目都存在失败的可能，大学生自主经营创业当然也有失败的可能，并且现实中有很多大学生创业失败的案例。创业失败使自己及家庭背负沉重的经济负担，是那些没有做好创业项目风险防控准备的创业者比较突出的问题，毕竟创业项目是需要投资经营运作的，选择超过自己资金承受能力很多的创业项目，这方面的问题更加明

显。创业失败也可能使创业者承受一定的心理负担,并且可能会影响创业者以后的生活和工作,大学生由于还没有在社会上经历很多的挫折与磨难,相对于其他人群的创业失败,其心理上的负担更重,心态调整的时间更长。

(二)大学生创业准备

对创业风险的了解和学习,使我们知道了"创业维艰"这个道理,也初步明白了创业要面临的实际困难。我们如果真的要选择创业这条道路,那么在真正创业之前,至少需要做好以下几方面的准备。

1. 要有思想准备

创新创业,首先要具有创新观念和思维,培养创业文化与独立的人格,以及勇于创业、敢于创业、勤于创业的信心。

2. 要有知识储备

要与大学期间的学习内容相结合,对知识有系统的理论学习,最好与个人的兴趣爱好相结合,让大学期间的学习得到有效利用。

3. 要有路演准备

利用各高校的孵化园区等场地,为创业前期做好实践演习,助力创业者成功走上创业之路。

4. 要有资金储备

创业的核心是资金储备。资金储备的多少,甚至在很大程度上决定了创业项目的成败,也极大地制约了创业的规模。虽然银行贷款被誉为"创业融资的蓄水池",学生创业又可以利用政府扶持政策,享受大学生创业免息贷款,但在实际创业时我们还是要清醒地认识到,项目所涉及的资金量越大,在盈利时的财务表现可能会更好,但在亏损时对创业者的压力也是呈几何级数增长的。所以并不是资金量越大越好。

> **课堂案例**

韩颖:"多肉王国"里的年轻梦想

21岁的韩颖是青海民族大学的一名大四学生,喜欢多肉植物的她,用两年多时间,将自己的小花园经营成了拥有5座大棚、14万株大小多肉植物、每日营收3 000元左右的"多肉王国"。

还在读高中的韩颖偶然接触到多肉,一下子便喜欢上了这种看起来特别萌的植物。"起初是网上买,但折损率很高,后来发现有些蔬菜大棚会代卖,我开始从线下购买。"韩颖说,她发现线下的价格几乎是网上的10倍,但是成活率高,成色好,越买越多,久而久之,家成了多肉花园。

2017年,刚进入大学的韩颖加入了青海民族大学创业者协会,在协会里,韩颖了解了国家鼓励大学生创业的政策,也接触了许多成功的创业案例。"看了那么多创业的例子,我自己也有了创业的想法,想起自己养的多肉植物,就打算从这里着手,把爱好变成事业。"韩颖说。

"2018年的暑假，我趁着去云南和山东玩，参观了当地多肉大棚。"看到当地大棚里种类丰富的多肉植物，韩颖决定在青海租用大棚，批发成品回来。青海日照长、紫外线强、气候干燥、昼夜温差大，非常适合多肉植物生长。大棚里的成品多肉销售一空，让韩颖信心倍增，她也有了新的想法。

2019年2月，韩颖租了第二个大棚开始研究培育，但这一次，"好运没有光顾我。"韩颖说，第一批幼苗运抵大棚时，搬运工作做完已经是凌晨3点，累到腰都直不起来。而且多肉在大棚里摆放繁杂，空间规划也不怎么好。"当时气温骤降，没做好保暖措施，冻坏了大约五分之一的精品多肉，损失3万多元。"聊起创业伊始的遭遇，韩颖无比惋惜。"多肉植物有一个特点，一个小叶片、一株近似干枯的枝干，只要在阳光下，给一些水分就能重新焕发出新芽。"遭遇挫折的韩颖这样鼓励自己。

从那天起，韩颖一边在校读书，一边抽空建设自己的种植基地。平整土地、打夯、铺沙、铺地布、调节土壤酸碱度、架设滴灌喷头。在学校穿着时髦的她，转眼便成为别人眼中"泥土里打滚的女孩"。周一到周五在学校努力学习；周末回到大棚照看多肉；休息时间，给员工打电话询问大棚的事情；睡觉前查看大棚实况监控和回放录像。这样忙碌的时光成为韩颖的日常。

功夫不负有心人。韩颖的多肉大棚渐渐迈入正轨，多肉产品行销青海、甘肃、陕西等地。韩颖终于建成了自己的"多肉王国"。她开始琢磨着让"多肉王国"发挥更大的效益。

2020年开始，她将自己的大棚作为当地大学生社会实践的场地，并给周边村民提供工作岗位。"养多肉比较轻松，而且离家近，方便照顾孩子，一年还能挣近4万块，特别好。"多肉大棚里38岁的女工张进芬说。

春节期间，多肉植物销量剧增，韩颖趁着假期，埋头在大棚里，和工人们一块儿照料着10余万株幼苗。"这叫熊童子，你看长得像不像绒毛小熊的脚掌。这是玉露，晶莹剔透，像工艺品一样……"韩颖边浇水边给记者介绍品种，谈话间，透着自豪。

(来源：新华社，2021-02-17，http://www.xinhuanet.com/2021-02/17/c_1127107297.htm)

课堂活动

"梦想青春，创新无限"实践活动

一、活动目标

为了结交创业伙伴，提升创业技能，展现创业才华和能力，能策划有一定价值的创业方案。

二、活动时间

建议3~4小时。

三、活动流程

1. 提出一个具有市场前景的产品或者服务，并围绕这一产品或服务完成一份可执行的方案。

2. 每组选派一名代表在全班分享各自的执行性方案,其他小组可以对其进行提问,小组内其他成员可以回答提出的问题。通过问题交流,将每一个需要研讨的问题都理顺、进一步优化方案。

3. 教师对每一个可执行性方案进行分析、归纳、总结,并根据各组在整个活动中的表现赋分。

参 考 文 献

[1] 陈武,黄伟,罗平. 大学生劳动教育 [M]. 沈阳:东北大学出版社,2022.
[2] 刘丽红,肖志勇,赵彤. 新时代劳动教育理论与实践教程 [M]. 北京:中国民主法制出版社,2023.
[3] 刘向兵. 新时代高校劳动教育论纲 [M]. 北京:社会科学文献出版社,2019.
[4] 史钟锋,董爱芹,张艳霞. 新时代大学生劳动教育 [M]. 北京:清华大学出版社,2022.
[5] 赵鑫全,张勇. 新时代大学生劳动教育 [M]. 北京:机械工业出版社,2021.
[6] 宗伟,周兴前. 大学生劳动教育与实践 [M]. 北京:科学出版社,2021.
[7] 谢宏兰,刘英. 高等职业院校劳动教育学习与实践 [M]. 北京:北京理工大学出版社,2020.
[8] 孙百虎,邵英秀. 大学生劳动教育 [M]. 北京:化学工业出版社,2021.
[9] 姜正国. 劳动教育与工匠精神教程 [M]. 北京:北京理工大学出版社,2021.
[10] 莫玲玲,杜峰. 大学生劳动教育技能实践 [M]. 北京:中国人民大学出版社,2022.
[11] 王雄伟. 大学生劳动教育 [M]. 北京:化学工业出版社,2021.
[12] 王卫旗,王秋宏. 大学生劳动教育教程 [M]. 北京:北京理工大学出版社,2021.
[13] 王一涛,杨海华. 大学生劳动教育与实践 [M]. 苏州:苏州大学出版社,2021.
[14] 李效东,陈臣. 大学生劳动教育概论 [M]. 北京:清华大学出版社,2021.
[15] 赵鑫全,张勇. 新时代大学生劳动教育 [M]. 北京:机械工业出版社,2020.
[16] 安鸿章. 劳动实务——高等职业院校劳动教育读本 [M]. 北京:北京理工大学出版社,2020.
[17] 刘向兵. 劳动的名义 [M]. 北京:中国工人出版社,2018.
[18] B. A. 苏霍姆林斯基. 苏霍姆林斯基论劳动教育 [M]. 萧勇,杜殿坤,译. 北京:教育科学出版社,2019.
[19] 罗小秋. 职场安全与健康 [M]. 北京:高等教育出版社,2014.
[20] 本书编写组. 马克思主义基本原理概论 [M]. 北京:高等教育出版社,2013.
[21] 檀传宝. 劳动创造美好生活 [M]. 北京:中国劳动社会保障出版社,2019.
[22] 刘艾玉. 劳动社会学教程 [M]. 北京:北京大学出版社,2004.
[23] 刘向兵. 新时代高校劳动教育论纲 [M]. 北京:社会科学文献出版社,2019.
[24] Lock R D. 把握你的职业发展方向 [M]. 5版. 钟谷兰,曾垂凯,时勘,译. 北京:中国轻工业出版社,2006.
[25] 董克用,李超平. 《人力资源管理概论(第三版)》学习指导与案例 [M]. 北京:

中国人民大学出版社，2013.

[26] 王志杰. 职业素养基本训练［M］. 北京：中国劳动社会保障出版社，2015.

[27] 布朗温·卢埃林罗宾·霍尔特. 适合比成功更重要［M］. 古典，译. 北京：中信出版社，2013.

[28] 马特·里德利. 自下而上：万物进化简史［M］. 闾佳，译. 北京：机械工业出版社，2017.

[29] 包季鸣. 领导力与职业责任［M］. 上海：复旦大学出版社，2012.

[30] 曹建华. 职业素质教育［M］. 北京：国防工业出版社，2015.

[31] 陈川雄. 职业素质拓展［M］. 北京：高等教育出版社，2014.

[32] 高亮. 大学生职业生涯规划［M］. 北京：北京理工大学出版社，2023.

[33] 陈烈强. 高职创业教育与实践［M］. 广州：华南理工大学出版社，2014.

[34] 陈苡，史豪慧. 市场营销学［M］. 广州：暨南大学出版社，2015.

[35] 陈宇，姚臻. 就业与创业指导［M］. 北京：外语教学与研究出版社，2014.

[36] 何卫华，林峰. 大学生劳动教育理论与实践教程［M］. 厦门：厦门大学出版社，2019.

[37] 朱忠义. 劳动教育与实践［M］. 北京：北京理工大学出版社，2020.

[38] 梁辉，刘良军，钟国文. 新时代劳动教育读本［M］. 北京：电子工业出版社，2020.

[39] 任立，曹伏明，张立保. 劳动教育理论与实践［M］. 长沙：湖南科学技术出版社，2020.

[40] 方艳丹，韦杰梅，卢民积. 劳动教育实践活动设计［M］. 北京：电子工业出版社，2020.

[41] 郭明义，巨晓林，高凤林. 劳动教育箴言［M］. 北京：中国工人出版社，2020.

[42] 李效东. 大学生劳动教育概论［M］. 北京：清华大学出版社，2021.

[43] 刘向兵. 劳动通论［M］. 北京：高等教育出版社，2021.

[44] 职业杂志社. 古今中外工匠精神故事汇［M］. 北京：中国劳动社会保障出版社，2021.

[45] 李叔宁，刘君义. 大学生劳动教育教程［M］. 长沙：湖南师范大学出版社，2021.

[46] 孙家学，耿艳丽，邵珠平. 新时代高校劳动教育通论［M］. 北京：高等教育出版社，2021.

[47] 梅月平. 实现劳动教育与创业教育的同力同行［J］. 人民论坛，2020（30）：60-61.